역사저널

# 그날

**5**

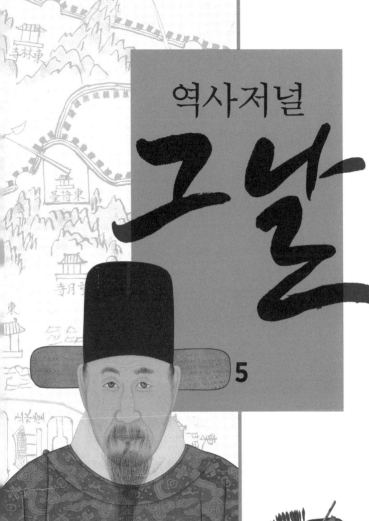

역사저널

그날

5

광해군에서 인조까지

KBS 역사저널 그날 제작팀

민음사

　　우리 역사 속에서 '역사를 바꾼 결정적 그날'로 언제를 꼽을 수 있을까? 왕건이 궁예를 몰아낸 날, 이성계가 위화도회군을 한 날, 세종이 훈민정음을 창제하고 반포한 날, 이순신 장군이 명량해전에서 승리를 거둔 날, 안중근 의사가 이토 히로부미를 사살한 날 등 많은 날들을 떠올릴 수 있을 것이다. 그리고 이처럼 역사적인 그날이 있기까지 많은 정치적·사회적 모순과 그것을 극복하려는 인간의 대응이 있었다.

　　「역사저널 그날」은 다양한 패널이 우리 역사를 바꾼 그날로 들어가서 당시 상황을 소개하고 자신의 소회를 피력하는 독특한 형식의 프로그램으로 출발했다. 그동안 KBS에서는 「TV 조선왕조실록」, 「역사스페셜」, 「한국사傳」 등 많은 역사 프로그램을 제작해 왔지만 토크 형식으로 역사를 이야기하는 시도는 처음이었다. 다행히 '역사와 이야기의 만남'은 역사를 보는 새로운 관점을 제시하였고, 「역사저널 그날」은 역사 교양 대표 프로그램으로 자리 잡아 가고 있다. 이 책은 '그날'의 배경을 먼저 서술하여 독자의 이해를 도운 후 방송의 내용을 체계적으로 정리하는 방식을 취한다. 주요 내용을 압축한 소제목을 제시하여 사건의 흐름을 파악하기 쉽게 했고, 필요에 따라 관련 사료와 도판을 삽입하여 방송에서 다룬 영상을 보다 구체적으로 전달하고자 했다.

　　이번 책에서는 광해군과 인조 대의 격변의 정치사와 두 차례의 호란, 그리고 삼전도의 치욕에 관한 내용을 다루고 있다. '광해, 왕이 되지 못한 남자'는 광해군을 위한 변명의 성격이 강하다. 검증된 폭군 연산군과는 달리 광해군은 명과 후금 사이에서 실리 외교를 펼쳐 난국을 수습했고, 대동법과 같은 개혁적인 정책을 실시하기도 했다. 그러나 영창대군을 죽이고 인목대비를 유폐한 '폐모살제'는 성리학 중심의 조선 사회에서 그를 '혼군'으로 기억하게 했다. '허준, 동의보감을 완성하다'에는 허준의 의학적 집념과『동의보감』의 집필 배경 등이 잘 드러나 있다.『동의보감』이 선조와 광해군의 적극적인 후원 아래 간행된 것은 우리에게 시사하는 바가 크다. '허균, 능지처참 당한 날'은『홍길동전』의 저자로 알려진 허균이 역모 혐의로 처형당한 과정을 담았다. 성리학에만 매몰되지 않고 다양한 학문과 사상을 추구한 허균의 자유분방함이 그를 죽음으로 이끈 것이다. 1623년 3월 광해군 정권의 몰락과 인조 정권의 성립 과정을 소개한 '인조, 반정을 일으킨 그날'은 인조반정이 결국 서인과 북인의 권력 투쟁에서 비롯된 것임을 밝히고 있다. 권력에 대한 집착은 반정 세력의 내분으로 이어졌다. 1624년 1월에 일어난 이괄의 난이 그 예다. '이괄 반란의 칼을 들다'는 반정 후 논공행상 과정에서 불만을 품은 이괄이 자신을 의심하는 서인 정권에 반기를 들면서 벌어진 변란을 구체적으로 조명한다. 이괄의 난은 관군의 반격과 내분으로 초라하게 마무리됐지만 인조 정권의 취약성을 적나라하게 드러낸 사건이었다. 인조 대 있었던 두 번의 전란인 정묘호란과 병자호란은 국왕이 의리와 명분만으로 나라를 운영할 때 그 나라 백성들이 얼마나 큰 치욕을 당하는가를 여지없이 보여 주었다. 이 책에서는 위기의 시기 저마다의 선택을 할 수 밖에 없었던 왕과 신하, 장군, 백성들의 모습이 패널들의 다양한 생각과 대화를 통해 생생하게 살아난다. 격동의 역사 현장을 지켜보면서 나라면 어떤 선택을 했을까 생각해 보는 것도 좋을 듯하다.

이 책이 탄생할 수 있었던 데에는 역사학자들의 논문이나 저서를 두루 섭렵하고 영상 매체로 역사를 쉽게 전달하기 위해 노력한 역사저널 그날 제작팀의 열정과 노력이 무엇보다 크다. 특히 방송의 시작부터 지금까지 대중의 눈높이에 맞춰 쉬운 언어로 대본을 써 준 김세연, 최지희, 홍은영, 김나경, 김서경 작가들의 노고가 없었다면 이 책은 탄생하기 힘들었을 것이다. 또한 현재까지 함께 진행을 하고 있는 최원정 아나운서와 류근 시인을 비롯하여, 「역사저널 그날」에 출연하여 많은 지식과 정보를 제공해 주셨던 전문가 선생님들께도 감사의 말씀을 드리고 싶다.

필자는 「역사저널 그날」의 기획 단계에서부터 참여하여 지금까지 출연하고 있는 인연 때문인지 이 책에 대한 애정이 누구보다 크다. 이 책을 통해 역사를 바꾼 결정적인 '그날'의 역사로 들어가 당시 인물과 사건을 만나고 이야기하면서 현재의 역사를 통찰해 보기를 권한다.

건국대학교 사학과 교수

신병주

**일러두기**

- 이 책의 본문은 KBS「역사저널 그날」의 방송 영상과 대본, 방송 준비용 각종 자료 등을 바탕으로 하되, 책의 형태에 맞도록 대폭 수정하고 사료나 주석, 그림을 보충하여 구성했다.

- 각 장의 도입부에 있는 '그날을 만나면서' 가운데 3, 4, 5, 6, 7, 8장은 신병주(건국대학교 사학과)가 1, 2장은 김범(국사편찬위원회)이 집필했다.

- 본 방송에서는 전문가 외 패널이 여러 명 등장하나, 가독성을 고려해 대부분 '그날'로 묶고 꼭 필요한 경우에만 이름을 살렸다.

- 본문에서 인용한 사료는『국역 조선왕조실록』등을 바탕으로 하되, 본문의 맥락에 맞게 일부 축약·수정하였다. 원본 사료는 국사편찬위원회의 '조선왕조실록' 홈페이지(sillok.history.go.kr)나 한국고전번역원의 '한국 고전 종합 DB'(db.itkc.or.kr) 등을 통해 확인할 수 있다.

- 실록 등 사료에 표시된 날짜는 해당 문헌에 쓰인 날짜이다. 예를 들어 실록의 날짜는 양력이 아니라 음력이다.

- 이 책의 38, 50, 59, 107, 128, 160, 179, 203, 214, 228, 248쪽 배경에 사용된 그림은 일러스트레이터 잠산의 작품이다.

# 1

# 광해, 왕이
# 되지 못한
# 남자

　　인조 세력이 반정의 명분으로 내세운 광해군의 죄목은 숭청배명과
폐모살제였다. 그것은 각각 외교와 내치의 실정을 지목하고 있다. 먼저 숭
청배명으로 규정된 광해군의 대외 정책에서 중요한 사건은 1619년 싸얼후
전투다. 후금은 임진왜란이 끝난 뒤 중국 동북지역에서 빠르게 성장했다.
명은 더 늦기 전에 제압해야겠다고 판단하고 후금의 수도 혁도아랍(赫圖阿
拉, 허투알라)을 치기로 결정했다. 이 전투에 명과 후금의 운명이, 다시 말해
동아시아 국제 질서의 미래가 달려 있었다.

　　명은 조선에 원군을 요청했다. 임진왜란 때 명이 원군을 보낸 데
은혜를 갚아야 한다는 명분이었다. 조선 조정의 신하 대부분은 파병에 적
극 찬성했다. 임진왜란 때 받은 명의 도움을 재조지은으로 칭송하던 상황
에 비추면 당연한 현상이었다. 그러나 최종 결정권자인 국왕은 망설였다.
냉엄한 국제 질서와 당시의 세력 판도를 정확히 파악한 인물은 광해군이
거의 유일했던 것이다.

　　그러나 파병은 끝내 이뤄졌다. 1619년 조선은 도원수 강홍립의 지
휘 아래 1만 3000명의 대군을 보냈다. 강홍립은 한성부우윤, 순검사 등을
지낸 60세의 노성한 인물이었다. 조선군은 2월 압록강을 건너 3월 첫 결전
지인 싸얼후에 도착했다. 그때 조명 연합군은 2만 명 정도였다.

　　유명한 팔기가 주축을 이룬 후금의 전력은 강했고, 승부는 금방 갈
렸다. 후금군은 먼저 명군 1만여 명을 섬멸했다. 조선군은 조총과 포를 쏘
며 저항했지만 패색이 짙어지자 도원수 강홍립은 본대를 이끌고 투항했다.
이런 행동은 상황을 봐 피해가 커지기 전에 항복하라는 광해군의 지시에
따른 것으로 알려져 있다. 반정 세력이 보기에 이런 강홍립의 처신과 광해

군의 외교정책은 사대 의리와 재조지은을 저버린 배덕(背德)일 뿐이었다.

다음으로 내치의 패행으로 지목된 것은 폐모살제였다. 광해군을 따라다닌 가장 큰 약점은 빈(嬪)의 둘째 아들이라는 사실이었다. 광해군의 취약한 정통성은 1606년 적장자 영창대군이 태어나면서 더욱 부각되었다. 광해군이 즉위했을 때 영창대군은 겨우 세 살이었지만, 왕위를 위협하는 가장 주요한 인물이었다.

이런 미묘하고 복잡한 왕실의 상황은 끝내 비극적 사건을 불러왔다. 그 시작은 1613년 서양갑, 박응서 등 서출 7명이 역모를 꾸몄다는 칠서의 난이었다. 이 사건은 영창대군의 죽음과 인목대비의 유폐를 거쳐 결국 광해군의 폐위, 곧 인조반정으로 이어지는 정치적 격동의 도화선이 되었다.

그동안에도 몇 차례 역모가 발각되었지만, 이 사건은 영창대군의 외조부이자 인목대비의 아버지인 김제남이 영창대군을 옹립하려고 서출들을 동원한 것이라는 '진상'이 밝혀지면서 엄청난 파장을 일으켰다. 이런 결론을 이끌어 낸 사람은 대북 강경파의 대표적 인물인 이이첨이었다. 여덟 살밖에 안 된 영창대군이 그 '역모'에 관여했을 가능성은 사실상 희박했지만, 자신의 의사와 상관없이 사건의 중심에 서게 된 그는 비극적 운명을 피할 수 없었다.

영창대군은 서인(庶人)으로 강등되어 강화도에 위리안치 되었지만, 곧 최종 처결이 내려졌다. 그것을 주도한 인물도 이이첨이었다. 1614년 봄 영창대군은 아홉 살 어린 나이로 강화도에서 살해되었다. 사건의 불꽃이 인목대비에게 번진 것은 논리적 귀결에 가까웠다. 1618년 대비는 서궁(덕수궁)에 유폐되었다. 1623년 4월 반정 세력은 이런 광해군의 행위를 폐모살제로 규정하면서 거사했고, 조선왕조의 운명은 다시 한 번 크게 요동쳤다.

병자호란이 일어나다 　임진왜란을 거치면서 세력을 키운 여진족은 후금을 건국하였다(1616). 계속해서 세력을 확장하던 후금은 명에 대해 전쟁을 선포하였다. 명은 후금과 전쟁을 벌이는 한편 조선에 원군을 요청하였다.

임진왜란이 끝난 뒤 북인의 지지로 즉위한 광해군은 명이 쇠퇴하고 후금이 강성해지는 국제 정세의 변화에 신중하게 대처하였다. 그는 중립 외교 정책을 써서 명의 군사 요청을 들어주면서도 후금과 충돌하지 않으려고 애썼다.

교과서에 실린 광해군에 대한 평가

## 요즘 학생들은 광해군을 어떻게 생각할까?

최원정　조선 역사상 왕위에 올랐지만 끝내 왕으로 남지 못한 인물이 두 명 있습니다. 바로 연산군과 광해군인데요. 오늘은 그중에서 광해군에 대한 이야기 나눠 보겠습니다. 선생님, 요즘 학생들은 광해군에 대해 어떻게 배우고 있나요?

이다지　네, 그래서 제가 교과서를 준비해 왔어요. 광해군에 대해서는 임진왜란과 병자호란을 다룰 때 살짝 언급되고 있는데요. 한번 읽어 볼게요. "광해군은 명이 쇠퇴하고 후금이 강성해지는 국제 정세의 변화에 신중히 대처하였다. 그는 중립 외교 정책을 써서 명의 군사 요청을 들어주면서도 후금과 충돌하지 않으려고 애썼다." 즉 광해군은 혼란스러운 국제 관계 속에서 중립 외교를 통해 위기를 극복하고자 했던 왕이라는 긍정적인 방향으로 묘사되고 있습니다.

그날　최근 광해군이 재평가되고 있기는 하지만 역사에는 쫓겨난 왕, 폐주(廢主)[1], 혼군(昏君)[2] 등으로 남아 있잖아요?

계승범　네, 그렇습니다. 여기서 혼군은 정신이 온전하지 않고 어리석은 군주를 뜻하죠. 당시에 가장 중요시된 가치가 명에 대한 사대 의리잖아요. 명을 위해 군대를 보내야 할 시점에 상황에 따라 실리 외교를 펼친다는 건 당시에는 도저히 이해할 수 없는 일이었죠.

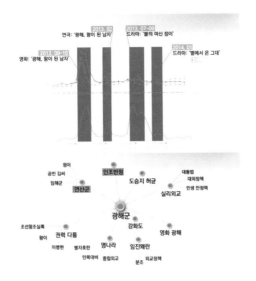

광해군에 대한 관심도 변화(상)와 광해군 관련 키워드(하)

그래서 어두울 혼 자를 써서 혼군이라고 표현하는 거고요. 그런데 시간이 흘러 가치 기준이 달라지면서 광해군의 외교정책에 대한 평가도 달라진 것이죠.

## 소셜 빅 데이터로 분석한 광해군의 이미지

그날　여기서 잠깐 현대인들은 광해군에 대해서 어떤 이미지와 생각을 갖고 있는지 알아보도록 하겠습니다.

이각경　블로그나 트위터 등 소셜 미디어 12억 건 가운데 광해군이라는 키워드를 포함한 22만 7478건의 문서에 대해서 빅 데이터 분석을 해 봤습니다. 먼저 광해군은 언제부터 대중들의 관심을 받게 됐을까요? 검색 빈도를 보면 2011년 전까지는 광해군에 대한 관심이 그다지 높지 않았습니다. 그런데 2012년 영화 「광해, 왕이 된 남자」의 흥행과 더불어 광해군에 대한 관심이 폭발적으로 증가합니다. 이후에도 관련된 연극이나 드라마가 방영될 때마다 관심이 다시 증가하는 것을 확인할 수 있었습니다. 결국 광해군에 대한 대중의 관심은 영화나 드라마의 인기에서 시작된 문화 코드의 성격이 강하다고 할 수 있습니다. 광해군의 연관 검색어로는 인조반정이나 연산군도 있지만 무엇보다 실리 외교, 명나라, 대외 정책과 관련한 단어들이 많았습니다. 사람들이 이순신을 광해군과 연결 지어 생각하고 있다는 것도 흥미롭고요. 연관 검색어를 시기별로 종합해 보면 대중들은 2011년 이전까지는 광해군을 폭군, 폐주, 서자 콤플렉스라는 키워드로 이해하고 있었던 것 같습니다. 하지만 2012년부터는 영화의 흥행으로 광해군 본인의 삶은 물론이고, 당대 역사 자체에 대한 관심이 커졌다고 볼 수 있습니다. 또 2013년에는 재건 정치인, 실리 외교, 2014년에는 지성, 추진력 있는 리더로서의 광해군이 인기를 끌었는데요. 여기서 리더십에 대한 대중의 갈망이 광해군에 투영되었음을 알 수 있습니다.

류근 　영화의 파급력이 대단하네요. 영화 한 편을 기점으로 평가가 완전히 뒤집혔어요.

신병주 　사실 영화에서 멋진 사람은 진짜 광해군이 아니라 하선이라는 천민이잖아요. 특히 영화에서 자주 외교 같은 부분을 강조하다 보니 '저 정도 했으면 잘 한 거 아냐?' 이렇게 평가하게 되죠.

최광희 　광해군을 문화 코드로 받아들이다 보니 사실과 허구가 뒤섞인 듯한 느낌이 드네요. 지혜롭고 추진력 있는 리더에 대한 갈망이 광해라는 인물에 투영된 게 아닌가 싶기도 하고요.

그날 　현대인들에게는 현명한 외교를 펼친 군주로, 조선 역사에는 쫓겨난 폐주로, 이렇게 상반된 평가를 받는 광해. 도대체 광해군에게 무슨 일이 있었던 걸까요?

## 명, 조선에 파병을 요구하다

1618년(광해군 10),
조선은 또 한 번 전쟁의 기운에 휩싸인다.
명이 후금과의 전투를 위해
조선에 파병을 요청한 것이다.

대신들은 일제히 재조지은(再造之恩)을 내세우며
어서 군사를 보낼 것을 주장한다.
명이 임진왜란 때 원군을 보냈으므로
우리도 은혜를 갚아야 한다는 것이다.

하지만 광해군은 파병을 망설인다.
명의 파병 요구를 두고 벌어진
신료들과 광해군의 대립,

과연 광해군의 본심은 무엇이었을까?

## 광해군과 대신들의 파병 논쟁

그날 　후금과 전쟁을 치르게 된 명이 파병을 요구해 왔는데, 조선으로
　　　서는 전쟁을 치른 지 얼마 안 된 상황이라 굉장히 곤란했겠어요.

류근 　그러게요. 임진왜란 때하고 정반대 상황이잖아요. 그런데 명의
　　　태도에도 문제가 있는 거 아닙니까? 임진왜란 때는 자기들도 위
　　　태로워질 것 같으니까 마지못해 참전했던 거잖아요. 순망치한을
　　　염려했을 뿐이라고요. 그래 놓고 대단한 은혜라도 베푼 것처럼
　　　당당하게 파병을 요구한단 말이죠.

최광희 　그래도 명이 원군을 보내 줬던 건 부인할 수 없는 사실이고, 또
　　　당시 명과 조선이 사대 관계를 맺고 있었기 때문에 명이 파병을
　　　요구하는 것도 무리는 아니었을 거예요.

류근 　받은 게 있으니까 갚아야 한다고 생각할 수도 있지만 만약 군대
　　　를 보냈는데도 명이 후금에 지면 어떻게 되는 겁니까? 그러면 조
　　　선이 망할 수도 있는 거잖아요.

신병주 　그렇죠. 그래도 당시 조정에서는 파병 찬성이 거의 90퍼센트 정
　　　도 됐어요. 당시 시대 상황이 그런 분위기였던 거죠.


## 광해군은 왜 파병에 반대했을까?

그날 　유독 광해군만 파병에 반대한 이유가 있을까요?

류근 　저는 '명나라가 미워서'라고 답하고 싶어요. 사실 광해군이 명에
　　　여러 번 당했잖아요. 세자 책봉도 다섯 번이나 거절당하고, 임금
　　　이 됐을 때도 바로 인정을 안 해 준단 말이죠. 제가 광해군이라
　　　고 해도 선뜻 도와줘야겠다는 마음이 안 생길 것 같아요.

그날 　'나 싫다고 할 때는 언제고 이제 와서 도와달라고 그래?' 그런 마
　　　음이었겠죠.

신병주 　광해군은 세자 때부터 명에 대해 서운한 감정이 있었고, 또 왕이

되었을 때도 명나라 책봉사들이 엄청나게 많은 은을 요구해요. 호조에서 1년간 모은 은을 명 사신들 접대하는 데 열흘 만에 소진했다는 이야기가 돌 정도로 말이죠.† 또 명 사신들이 벌인 행태 같은 걸 보면 광해군 입장에서는 '아무리 상국이라고 해도 이럴 수가 있어?' 이렇게 생각할 수 있죠.

계승범 그렇죠. 명에 대한 광해군의 감정이 좋을 리가 없죠. 게다가 명이 후금 진영으로 들어가 선제공격을 하겠다며 원군을 요청했는데, 광해군은 명나라 군대가 반드시 패할 거라고 생각했거든요. 광해군은 조선이 명을 도와서 군대를 보내면 아까운 조선 병사들만 죽을 것이고 거기에 후금의 원한까지 사서 후금이 우리에게 보복하려 들지도 모른다고 판단하죠. 반대로 신하들은 '명이 분명 이길 텐데 우리가 미적거리면서 확실하게 돕지 않으면 나중에 후환이 있지 않겠나?' 이렇게 생각했습니다. 결국 누가 이길 것인가? 그 판단에 차이가 있었던 거죠.

> † "근자의 행위를 보니, 그는 사람이 아닙니다. 어찌 그와 더불어 논란하겠습니까. 서울에 들어오는 것을 조종하는 게 오늘날의 가장 중요한 관건이니, 그의 말에 따라 골짜기와 같은 욕심을 채워 주어야 하겠습니다. 다만 서울에 들어온 뒤에 온갖 구실로 뇌물을 요구하여 그 수량이 5만 냥을 갖추어야 할 정도가 되면 비록 빈약한 재정 상태를 넉넉하게 만들고자 해도 형세상 어려우니, 이런 판국에 이르러서는 참으로 어찌할 도리가 없습니다."
> ─『광해군일기』 2년(1610) 7월 1일

## 17세기 국제 정세 분석

그날 당시 명과 후금의 세력 판도는 어땠나요?

이다지 광해군이 왕으로 즉위했던 17세기는 조선을 둘러싼 국제 정세가 급변하던 때였어요. 임진왜란 이후 만주 지역에 대한 명의 경계가 굉장히 소홀해져요. 이때를 틈타 여진족이 성장하게 되는데요. 여기에서 핵심적인 인물이 건주여진 추장의 아들인 누르하치입니다. 이 사람이 여기저기 흩어져 있던 여진족을 통합하고, 1616년 후금을 건국한 후 파죽지세로 명을 공격하기 시작했어요. 당시 명의 군사 요충지였던 요순, 청하까지 함락시키면서 세력 판도를 넓혀 나갔죠.

류근 후금 세력이 커지고 있다고는 하는데, 어쨌든 상대가 명이잖아요. 동아시아에서 막강한 권세를 누리던 강대국인데, 광해군으로 하여금 후금이 이길 거라고 판단하게 만든 구체적인 사건 같은 게 있었나요?

계승범 당시 후금의 주력 부대는 기병대였습니다. 쇠 철(鐵) 자를 써서 철기병이라고도 하는데, 이들은 워낙 날쌔고 막기 힘들어서 명나라에도 상당한 골칫거리였어요. 실제로 광해군뿐 아니라 조선의 정치인 모두가 후금 기병대의 위력을 인정하고 있었습니다. 또 광해군이 볼 때 후금과 대적할 명나라 군대가 너무 약하다는 것도 문제였어요. 광해군은 세자 시절 분조[3] 활동을 통해 명의 군사들을 직접 경험했잖아요. 명이 파병을 요구하면서 그들이 계획한 작전까지 통보하거든요. 그 내용이 10만 대군을 동원해서 후금에 들어가서 치겠다는 거예요. 명에도 물론 기병이 있었지만 대부분은 보병이거든요. 보병이 기병을 상대로 싸울 때 최선의 전략은 성을 지키는 거예요. 그런데 성문을 열고 나와 후금 기병대가 진을 치고 있는 들판으로 가겠다는 건 백전백패하는 작전이라고 판단한 거죠.

최광희 광해군이 당시 국제 상황을 제대로 읽었다고 볼 수 있겠네요.

이다지 광해군 개인이 똑똑했던 측면도 분명히 있지만 경험의 비중도 무시할 수 없다고 생각해요. 임진왜란 시기에 분조를 이끌면서 얻은 지혜 같은 게 있었을 거예요. 게다가 전쟁을 치른 지 20여

년밖에 안 됐잖아요. 전쟁 수습에 전력을 기울여도 모자랄 판에 명을 위해서 다시 참전을 한다? 광해군은 그 자체가 불가능한 상황이라고 판단했던 것 같아요.

계승범 기록에 보면 광해군이 이렇게 한탄했다고 해요. "그 옛날 노성한 원로들은 다 떠나고 지금 비변사[4]에는 백면서생밖에 남지 않았다. 백면서생들이 어떻게 군사의 일을 정확히 알 수 있겠는가?" 왜란 당시 야전에서 군사들을 지휘했던 사람들은 적어도 사십 줄은 됐을 거예요. 이때는 사반세기가 지난 시점이라 이 사람들은 전부 전사했거나 은퇴했거나 귀양 갔거나 한 거예요. 지도자로서 전쟁을 제대로 겪어 본 사람은 광해군뿐이었던 거죠.

최광희 그래도 임진왜란은 명과 조선이 함께 싸워서 승리한 전쟁이잖아요. 신료들 입장에서는 이번에도 명과 조선이 힘을 합치면 후금을 물리칠 수 있지 않을까? 이렇게 생각하지 않았을까 싶어요.

신병주 조선의 기본적인 외교 정책이 사대교린[5]이잖아요. 명에는 사대하고 일본이나 여진에 대해서는 교린 정책을 쓰는 거죠. 이런 관점에서 보면 후금은 아무리 힘이 세도 오랑캐예요.

류근 아니 임진왜란 때 그렇게 당해 놓고 정신 못 차리나요?

신병주 그렇죠. 아무리 그래도 오랑캐는 오랑캐인 거죠. 그런 인식이 너무 강했기 때문에 광해군이 실제적인 정보를 분석해서 누르하치가 정말 강하다는 것을 누차 지적해도 신하들은 '오랑캐가 어떻게 우리를 이겨?' 이렇게 생각하는 거예요. 특히 북방 오랑캐에 대해서는 일종의 자신감 같은 게 있었어요. 세종 때나 성종 때 북방 오랑캐를 몰아낸 경험이 있으니까요. 그 경험 때문에 지금도 얼마든지 이길 수 있다는 과한 자신감이 생긴 거죠.

## 조선의 파병, 전투 결과는?

**그날** 광해군이 옳은 판단을 했지만 신하들이 주장을 굽히지 않아 결국 파병을 하게 되잖아요. 과연 전투 결과가 어떻게 됐을지 궁금한데요.

**김병륜** 당시 명은 10만 병력을 동원해서 후금의 수도인 혁도아랍을 직접 공격하려고 시도합니다. 수도를 공격한다는 건 아예 멸망시키겠다는 거죠. 조선군도 명군과 합류하기 위해서 강홍립의 지휘 하에 1만 3000명의 병력이 1619년 2월 19일 압록강을 건너 요동으로 진입을 합니다. 음력 2월이면 3, 4월 정도 되는데 워낙 북쪽이다 보니 이때도 눈이 내렸어요. 조명 연합군이 눈 덮인 산악 지대를 돌파해서 3월 2일 전투 지역인 심하에 도착을 합니다. 여기서 후금 기병 500명을 맞닥뜨리는데 이 소규모 전투에서는 승리를 합니다. 하지만 혁도아랍에 채 도착하기도 전인 3월 4일에 대규모 전투가 벌어져요. 이 전투에서는 결과가 달랐는데요. 먼저 명의 남로군 1만여 명이 후금군 3만 명에게 기습 공격을 받아 순식간에 전멸하고, 뒤따르던 조선군 좌영과 우영을 후금 기병이 공격하죠. 당시 조선군 병력의 절반 이상이 조총과 화포로 무장하고 있었는데요. 조총과 화포를 쏘면서 저항했지만 역시 순식간에 전멸합니다. 강홍립이 지휘하는 직할 부대와 중영이 그 전투 장면을 지켜보고 있다가 좌영과 우영이 전멸하자 결국 항복하게 된 겁니다.

**최광희** 당시 조명 연합군의 숫자가 10만 명이 넘었다면서요. 게다가 조선군 대부분이 조총과 화포로 무장했음에도 불구하고 거의 하루 만에 전멸하다시피 한 거죠. 그 이유가 참 궁금하네요. 후금의 병력이 훨씬 더 많았던 건가요?

**김병륜** 만주의 핵심 부대는 기병으로 구성된 만주 팔기입니다. 한 개의

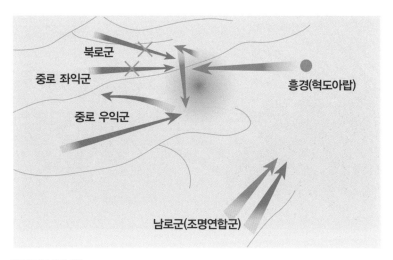

북로군

중로 좌익군

흥경(혁도아랍)

중로 우익군

남로군(조명연합군)

**싸얼후 전투 전개 상황**

기는 7500명 정도의 병력으로 구성되는데요. 기가 총 여덟 개 있으니까 전체 병력은 6만 명 정도라고 볼 수 있습니다. 다른 병력이 추가로 있었다고 하더라도 최소 10만 이상이었던 명군보다 많지는 않았을 겁니다. 그러므로 후금이 병사의 수 때문에 우세했던 건 절대 아니었고요. 오히려 후금이 시도했던 각개격파 작전의 성공이 전투의 승패를 가르는 분수령이 됐다고 봅니다. 제일 왼쪽 위에 북로군이 먼저 진격을 하고, 그 아래로 중로 좌익군이 진격을 하고, 조금 더 아래로 중로 우익군이 진격을 합니다. 오른쪽 아래 압록강 위쪽으로 조선군이 포함된 명의 남로군 부대까지 총 네 개의 군대가 별도로 진격을 했습니다. 그런데 후금은 병력 대부분을 중로 좌익군 방면으로 집중시킵니다. 그러고는 먼저 3월 1일 중로 좌익군을 전멸시키고, 다음날 북로군을 전멸시킵니다. 앞서 두 부대가 전멸하는 것을 본 중로 우익군은 후금과 싸워 보지도 않고 후퇴하게 되는 겁니다. 결국 조명 연합

**로크루아 전투 그림** 창병이 조총병을 보호하고 있다.

군이 전투를 치렀던 3월 4일 이전에 전투의 승패는 이미 결정돼 있었던 거죠.

신병주　명량 대첩에서도 봤지만 숫자 많다고 이기는 건 아니거든요.

그날　기동전이죠, 기동전.

**임진왜란 때와 반대로 조총 부대가 패배한 이유는?**

그날　임진왜란 때는 신립 장군이 이끄는 조선 기병이 왜의 조총 부대에 무참히 당했는데, 지금은 반대로 조총 부대가 후금의 기병에게 무참하게 깨지는 상황이잖아요. 도대체 이게 어떻게 된 겁니까?

김병륜　패전의 가장 중요한 원인은 조총의 장전 속도 문제였습니다. 당시 조총을 장전하려면 총구 앞으로 화약과 탄환을 따로 넣어야 했는데요. 그래서 장전 시간이 아주 많이 걸렸습니다. 숙련된 병사라고 할지라도 최소 1분 정도가 걸렸죠. 조총 한 발을 쏘고 두 번째 발을 장전하기도 전에 이미 적의 기병은 조총병들 앞에 들이닥치게 되는 겁니다. 그래서 기병이 근거리까지 돌격해 왔을

**팔기군 신장 전투 기록화** 후금 기병이 산악전을 전개하는 모습이 표현돼 있다.

때 조총병들을 보호해 주는 병사들이 필요해요. 당시 세계 각국에서는 자루가 긴 장창을 든 부대를 배치해서 조총병을 보호했습니다. 하지만 조선이나 명나라에는 이런 장창 부대가 없었습니다. 또 후금의 기병이 가진 장점에도 주목해야 하는데요. 후금의 팔기는 군사 조직인 동시에 사회 조직이기도 합니다. 팔기의 뿌리는 사냥 조직에서 출발했습니다. 전쟁 때만 모이는 게 아니라 평소 생활도 같이 하는 조직이었던 거죠. 때문에 응집력이나 팀워크가 탁월한 군대였습니다. 두 번째로 후금 기병은 산악전에 강했습니다. 보통 기병은 평야에서 강하고 보병은 산에서 강하다고 이야기를 하는데, 후금의 전투 장면을 보면 이들은 평지에서 산 정상을 향해 공격하거나 반대로 산 정상에서 평야를 향해 공격하는, 기병으로서는 굉장히 특수한 형태의 작전에 아주 능숙했습니다. 또 후금에게는 행운도 따랐습니다. 조선군의 좌영과 우영이 전멸하는 순간 하늘을 뒤덮는 검은 돌풍이 불었다고 해요. 이건 후금과 조선 측의 사료에 공통적으로 기록되어 있는 사실입니다. 바람이 불면 어떤 일이 벌어지느냐? 당시 조선 군이 사용했던 화승총[6]은 불이 붙은 화승이 화약이 있는 곳에 들어가서 발사되는 구조였는데요. 바람이 불면 화약이 모두 날아가 버려서 총을 쏠 수가 없죠. 후금의 기병이 그 틈을 타서 돌격에 성공할 수 있었던 겁니다.

그날    당시 조선에서는 후금이 직접 공격해 와도 막아낼 수 있을 거라고 낙관했다고 들었는데, 조선의 군사력은 어느 정도였나요?

김병륜    기록을 보면 싸얼후 전투에 참전했던 조선군은 식량 부족 문제로 행군을 몇 차례나 멈춥니다. 보급에 문제가 있었던 거죠. 국경 밖에서 벌어지는 공세적인 대외 전쟁에서는 군수 보급 능력이 필수적입니다. 그런데 조선은 그럴 만한 능력이 없었던 거죠. 조선은 또 임진왜란을 계기로 명나라 척계광 장군의 절강병법[7]을 도입했습니다. 이 병법은 기본적으로 왜군, 즉 일본 보병을 상대하는 병법이었어요. 따라서 절강병법으로 훈련된 부대로 기병을 상대하기에는 역부족이 아니었나 싶습니다.

**싸얼후 전투 패배가 조선에 미친 영향**

그날    조선의 피해도 상당했다면서요?

신병주    네, 사실 문제는 명이 병력만 요구했던 게 아니라 말 1000필과 군량미까지 요구했다는 거예요. 임진왜란 치르고 나서 안 그래도 식량이 부족한데 말이죠. 또 한겨울에 출병하게 돼서 방한복까지 마련해야 했고요. 그러다 보니까 실질적인 병력 손실뿐 아니라 경제적 손실도 많았죠.

류근    겨울에는 훈련만 나가도 춥고 배고프거든요. 원정까지 가서 전쟁을 치르려니 얼마나 고생이 심했겠어요. 병법에서 최상책은 싸우지 않고 이기는 거라는 말도 있지 않습니까?

신병주 명나라의 무리한 출병 요구 때문에 겨울에 전투를 해요. 사실 북방 민족하고 붙을 때는 대개 여름에 하거든요. 북방 민족은 추위에 강하기 때문에 저들이 공격을 할 때는 항상 겨울을 택했어요. 실제로 정묘호란, 병자호란 다 겨울에 쳐들어와요. 그러니까 우리가 저들을 공격할 때는 더울 때 가야 되는데 북방 민족에게 유리한 겨울을 택한 게 큰 패착이죠.

최광희 조선군이 많은 피해를 입긴 했지만 광해군은 내심 좋아하지 않았을까 싶어요. '봐라, 내가 안 된다고 했잖아.' 이렇게 이야기할 수 있잖아요.

그날 그러게요. 역설적으로 전투에 패함으로써 광해군은 대외 정책에 자신감이 생겼겠네요.

이다지 실제로 광해군이 싸얼후 전투 이후에 비변사에 전결을 내려요. 거기서 '적이 결국 어떻게 될지는 알지 못하겠으나 천하 난전의 우두머리가 될 것'이라고 합니다. 그 말은 후금이 단순한 오랑캐가 아니라 종국에는 중원의 질서를 뒤흔들 패자가 될 수 있다고 이야기한 거죠.

## 싸얼후 전투 패배 후 신하들은 어떻게 반응했나

그날 이제 광해군의 주장에 힘이 실리기 시작하나요?

신병주 오히려 반대예요. 당시 파병군 총사령관으로 임명됐던 도원수 강홍립[8]이 제대로 싸우지도 않고 바로 투항해버렸다는 거죠. 그걸 두고 조정에서 난리가 난 거예요. 강홍립의 가족을 처벌해야 된다는 주장도 나오고, 결과적으로 광해군이 곤경에 처해요.

최광희 광해군은 강홍립의 가족을 처벌하지 않았나요?

신병주 안 했죠. 광해군은 강홍립의 식솔들을 철저하게 보호했습니다.

최광희 조정 신하들은 강홍립이 후금에 항복한 걸로도 문제를 삼는데 광해군이 강홍립의 식솔들을 보호했다면 파병 전부터 둘 사이에 사전 교감 같은 게 있지 않았을까요? 이를테면 적당히 싸우는 척하다가 항복하라고 언질을 줬다거나.

류근 강홍립은 전황을 지켜보다가 수천 명이 죽은 다음에 항복을 하잖아요. 애초에 항복이 목적이었다면 그럴 필요가 있을까요?

그날 광해군과 강홍립의 사전 교감이 있었다. 어떻게 생각하세요?

계승범 광해군이 투항을 지시했는지는 확신할 수 없습니다. 다만 하세국[9]이라는 역관이 강홍립을 따라 출정을 하는데 전투가 발생하기 사흘 전에 강홍립의 명령을 받고 전장을 이탈해서 후금 진영을 방문했다고 해요. 거기서 '후금과 조선은 본래 원한이 없다. 우리는 상국인 명의 요구 때문에 어쩔 수 없이 출정했을 뿐이다. 그러니 우리에게 원한을 갖지 마라' 이런 얘기를 한 것처럼 보여요. 광해군이 강홍립에게 '야, 너 가서 항복해' 그랬다는 건 말이 안 되죠. 이미 6000~7000명이 전사했고 강홍립도 완전히 포위돼서 더 이상 어쩔 수 없는 상황이었어요.

류근 강홍립이 먼저 항복한 것도 아니라면서요.

신병주 그렇죠. 『광해군일기』에 보면 후금에서 먼저 '서로 무장을 풀자. 우리가 싸울 필요가 뭐 있느냐?' 이렇게 제의했다고 해요. 하지만 전반적인 정황을 보면 광해군의 의지가 전혀 반영되지 않았다고 보기는 어려워요.[†] 강홍립이 어떤 형태로든 그런 메시지를 후금 진영에 전달했고, 후금 입장에서도 궁극적인 목표는 명이기 때문에 조선과는 굳이 싸울 생각이 없었던 거죠. 이런 과정에서 적절하게 화친이 맺어졌다. 이런 정도로 해석할 수 있을 것 같습니다.

† 교린(交鄰)의 일은 우리 한(汗)이 몹시 바라던 것이다. 여러 장수들이 조선을 헐뜯는 말을 할 때마다 우리 한은 한사코 막으며 말하기를 "우리가 명나라와 원수가 된 것은 싸움을 좋아해서가 아니라 명나라가 여러 가지로 속이고 해를 주기 때문에 부득이 등을 돌리게 된 것이다. 그러나 조선에 대해서는 본래 원수가 된 적이 없었다. 그리고 적국이 많은 것은 우리에게도 이롭지 않다. 어찌 싸움에서 항상 이기기만 하겠는가. 내가 죽더라도 너희들은 반드시 나의 말을 기억해야 할 것이다" 하였다.

— 『광해군일기』 13년(1621) 9월 10일

### 광해군과 강홍립이 서신을 주고받은 이유

최광희  강홍립이 항복하고 후금의 포로가 된 후에 광해군과 서신을 주고받았다고 들었어요. 어떻게 된 건가요?

계승범  전쟁에서 명이 이길 것 같지는 않고, 그렇다고 명과의 사대 관계를 갑자기 버릴 수도 없어요. 이걸 빌미로 후금이 조선을 공격해 오면 막을 힘도 없고요. 그러면 어떻게 할까? 명과의 관계는 그대로 유지하되 후금과 계속 소통함으로써 후금의 조선 침공 가능성을 막고자 했던 것이죠. 그런 점에서 강홍립은 후금과 조선 사이의 핫라인¹⁰ 비슷한 역할을 했던 것 같아요. 실제로『책중일록』¹¹이라는 책에 보면 후금 역시 조선과 소통하고 싶을 때 항상 강홍립을 찾습니다. 이게 의도된 것인지는 모르지만 광해군은 덕분에 전부터 추구했던 교두보를 확보할 수 있었죠.

류근  강홍립이 포로 겸 스파이 겸 외교사절이었네요.

그날  그러니까 광해군이 적재적소에 인물을 잘 쓴 거예요. 포로로 잡혀 갔지만 이런 상황에서 활용할 수 있었던 인물이 강홍립이었던 거죠.

류근  광해군 입장에서는 탁월한 전략을 구사하고 있는 거예요. 왕이 이렇게 애쓰고 있는데 조정 대신들은 너무 심한 거 아니에요?

최광희  전쟁에 패배한 책임을 지울 희생양이 필요했겠죠. 돌을 던질 마녀가 있어야 하잖아요. 그래서 강홍립을 희생양으로 삼았던 거고, 그 와중에 광해군이 강홍립을 비호하니까 조정 대신들이 광해군에게서 더 돌아선 게 아닌가 싶어요.

그날 지금 상황이 비상시국이고 임진왜란도 겪어 봤잖아요. 충분히 왕과 소통할 만한데 대체 왜 이걸 못 받아들이는 건가요?

이다지 이쯤 되면 신하들 사이에서 온갖 말도 안 되는 소리가 나와요. 후금이 방심하는 사이에 기습을 하자고도 하고 후금의 국서를 돌려보내자고도 하죠. 이런 무분별한 명분론에 광해군이 기가 질린 거예요. 이때 광해군이 신하들을 설득하려고 했던 유명한 말이 있어요. '적들이 오면 혀로 막고 붓으로 쳐부술 거냐?'† 그런데 신하들은 더 강하게 나옵니다. 비변사 당상들이 파업에 나서고 왕에게 올려야 할 보고를 명 황제에게 직접 보내기도 했대요. 그만큼 광해군은 완전히 고립되어 있었던 거죠.

신병주 이때 가장 중요했던 이념이 재조지은입니다. 나라가 완전히 없어질 뻔 했는데 명의 도움을 받아 나라를 다시 일으켜 세울 수 있었다는 거죠. 그러니 그 은혜를 꼭 갚아야 한다는 논리입니다.

류근 은행에서 딱 좋아할 분들 아닙니까? 빚지면 어떻게든 갚겠다는 게 말이죠.

계승범 무엇보다 의리가 중요한 시대였으니까요. 당시 후금과 명, 조선의 삼각관계를 대하는 주체를 크게 넷으로 나눌 수 있습니다. 먼저 누르하치의 마음은 간단합니다. 명과 대립하는 상황에서 후금과 조선이 계속 대화하고 있음을 드러내고 싶어 해요. 조선이 명의 영원한 우방이 아님을, 때에 따라서는 입장을 달리할 수도 있음을 명에 보여 주려는 의도죠. 상당히 현실적인 계산입니다. 반면 명에서는 후금 내부의 첩보를 얻는 데 어려움을 겪고 있었어요. 그러니까 명은 강홍립을 통해 후금을 정탐하고자 했던 거죠. 광해군은 명과의 관계는 그대로 유지하되 후금과 은밀하게 대화를 계속하면서 시간은 벌려는 속셈이었어요. 이렇게 세 주체가 철저하게 현실적인 계산으로 대응한 데 비해 비변사를 장악한 조선 신료들은 의리만 내세우고 있었던 거죠.

류근 　의리가 이데올로기가 된 건데 어찌 됐건 이데올로기라는 건 본질적으로 백성과 국가를 더 이롭게 할 방법을 모색하는 거 아닙니까? 그런데 조선 신료들의 재조지은 논의는 눈먼 이데올로기, 맹목적 사대주의라고밖에 할 수 없어요.

이다지 　임진왜란 전까지만 해도 명과 조선의 관계를 군신 관계, 즉 임금과 신하라는 말로 표현했어요. 그런데 임진왜란 이후부터는 '부자의 도리', '부자 관계'라는 표현이 등장하기 시작합니다. 결국 조선 신료들에게 재조지은은 신하로서의 의리나 충성, 이런 수준을 넘어서 깨뜨릴 수 없는 부자 간의 의리로 각인된 것 같아요.

류근 　이때 나라가 망하더라도 사대의 대의를 따르겠다는 얘기까지 나왔다면서요.

계승범 　'천명이 옮겨 갔다' 이런 말도 있지 않습니까. 그러니까 군신 관계는 정세 변화에 따라 바뀔 수도 있어요. 그런데 부자 관계는 상황 논리를 추월하는 절대 가치죠.

류근 　천륜이니까요.

계승범 　그러니까 나라가 망하더라도 의리를 지켜야 한다는 논리가 설 수 있는 거죠. 후금이 아버지인 명을 잡아 죽이려고 한다. 그러면 자식이 해야 할 일은 뭐냐? 하나밖에 없죠. 목숨을 걸고 달려가 아버지를 구하는 것, 그게 의리라는 것이죠.

최광희 　결국 이게 인조반정의 계기가 되지 않습니까?

신병주 　그렇죠. 인조반정에서 광해군을 폐위하는 명분 중 하나가 광해군이 명을 따르지 않고 후금과 화친했다는 것, 명에 대한 의리를 저

버렸다는 거거든요. 그건 결국 군신 관계와 부자 관계, 즉 조선의 지배 이념인 성리학적 가치를 부정한 게 되는 거죠.

† 적의 형세는 날로 치열해지고 있는데, 우리나라의 병력과 인심은 하나도 믿을 만한 것이 없다. 고상한 말과 큰 소리만으로 하늘을 덮을 듯한 흉악한 적의 칼날을 막아낼 수 있겠는가. 적들이 말을 타고 들어와 마구 짓밟는 날에 이들을 담론으로써 막아낼 수 있겠는가. 붓으로 무찌를 수 있겠는가.
── 『광해군일기』 13년(1621) 6월 1일

## 영화 「광해, 왕이 된 남자」

최근 영화 「광해」를 통해 역사 속에 묻혀 있던
광해군이 새삼 대중의 관심을 받고 있다.


영화 속 광해군은 천민 출신인
가짜 왕이라는 존재를 통해
누구보다 더 친근하고
백성의 마음을 헤아릴 줄 아는 왕으로 묘사된다.


주변의 반대에도 대동법 시행을 강행한 왕,
조선의 제도를 획기적으로 바꾼 대동법은
광해군의 대표적인 애민 정책으로 회자되는데…….


광해군 그는 정말 백성을 사랑한 군주였을까?

그날 영화 속에서 가짜 광해가 신하들과 치열하게 다툰 문제가 바로 대동법인데, 대동법이 대체 뭔가요?

계승범 대동법은 일종의 조세 제도인데요. 지역 토산물을 바치는 공납을 새롭게 개혁하는 방안입니다. 변화의 핵심은 과세 기준과 방법입니다. 전에는 집집마다 같은 양의 특산물을 부과했었는데 이제 토지 결수에 따라 차등적인 금액을 쌀로 내는 걸로 바꾸자는 거죠. 다시 말해 빈부의 차를 반영하자는 겁니다.

신병주 전에는 100평짜리 아파트에 사는 가족과 3평짜리 쪽방촌에 사는 가족이 똑같은 세금을 냈는데, 기준이 토지 결수로 바뀌면 땅이 많은 사람, 즉 지주가 훨씬 많은 세금을 내게 되죠.

류근 부자 증세 같은 거네요.

최광희 백성들 입장에서는 대환영이겠지만, 어느 시대나 이런 문제가 닥치면 기득권 세력이 방해하기 마련이잖아요.

신병주 당시에도 법안을 심의하는 사람이 대개 양반 지주들이라 반대가 심했습니다. 대동법이 시행되면 자기들이 내야 할 세금이 많아지게 되니까 불만이 있을 수밖에 없죠. 또 대동법 시행 전에는 공납을 대신 납부해 주는 중간 상인들이 있었는데, 이 사람들의 반발도 상당했어요. 예를 들어서 어떤 지역에서 바쳐야 할 특산품이 송이버섯인데, 여기서는 송이버섯이 생산되지 않는 거예요. 그래도 나라에서 할당한 거니까 꼭 바쳐야 하거든요. 그러면 송이버섯이 생산되는 다른 지역에서 버섯을 사야 하는데, 이걸 대신해 주는 사람들이 중간에서 값을 엄청 부풀리는 거예요. 그 과정에서 가격이 천정부지로 솟고, 이권이 커지니까 양반 관리들까지 가담해서 이익을 취하고 그랬어요. 그런데 대동법이 시행되면 그 이익들이 전부 없어지는 거잖아요. 그래서 저항하는 사람들이 많았죠.

류근 처음부터 빈부 격차를 고려하지 않고 같은 세금을 매긴다는 게 너무 비상식적인 거잖아요. 이거 하나 바꾸기가 그렇게 어려웠던 건가요?

이다지 그래도 파병 때보다는 사정이 좀 나았던 게 명망 있는 신료들이 대동법 시행을 강하게 주장해요. 그 덕에 경기도에서 먼저 시범 사업으로 시행을 하고 추후에 성과를 보면서 차츰 늘려가기로 한 거죠. 하지만 경기도에서 충분한 성과를 보였음에도 불구하고 대동법이 전국에 확대되는 데는 100여 년이 걸려요. 그만큼 반대의 움직임이 거셌다는 거죠.

## 대동법이 확대 실시되지 못한 이유?

류근 이때도 파병 때처럼 광해군이 신하들의 반대에 밀린 건가요?

계승범 광해군 때 대동법이 나온 건 사실입니다. 하지만 광해군이 대동법을 제정하는 데 어느 정도 주도적인 역할을 했는가 하는 것에 대해서는 의문입니다. 광해군은 사실 약간 미온적인 태도를 취하거든요.

그날 광해군이 대동법을 적극적으로 추진했다고 알고 있었는데 사실은 그렇지 않았군요.

류근 방납[12]이며 뭐며 공납의 폐해가 워낙 심했기 때문에 대동법 시행이 절실했잖아요. 그런데 광해군이 대체 왜 그랬을까요?

계승범 여러 가지 추론이 가능한데요. 아까 말씀하신 것처럼 방납을 수행하는 중간 상인이 있지 않습니까? 가령 내가 세금 수취를 담당하는 고위 관료라고 할 때 여러 중간 상인 중에 누구에게 방납의 특권을 주는가 하는 문제가 생기겠죠. 그러면 상인들이 가만히 있겠습니까? 뇌물을 줘서 관리인 나를 매수하려고 하겠죠. 그런데 이게 굉장히 복잡하게 연계되어 있기 때문에 아마 최고통수권자인 왕에게도 이권이 일부 들어가지 않았을까 싶어요. 물론 그와 관련된 증거는 없습니다.

류근 　전후에 왕실 재정도 파탄이 나서 대놓고 벼슬까지 파는 형편이었잖아요. 충분히 있을 법한 얘기네요.

계승범 　유교 사회에서는 공납이 특별한 정치적 의미를 갖습니다. 그래서 특산물 대신 쌀로 내게 하자는 주장에도 이견이 생깁니다. 지방 관리들이 왕에 대한 충성을 증명하기 위해 자기가 관할하는 지역의 토산물을 직접 바치는 게 공납제의 뿌리거든요. 경제적인 관점에서 볼 때는 토산물을 쌀로 바꾸어도 아무 문제가 없지만, 전통적인 정치 의식으로 보면 옳지 않은 거죠. 군주 입장에서는 토산물을 직접 받아야만 군신 관계가 증명되니까요. 따라서 대동법 시행은 단순한 조세 개혁 수준이 아니라 심각한 정치 문제로까지 비화될 수 있는 문제였던 거죠.

신병주 　부모님께 정성스럽게 고른 선물 드리는 거하고 백화점 상품권 드리는 건 느낌이 다르잖아요. 쌀로 낼 테니 그걸로 필요한 걸 사서 쓰면 되지 않느냐 하지만 왕이 체감하는 느낌은 달라지죠.

계승범 　광해군이 미온적이었다고 해서 광해군을 폄하할 수는 없어요. 어쨌든 그가 대동법 시행을 최종적으로 승인했으니까요.

류근 　무슨 일이건 처음 할 때는 그만한 용기와 결단력이 필요한 것 같아요.


**광해군의 남자들, 대동법을 주장하다**

이다지 　사실 대동법이 나올 수 있었던 배경에는 광해군의 인재 등용 정책이 상당히 중요한 역할을 해요. 광해군이 즉위하자마자 이제부터는 당파에 관계없이 어진 인재를 등용하겠다고 포고문을 내렸어요. 그래서 초창기에는 남인, 서인 할 것 없이 다양한 당파의 인재들이 많이 등용됩니다.

류근    그러고 보니 대동법도 이원익[13]이 제안한 거죠? 광해군의 정치적 기반은 대북이라고 알고 있었는데, 지금 보니 당파를 두루 아우르고 있네요.

신병주    이원익은 대표적인 남인인데, 광해군 때 처음 정승으로 임명됐어요. 광해군 집권기에 줄곧 영의정, 좌의정, 우의정 자리를 주고받는 인물이 이덕형, 이항복, 이원익이었어요. 오성과 한음 다들 아시죠? 이덕형은 이원익과 마찬가지로 남인이었고, 이항복은 서인이었어요. 흔히 광해군 대를 북인 집권기라고 하지만 대북이 독주하는 건 1613년 이후예요.

그날    광해군 초기의 정치는 굉장히 건강했네요. 무게중심을 한쪽에 두지 않고 말이죠. 그런데 이 힘의 균형이 깨지는 사건이 발생합니다.

## 영창대군과 인목대비

1613년(광해군 5) 역모 사건이 발생했다.


뚜렷한 증거가 없음에도 불구하고
광해군은 아홉 살 난 영창대군을 강화로 유배 보낸다.


비정한 어른들은 어린 그를 가두고
아궁이에 쉴 새 없이 불을 지핀다.


바닥이 뜨거워 누울 수도 없게 된 영창대군은
밤낮으로 울다가 죽고 만다.


신하들은 뒤이어 영창대군의 생모인 인목대비에 대해서도
처리를 요구하고 나섰다.


아들을 잃은 슬픔이 채 가시기도 전에
결국 인목대비는 서궁에 유폐되는 신세가 된다.

## 광해군과 폐모살제

그날 　새 왕이 즉위한 뒤 반대파 숙청 작업이 이루어지는 건 흔한 일이 잖아요. 그래도 영창대군의 최후는 너무 잔인한 거 같아요.

최광희 　아홉 살밖에 안 됐는데 말이죠.

류근 　야사에 의하면 광해군이 영창대군을 그렇게 싫어했대요. 대비전에 문안을 갔을 때도 영창대군의 목소리는 듣고 싶지 않다고 하고, 영창대군의 누나인 정명공주만 예뻐해서 영창대군이 자기도 여자로 태어났으면 좋았을 거라고 울기까지 했대요.

계승범 　세자 시절 광해군의 지위를 결정적으로 위협했던 존재가 영창대군이었죠. 영창대군은 한 번 정적으로 부각되었기 때문에 광해군이 즉위한 다음 목숨을 보장할 수 없었어요.

최광희 　광해군이 직접적으로 영창대군을 죽이라고 지시한 기록은 없다고 알고 있는데요. 오히려 신하들이 영창대군을 죽여야 된다고 하니까 '어떻게 그럴 수 있느냐?' 그러면서 반대하고, 죽었다는 얘기가 들리니까 대군의 예에 맞게 장례를 치러 주라고 지시한단 말이죠.

신병주 　세조도 직접 단종을 죽이라고 명하지는 않았죠.

류근 　광해군은 먼저 나서서 지시하는 스타일이 아니잖아요. 선조도 마찬가지고. 왕이 되려면 좀 그래야 하는 모양이에요.

최광희 　표리부동 어법이군요.

신병주 　영창대군을 죽인 사람이 이정표라는 무인인데 이 사람은 사실 전과도 있어요. 임해군을 직접 목 졸라 죽인 사람이거든요. 어떤 면에서는 검증된 킬러를 고용한 거죠.

그날 　청부 살인업자네요.

신병주 　왕자가 유배지에서 의문의 죽음을 당했다면 응당 관련자 처벌을 해야 하거든요. 그런데도 이정표는 조금도 처벌받지 않고 나중에 승진까지 합니다.

최광희 광해군이 이정표를 승진시켰다고요?

류근 그래서 의문사가 된 거예요. 영창대군이 아무리 죄인이라고 해도 일국의 왕자인데 이렇게 함부로 죽일 수는 없는 거잖아요. 그런데 당연히 처벌받아야 할 사람이 오히려 떵떵거리며 사니까 왕 또는 왕에 필적할 만한 권력자가 배후에 있을 거라는 추측을 할 수밖에 없죠.

계승범 그런 게 광해군의 통치 스타일인 것 같아요. 일국의 왕이 직접 나서서 '나 쟤 제거하겠다' 그렇게 말할 수가 없죠. 다만 왕의 의중을 정확히 파악한 신료들이 알아서 움직이도록 방치하는 거죠. 그런 다음에 제거하려던 사람이 죽었다고 하면 '극진하게 장례를 지내 줘라. 마음이 참 아프구나' 이런 얘기하면서 '내가 한 게 아니다' 이런 걸 어필하는 거죠. 이건 꼭 유교 국가의 군주뿐 아니라 다른 나라의 군주들도 흔히 취했던 태도였어요.

그날 저는 광해군에게 조금 더 독한 정치가 기질이 있었다면 어땠을까 싶어요. 사실 폐모살제가 인조반정의 명분이 되잖아요. 애초에 영창대군의 죽음에 관여된 사람들을 엄하게 다스려서 확실하게 발을 뺐으면 반정의 싹을 뽑아버릴 수 있지 않았을까요?

계승범 하지만 이정표가 임해군을 살해했을 때 광해군이 철저하게 수사해서 그를 엄중히 처벌했다면 누가 영창대군을 죽이겠어요.

**인목대비를 유폐시킬 수밖에 없었던 이유는?**

최광희 영창대군은 정적이니까 제거할 수 있다고 하더라도 인목대비까지 유폐시킬 필요가 있었나 싶어요.

신병주 그건 인목대비 입장에서 봐야할 것 같아요. 인목대비에게 광해군은 원수나 다름없죠. 자기 친아들을 죽인 사람이니까요. 인목대비와 광해군은 자연스럽게 아주 불편한 관계가 됩니다. 어쨌든 왕과 대비는 한 궁궐에서 거처해야 되는데 말이죠. 이때 광해군의 의중을 잘 읽었던 사람이 바로 이이첨[14]이었어요. 이 사람이 인목대비 유폐를 주장하고 나선 거죠. 물론 이때도 광해군은 '인목대비 유폐시켜' 이렇게 하진 않았어요. 이이첨이 눈치를 살핀 거죠.

그날    폐모살제 이후에 조선의 정치 구도는 어떻게 변하나요?

신병주   초반에는 광해군도 여러 정치 세력을 등용해서 균형을 이뤄 보려고 했죠. 그런데 1613년 계축옥사를 계기로 광해군도 자신의 왕권을 보장해 줄 측근 세력에 마음이 기울어요. 그 이후로 광해군 정권은 대북 정권이 됐죠.

이다지   그 후부터 광해군 주변에 충신은 없고 쓸모없는 사람들만 남게 된 거예요. 광해군이 유독 역모에 민감했잖아요. 이걸 이용해서 출세하려는 사람들이 거짓으로 역모를 고변하는 일들이 비일비재했고, 부정부패도 만연했대요. 『상촌집』[15]에 따르면 잡채 상서, 김치 정승이라는 말까지 나와요. 잡채와 김치를 바치고 임금의 총애를 얻는다는 뜻으로요.

그날    초반에는 분명 성군이 될 자질을 보였는데, 왕위에 대한 불안감이 결국 광해군의 판단력을 흐리게 한 게 아니었나 싶어요.

류근    세자 생활하면서 핍박받았던 시간이 너무 길었던 거예요. 실제로 광해군이 숨바꼭질을 즐겼는데, 신하들이 자기를 못 찾으면 그렇게 좋아했대요.

이다지   잠자리가 불편하니까 그랬을 것 같아요. 왜 스탈린도 방 여섯 개에서 돌아가면서 잤다고 하잖아요.

류근    또 광해군이 친국을 무려 210회나 하셨다고 그래요. 옥사가 나면 비가 오나 눈이 오나 직접 간 거죠. 나중에는 신하들이 진저리를 치면서 안 나타났다고 하잖아요. 그런데 광해군은 혼자라도 가서 친국을 했대요.

신병주 왕권에 대한 광해군의 집착을 보여 주는 대표적인 사례가 자신에게 마흔여덟 자나 되는 긴 존호[16]를 붙인 거예요.

그날 마흔 여덟 자요?

신병주 네, 읽어 보면 체천 흥운 준덕 홍공 신성 영숙 흠문 인무 서륜 입기 명성 광렬 융봉 현보 무정 중희 예철 장의 장헌 순정 건의 수정 창도 숭업 대왕. 이렇게 두 글자씩 읽어야 돼요. 운을 흥진시키고, 덕을 준수하게 하고 이런 식으로 위대하시고 훌륭하시며 아름다우신 대왕 이렇게 되는 거죠. 이건 왕권에 대한 불안감을 나타내는 거예요. 이름 화려한 사람 치고 실속 있는 경우가 거의 없잖아요.

그날 얘기를 하면 할수록 광해군이라는 인물에 대해 다시 생각해 보게 되네요.

류근 영화는 영화일 뿐이라는 얘기를 꼭 강조하고 싶어요.

신병주 광해군의 재위 기간이 15년인데, 이걸 다 똑같이 보는 게 아니라 시기와 분야를 나누어서 해석해야 될 것 같아요.

# 2

# 허준,
# 『동의보감』을
# 완성하다

"삶이 하나의 놀이라면 이것이 그 놀이의 규칙이다. 당신에게는 육체가 주어질 것이다. 좋든 싫든 당신은 그 육체를 이번 생 동안 갖고 다닐 것이다."(셰리 카터 스콧,「삶이 하나의 놀이라면」) 이 글대로 우리의 몸은 우리가 삶을 마칠 때까지 벗어날 수 없는 숙명이다. 내 몸의 어떤 부분이 마음에 들지 않거나 불편해도 우리는 그것을 받아들이며 살아갈 수밖에 없다.

그 몸은 대단히 민감하고 때로는 매우 연약하다. 작은 상처가 나거나 체온이 조금만 바뀌어도 상당히 불편하다. 반대의 경우도 마찬가지다. 푹 자고 일어나 몸이 개운하면 마음도 활력으로 가득하다. 이처럼 몸은 우리의 마음을 포함한 모든 것이 담긴 섬세한 그릇이다. 이런저런 변화에 쉽게 흔들리지 않는 건강하고 안정된 몸과 마음을 가꾸고 유지하는 것은 그래서 인간의 오랜 바람이자 목표가 되어 왔다.

의학은 그런 목표를 이루려는 의지와 도전의 과학적 결정(結晶)이다. 유사 이래 세상의 수많은 지성은 인간의 몸과 마음을 탐구해 다양한 비밀을 밝혔다. 수많은 분야에서 다양한 차이를 보인 것처럼, 동양과 서양은 의학에서도 서로 다른 경로로 발전했다. 우리나라의 고유한 의학인 한의학은 동양 의학에서 독특하고 뛰어난 성취를 이뤘다고 평가된다.

전근대 한의학에서 가장 중요한 인물은 허준과 이제마일 것이다. 두 사람은 그 자신이 뛰어난 의사였을 뿐만 아니라『동의보감』과『동이수세보원』이라는 불후의 저서를 남겼다. 특히 허준은 그때까지 축적된 한의학 지식을 집성한『동의보감』편찬을 이끌어 한의학 역사에 지울 수 없는 자취를 남겼다.

허준은 1571년 종4품 내의원 첨정에 제수된 것을 시작으로 평생을 의관으로 살았다. 그는 국왕을 수없이 입진(入診)했는데, 1575년 2월과 1587년 10월 선조를 치료하고 1590년 12월 왕자의 천연두를 낫게 한 것이 높이 평가된다. 왕자의 천연두를 치료했을 때는 그 공로로 당상관 품계를 받았다. 대간은 중인인 의관에게 넘치는 대우라고 반대했지만, 선조는 뛰어난 의술에 합당한 보상이라면서 받아들이지 않았다.

허준의 삶에서 가장 큰 전기는 임진왜란이었다. 전쟁에서 가장 중요한 존재는 군인과 의사다. 군인은 앞장서서 전쟁을 수행하고, 의사는 거기서 양산된 환자를 치료한다. 전쟁은 거대한 파괴 행위지만, 그 파괴를 극대화하거나 파괴를 신속히 복구하려는 목적에서 중요한 기술적 진보가 이뤄지기도 한다. 의술도 마찬가지다. 전쟁을 거치면서 더 많은 환자를 좀더 효과적으로 치료할 수 있는 의술이 개발·보급되는 사례는 적지 않다.

『동의보감』도 그런 사례의 하나다. 전쟁이 잠시 잦아든 1596년 허준은 선조의 지시로 정작, 양예수, 김응탁, 이명원, 정예남 등과 함께 『동의보감』 편찬에 착수했다. 동기는 앞서 말한 대로 전쟁의 상처를 치료하려는 것이었다. 그러나 전란 속에서 추진된 편찬은 순조롭지 않았다. 작업은 이듬해 정유재란이 터지면서 중단되었다가 전쟁이 끝난 뒤 재개되어 마침내 1610년에 마무리되었다. 15년이 걸린 긴 역정이었다.

내경(內景), 외형(外形), 잡병(雜病), 탕액(湯液), 침구(鍼灸) 등 다섯 편으로 이뤄진 『동의보감』은 그때까지 축적된 한의학 지식을 망라한 저작으로 평가된다. 내경에서는 오장육부 등 내과적 치료를 다뤘고, 외형에서는 외과적 의술을 서술했다. 잡병은 소아과, 부인과를 비롯한 그밖의 질병을, 탕액과 침구는 본초학과 침구학을 논의했다. 허준이 77세까지 장수한 사실은 그의 의술이 탁월했음을 웅변하는 증거일 것이다.

## 허준, 『동의보감』을 완성하다

1592년 임진왜란 발발,
전쟁터가 된 조선은 전란의 상처로 신음했다.

4년 후 휴전 상태에 접어들면서
선조는 새로운 의서를 편찬하라는 명령을 내리는데……

정작, 양예수, 김응탁, 이명원, 정예남 등
당대 최고의 명의들이 모였다.
이들을 이끈 사람은 당시 내의원 수의였던 허준이었다.

그러나 1년도 안 돼 전쟁은 다시 시작됐다.
의원들은 죽거나 병들어 뿔뿔이 흩어졌고,
몇 년 후 선조마저 세상을 떠나면서
의서 편찬은 중단되는 듯했다.

하지만 허준은 포기하지 않고 홀로 작업을 계속했고,
마침내 1610년 총 스물다섯 권의 의서를 완성한다.

조선을 넘은 동아시아 의학사의 집대성 『동의보감』이다.

「동의보감』과 유네스코 세계기록유산 등재 인증서

## 의서 한류를 일으킨 『동의보감』

최원정 오늘은 조선, 아니 동아시아에서 가장 유명한 의서로 꼽히는 『동의보감』이 완성된 그날에 대한 이야기 나눠 보겠습니다. 우리나라 사람 치고 『동의보감』이나 허준 모르는 사람 없죠.

신병주 『동의보감』은 우리나라뿐 아니라 세계적으로도 그 가치를 인정받아서 2009년에 세계기록유산으로 등재됐습니다.

이다지 『동의보감』 세계기록유산 등재 기록에 이런 내용이 나와요. "『동의보감』은 서양의학의 발전 이전에 수백만 동아시아인의 보건에 기여한 문헌으로 현대에도 다방면에서 서양의학보다 더 우수한 것으로 인정되고 있다. 세계 의학사에 대한 기여가 매우 크다."

신동원 한국인이 쓴 책 가운데 『동의보감』만큼 세계에 널리 읽힌 책은 없습니다. 현재까지 중국에서 30판이 넘게 간행되었어요. 굉장한 일이죠.

신병주 영·정조 시대에 중국 사신들이 조선에 와서 꼭 구입해 가는 물건 중 하나가 바로 『동의보감』이었어요.

류근 1995년에 중국의 장쩌민 전 국가 주석이 한국을 방문해서 한중 우호 관계의 역사적 증거로 『동의보감』을 들었어요. 유구한 한중 문화 교류의 역사에 한 권의 의서가 가장 큰 기여를 했다니

놀랍지 않습니까?

최광희 한의학이 본래 중국에서 전래된 거잖아요. 그래서 이 부분에 있어서는 중국이 우리보다 앞섰을 거라고 생각했는데, 중국에서 『동의보감』이 30차례 이상 편찬됐다니 굉장히 놀랍네요. 중국이 그 정도라면 일본에서도 꽤 인기를 끌지 않았을까요?

이다지 네, 맞습니다. 17세기는 동아시아 전역에 역병이 창궐했던 시기였어요. 일본에서는 에도 주민만 약 8만 명이 사망했다고 합니다. 역병 문제 타계에 활용된 게 바로 『동의보감』이에요. 당시 일본의 8대 쇼군이었던 도쿠가와 요시무네[1]는 『동의보감』을 기초로 의료 개혁에 성공했어요. 이후 일본에서는 조선의 약재와 처방을 연구하는 게 유행이 됐다고 합니다.

신동원 일본에서는 표준적인 의학의 모범을 『동의보감』에서 찾았습니다. 실제로 도쿠가와 요시무네가 『동의보감』을 관찬으로 찍어냅니다. 일본에서 책 편찬은 민간에서 상업적인 이유로 하는 게 일반적이었는데 말이죠. 책에 대한 신뢰가 얼마나 대단했는지 도쿠가와 요시무네는 머리맡에 항상 『동의보감』을 두었다고 합니다.

그날 국경을 넘나드는 베스트셀러였네요.


### 대중매체에서 그려진 허준

그날 허준에 대해 잘못 알려진 사실이 많다면서요?

최광희 허준이라는 인물이 대중에게 본격적으로 알려지기 시작한 것은 소설과 드라마 때문이죠. 특히 1999년에 엄청난 시청률을 기록했던 드라마 「허준」이 대표적인 예입니다. 아무래도 역사를 소재로 한 드라마나 소설, 영화 등에는 상상력이 개입될 수밖에 없기 때문에 이런 문제가 생기는 것 같아요.

신병주 「허준」이라는 드라마의 원작이 소설 『동의보감』이잖아요. 1988년에 작고하신 이은성 작가가 집필한 책인데, 젊었을 때 저도 참 재밌게 봤어요.

이다지 드라마 「허준」의 인기가 정말 굉장했었잖아요. 제가 중학교 1학년 때 반 친구들이 모두 "줄을 서시오" 하는 드라마 대사를 따라 했던 게 기억나요.

신병주 이다지 선생님처럼 젊은 분들은 대개 허준 하면 전광렬 씨를 떠올리시는데, 사실 저는 허준 하면 김무생 씨가 떠올라요. 드라마 「용의 눈물」에서 태조 역할 하셨던 분이요. 1970년대에 「집념」이라는 드라마에서 허준 역할을 김무생 씨가 하셨거든요.

최광희 재밌는 사실은 최근에 김무생 씨의 아들인 탤런트 김주혁 씨가 또 허준 역할을 했다는 거죠.

그날 부자가 대를 이어서 허준을 연기한다는 거, 참 특이하네요.

류근 드라마 「허준」에서 가장 인상적인 장면이 허준이 얼음 동굴에서 스승 유의태의 시신을 해부하는 장면이잖아요. 그 사건을 계기로 허준이 의학적으로 큰 깨달음을 얻고 명의로 거듭났다는 식으로 드라마가 전개되지 않습니까.

그날 네, 허준이 스승을 해부했다는 이야기가 전설처럼 회자되고 있죠. 이건 드라마뿐 아니라 소설에도 나오는 얘기잖아요. 이 이야기에 대해서 같이 한번 살펴보시죠.

## 얼음 동굴에서 스승의 시체를 해부한 허준

허준을 둘러싼 유명한 이야기가 있다.

조선 최고의 명의 허준에게는
의학적으로 많은 깨달음을 준 유의태라는 스승이 있었다.

어느 날 자신이 중병에 걸렸다는 사실을 알게 된 유의태,
그는 허준에게 유서를 남기고 죽는다.
유서의 내용은 자신의 시신을 해부하여
의학 정신에 보탬이 되도록 하라는 것.

하지만 어떻게 사람의 몸에,
그것도 스승의 시신에 손을 댄단 말인가!
허준은 심각한 고민에 빠진다.

그러나 이내 스승의 깊은 뜻을 이해한 허준은
얼음 동굴에서 유의태의 몸을 열어 보게 된다.

한 번도 본 적 없는 인체 내부의 모습을 직접 확인한 허준,
이를 빠짐없이 기록하며 의학적으로 큰 깨달음을 얻는다.

이후 이 경험을 바탕으로
허준은 조선에 길이 남을 의원이 됐다는데……

과연 이 이야기는 사실일까?

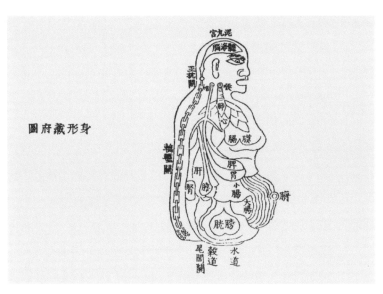

「**신형장부도(身形藏府圖)**」, 『동의보감』첫 장에 나오는 그림으로 다양한 해부학적 지식을 담고 있다.

### 허준이 스승의 시신을 해부했다?

그날　허준이 스승의 시신을 해부했다는 거, 이게 정말 사실일까요?

류근　저는 신빙성이 있다고 봅니다. 제가 그 증거를 준비해 왔는데요. 『동의보감』첫 장에 나오는 「신형장부도」라는 그림이에요. 허준이 실제로 해부를 해 보지 않았다면 어떻게 이런 그림을 그렸겠어요.

그날　그러고 보니 장기의 위치가 얼추 맞는 것 같기도 하네요.

신병주　네, 「신형장부도」는 한자 그대로 신형(身形), 즉 몸의 형태와 장부(藏府), 즉 오장육부를 그린 그림이라는 뜻입니다. 그림을 보면 폐, 간, 대장, 신장, 위 이런 것들이 전부 표현되어 있습니다.

신동원　저기서도 배꼽이 특히 중요한데요. 배꼽이 인체의 중심이라고 여겨지기도 했고, 또 어머니와 아이가 배꼽을 통해 이어지잖아요. 그래서 배꼽은 특히 더 중요하게 그렸습니다.

그날    저는 저 가운데 심장이 눈에 띄네요. 마음 심(心) 자로 표현된 게 심장 맞죠? 마치 연꽃 같아요.

신병주  「신형장부도」에는 동양적인 인체관이 반영되어 있는데요. 하늘을 나타내는 머리와 땅을 뜻하는 몸이 있고, 척추가 그 둘을 연결하는 형상으로 되어 있죠.

최광희  등에 그려진 게 척추군요.

신동원  네, 동양 의학에서는 척추를 기가 흘러가는 통로로 이해합니다. 즉 몸속의 기가 척추를 따라 온몸을 순환하는 거죠.

최광희  저는 「신형장부도」가 실제 해부도는 아닌 것 같아요. 요즘 의대생들도 해부 실습할 때 뭐가 뭔지 잘 모른다고 하잖아요. 사진이며, 비디오며 인체에 대한 정보가 넘쳐나고 공부도 많이 했을 텐데요. 제아무리 허준이라고 해도 스승의 시체를 해부하자마자 깨달음을 얻었다? '아니, 이것이 말로만 듣던 간인가!' 이랬을까요? 믿기 힘든 일이죠.

류근  당시는 전쟁 통이기도 했고 기아와 역병도 심해서 도처에 시신이 즐비했어요. 임상학적으로는 지금보다 더 유리하지 않았을까 싶어요.

그날    주변의 시신들을 해부해서 정보를 얻었을 것이다?

류근  군이 해부까지 하지는 않았더라도 간접 경험 같은 게 있었을 거라는 말이죠.

신동원  「신형장부도」 보다 더 앞서 만들어진 유사한 그림들이 여럿 있어요. 일례로 송나라 사람 구희범이 그린 「구희범오장도」[2]가 있는데요. 송 인종이 사형이 집행된 죄수 56명을 해부하라고 명합니다. 여기에 그 지역 의사들과 관리들, 그리고 화공인 구희범이 참여하게 된 거죠. 어쩌면 이 해부도가 「신형장부도」에 영향을 미쳤을 수도 있죠.

신병주 저도 최광희 선생님 의견이 맞는 것 같아요. 허준이 의원으로서 대단한 성취를 이룬 것은 분명하지만 스승의 시체를 해부했다는 건 드라마의 극적 효과를 위한 장치로 봐야 해요. "더 많은 사람을 치료할 수 있도록 내 시체를 해부해라." 이렇게 말하는 스승이라니 뭔가 감동적이잖아요. 그리고 실제로 그런 사례가 있었어요. 이익이 쓴 『성호사설』에 보면 허준과 비슷한 시기를 살았던 사람으로 전유형[3]이란 인물이 나와요. 이 사람이 임진왜란 때 굴러다니던 시체를 해부해서 의학적 능력을 키웠다고 전해지거든요. 그 기록에 보면 전유형이 이괄의 난에 연루되어 처형당할 때, 사람들이 "저 봐라, 시체 해부하고 그러니까 재앙이 미치는 거다" 이렇게 얘기했다고 해요.

신동원 그렇습니다. 당시에 시체를 해부한다는 건 대단한 금기였어요. 설사 시체 해부가 이루어졌다 하더라도 관의 허락을 받은 다음에 하는 게 관행이었습니다.

신병주 사람들이 이 이야기에 위낙 관심이 많으니까 10여 년 전에 KBS 「역사 스페셜」에서 이 주제를 다룬 적이 있어요. 그때 허준은 스승을 해부한 적이 없고, 유의태라는 인물도 허구라는 게 밝혀졌죠.

그날 유의태가 허구예요? 아예 존재하지 않는 사람인가요?

신병주 유이태[4]라는 분이 계시긴 한데, 이분은 숙종 때 활약한 의원이에요. 아마 극본 쓰는 분이 후대의 이야기를 변형해서 넣었던 것 같아요.

그날 유이태가 허준보다 뒷 시대 사람이라고요? 그럼 유의태가 허준의 스승이 아니었단 얘기네요.

신병주 그렇죠. 당연히 스승이 아니었죠.

최광희 충격적인 사실이네요. 유의태 자체가 허구적 인물이니까 스승을 해부한 사실도 허구일 수밖에 없겠군요.

신동원　제가 오랫동안 허준의 삶에 대해 연구해 왔는데요. 농담 삼아 얘기하자면 드라마나 소설에서 나오는 허준 이야기 중에 두 가지 빼고는 전부 허구라고 보면 돼요. 첫 번째가 허준이 남자였다는 거고요, 두 번째는 허준이 의관이었다는 사실입니다.

## 허준의 여인 예진아씨는 실존인물일까?

류근　대단히 충격적이고 실망스러운 얘기네요. 그럼 시스루 한복을 입고 나와 제 영혼을 흔들던 예진아씨도 실존 인물이 아닙니까?

그날　시스루 한복이 기억이 나세요?

류근　예진아씨를 기억 못한다면 남자가 아니죠.

이다지　당연히 허구고요. 허준의 연애에 관한 기록도 남아 있지 않습니다. 다만 예진아씨의 직업이었던 의녀는 실제로 존재했는데요. 조선은 남녀칠세부동석(男女七世不同席)을 내세우면서 남녀유별을 특히 강조했잖아요. 그래서 부녀자들은 아픈 데가 있어도 남자인 의원에게 진료받기를 거부했대요. 그러다가 맥 한 번 못 짚어 보고 사망하는 경우도 종종 있었다고 해요. 이런 문제 때문에 국가에서 의녀 제도를 만들고 왕실 여성이나 종친 여성들이 활용할 수 있게 한 거죠.

## 실세들과 어울렸던 금수저 허준

그날　오늘 허준을 둘러싼 오해에 대해 이야기 하고 있는데 허준에 대한 오해가 이뿐만이 아니라면서요?

이다지　네, 맞습니다. SNS를 통해서 허준에 대한 대중의 오해를 한번 정리해 봤어요. 먼저 허준의 출생과 관련된 부분부터 볼게요. 사람들은 대부분 허준이 천민으로 태어나 어려운 환경을 딛고 극적인 성공을 거둔 사람이라고 알고 있더라고요.

최광희 　허준이 천민 출신인지 아닌지는 잘 모르겠습니다만 저는 서자 출신이라고 알고 있어요.

신동원 　네, 역사적으로 보면 서자인 건 맞습니다. 허준의 어머니도 양반집 서녀였고요. 얼(孼)이라고 하면 노비, 즉 여종 출신의 자식을 말하고, 서(庶)라고 하면 양인 첩이나 양반 서녀의 자식을 말합니다. 이 둘은 꼭 구별해야 되는데 소설에서는 극적 효과를 위해서 허준을 서자가 아니라 얼자로 만든 거죠. 서자가 됐든 얼자가 됐든 양반집 자손이면 일단 벼슬에는 오를 수 있습니다. 다만 과거에 급제해도 한품(限品)이라고 해서 올라갈 수 있는 등급이 정해져 있어요. 서얼은 고위 관직이나 실직에 오르지 못하는 정도의 차별을 받았죠. 실제로 허준의 친동생은 같은 서자인데도 문과에 급제했습니다.

이다지 　허준은 상당한 명문가 자제였어요. 실제로 할아버지 허곤은 경상우수사를 지냈고, 아버지 허론은 용천부사를 역임했거든요. 허준 집안이 무인들 사이에서는 상당히 유명한 가문이었다고 해요. 덕분에 허준은 어릴 때부터 경제적으로 풍족한 생활을 했고, 당대의 석학들과 직접 교류할 수 있을 만큼 훌륭한 인적 네트워크에 속해 있었어요.

최광희 　갑자기 배신감이 듭니다. 밑바닥 인생에서 조선 최고의 의관이 된 줄 알았더니 그게 아니었군요.

그날 　그러게요. 개천에서 용 난 경우인 줄 알았는데, 그게 아니네요.

신병주 　실제로 허준이 정치적으로나 학문적으로 명망이 높았던 성혼, 정철 등과 교류했다는 증거도 있어요. 성혼의 『우계집』에 보면 "허준이 와서 (정철이) 술을 끊고 수양을 해 코끝의 붉은 반점이 모두 없어졌다고 말하여 몹시 기뻤다." 이런 내용이 나와요. 이건 당시 허준의 사회적 위치가 어떠했는지를 명확하게 보여 주죠.

신동원 아까 허준에게 문과에 급제한 동생이 있다고 말씀드렸잖아요. 그 동생의 장인이 노수신입니다. 노수신은 영의정까지 했을 만큼 유명한 문신이었어요. 이렇게 대단한 가문과 사돈을 맺은 걸 보면 허준 가문도 꽤 괜찮은 가문이었다고 볼 수 있죠. 또 허준의 외오촌 당숙이 유명한 김안국, 김정국 형제입니다. 이분들은 유학의 거두이면서도 의학에 밝았어요. 김안국은 『언해창진방』[5]을 번역했고, 김정국은 『촌가구급방』[6]을 편찬했습니다. 집안에 의학에 밝은 쟁쟁한 사람들이 많았던 거죠.

그날 그러니까 허준은 유복한 집안에서 자란 도련님이었군요. 서자이기 때문에 출세를 보장받긴 어려웠겠지만 공부하는 데는 부족함이 없었겠네요.

## 허준, 내의원에 특혜 채용되다?

이다지 허준의 출사나 승진에 대해서도 잘못 알려진 부분이 굉장히 많아요. 드라마에는 허준이 의과에 장원급제해서 내의원에 들어가는 걸로 나오잖아요. 하지만 당시 전의감이나 혜민서에서 공부했던 의학생들의 경우 공부를 열심히 해서 장원급제를 해도 제수받을 수 있는 관직의 최고 품계가 종8품이었어요. 그런데 허준은 종4품 벼슬부터 시작했다는 점에 주목해야 합니다.

최광희 드라마에서 극적 긴장감을 높이기 위해 과거라는 장치를 동원한 것 같은데, 그러면 의과를 안 보고도 내의원에 들어갈 수 있는 건가요?

신동원 유희춘의 『미암일기』[7]에 허준의 장년기 모습이 잘 드러나 있어요. 여기 보면 허준이 유희춘의 집안사람들 병을 다 고쳐 줍니다. 본래 유희춘이 학문적인 부분에서 허준을 좋게 보고 있었는데, 자기 병도 고쳐 주고 부인 병도 고쳐 주고 이렇게 하니까 허준을 밀어줘야겠다는 마음이 든 거죠. 그래서 이조판서에게 허준을 천거하는 편지를 보냅니다. 그러고 나서 얼마 후에 허준에게 내의원 종4품 첨정 벼슬이 내려진 거죠.

최광희  말이 천거지 좀 부정적으로 얘기하면 낙하산 인사라고 볼 수도 있는 거잖아요. 관리직이야 음서 같은 추천으로 채용되는 경우가 있긴 하지만, 의사는 생명을 다루는 만큼 아주 특별한 직업 아닙니까? 정말 이래도 되는 건가요?

신동원  거꾸로 생각해 볼 수도 있을 것 같아요. 당시 민간에서 검증된, 능력이 출중한 사람들을 천거하라는 선조의 특명이 있었습니다. 문관들도 여럿 추천됐고요. 그 연장선에서 유희춘이 의관으로 허준을 추천한 거죠. 사실 유희춘은 청렴하기로 유명한 분이기 때문에 안면이 있다고 무조건 추천하지는 않았을 겁니다. 허준의 경우에는 그의 학식과 의술에 대한 신뢰가 확고했기 때문에 추천했을 거고요. 또 천거한다고 바로 벼슬할 수 있는 것도 아니었어요. 면접을 보거든요. 추천받은 사람이 면접을 통과해서 벼슬살이하는 중에 혹시라도 잘못을 저지르게 되면 추천한 사람에게 책임을 묻게 되어 있습니다. 연좌제가 적용되는 거죠.

최광희  어쨌든 허준은 공채가 아니라 특채 출신이군요.

신병주  허준은 내의원에 들어간 뒤로 선조의 신임을 받아 선조 말년에 가서는 거의 최고 의원이 돼요. 물론 유희춘 덕분에 빠르게 출세한 측면도 분명히 있죠. 드라마 주인공이 유복한 집에서 태어나 순탄하게 벼슬하고 승승장구하면 재미가 없잖아요. 그러면 시청자들이 채널을 돌리겠죠. 그래서 드라마에서는 허준이 고난과 역경 속에서 출세하는 인물로 그려진 것 같아요.

그날  그래도 허준이 실력 있는 의사였던 건 분명한 사실이죠.

신동원  그렇죠. 또 허준을 시기 질투하는 사람들이 많았던 것도 사실입니다. 허준이 선조의 신임을 등에 업고 아주 높은 관작을 받거든요. 서자 출신 의관인데도 불구하고요. 그래서 문관들이 시기를 합니다. 허준의 버슬이 올라갈 때마다 "이번 승차는 국가의 인사 원칙에 유배되는 것입니다" 이렇게 상소를 올려요.

최광희    어느 시대든 잘난 사람들은 시기를 받게 돼 있어요. 이순신 장군도 그렇잖아요. 종6품에서 정3품으로 급격하게 승진하니까 비슷한 상소가 올라가잖아요. 아무튼 남 잘되는 꼴을 못 봐요.

신동원    허준은 의관 중에서 유일하게 영의정에 해당되는 정1품 보국숭록대부의 관작을 받았습니다. 선조가 그런 명을 내리자마자 사헌부하고 사간원에서 난리가 나죠. 결국은 선조가 지시를 철회합니다. 그랬다가 허준 사후에 추증을 하죠. 서자 출신 의관으로서는 전례 없는 대단한 사건이었습니다.

## 허준, 왕자의 두창을 고치다

1590년 어린 왕자가 두창,
즉 천연두에 걸려 사경을 헤매고 있었다.

당시 두창은 민가뿐 아니라 왕실 아이들의
목숨까지도 앗아 가던 무서운 전염병.

선조는 치료를 명하지만
의원들은 나서길 꺼렸다.

두창은 마땅한 치료법도 없었고,
귀신이 들려 걸리는 병이라 여겨
굿을 하던 시절이었기 때문이다.

결국 내의원의 서열과 관례를 깨고
홀로 왕자의 두창 치료에 나선 허준,
자신의 의학적 신념대로 정성껏 왕자를 진료한다.

마침내 왕자의 두창은 깨끗이 완치되고,
선조는 크게 기뻐하며 허준에게 벼슬을 내린다.

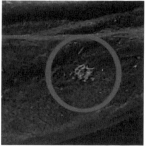

조선 시대 미라에서 발견된 두창 자국

## 신이 일으키는 무서운 질병, 두창

그날 선조 입장에서는 허준이 아들을 살려 준 은인이군요. 두창이라는 게 천연두잖아요. 당시에는 두창의 치사율이 굉장히 높았다고 들었는데…….

이다지 두창은 홍역(마진), 콜레라(호열자)와 더불어서 조선의 3대 질병으로 꼽혔다고 합니다. 또 일생에 한 번은 걸린다고 해서 백세창(百世瘡)이라고도 불렀는데요. 백 살을 살면 한 번은 걸린다는 뜻이래요.

신병주 흔히 마마라고도 했죠. 조선 시대에 경기도 양주에서 발견된 소년 미라의 조직 검사 결과, 소년의 사인 중 하나가 두창이었다고 밝혀졌어요. 사진에 보이는 게 바로 두창 자국이에요.

이다지 얽은 자국이 남아 있네요.

신병주 서울대학교 규장각에 조선 시대 관리들의 초상화를 모은 『진신화상첩』[8]이라는 책이 보관되어 있어요. 총 스물두 명이 그려져 있는데, 그중 다섯 분 얼굴에 마맛자국이 있습니다. 비율로 치면 22퍼센트 정도 되는 거죠. 네다섯 명 중에 한 명 정도는 마마를 앓았다는 겁니다.

최광희 예전에 비디오 보면 불법 비디오가 호환, 마마보다 더 위험하다

「진신화상첩」에 실린 관리들의 초상 관리들의 얼굴에 두창 자국이 선명하다.

| | |
|---|---|
| | 는 얘기가 나왔잖아요. 그때 마마는 뭘 말하는 걸까 궁금했어요. |
| 신병주 | 마마 하면 제일 먼저 떠오르는 말이 뭐죠? |
| 최광희 | 상감마마요! 설마 마마가 그 마마예요? |
| 신병주 | 네, 맞습니다. 여기에는 마마가 나라님처럼 범접하기 어려운 병이라는 뜻도 있고, 높은 분이 잘 보살펴 줘서 병이 낫기를 바라는 의미도 있습니다. |
| 그날 | 그러니까 이 병이 당시에는 마마님처럼 잘 모셔야 할 대단한 존재로 여겨졌다는 거군요. 지금 천연두는 백신이 보급된 덕분에 지구상에서 사라진 대표적인 전염병이잖아요. |
| 신동원 | 마마, 즉 두창은 신이 일으키는 아주 특별한 병으로 여겨졌습니다. 이 신을 두창신 혹은 두신이라고 하는데, 이 신이 되게 까다로워요. 두신은 오직 자기만 섬겨야 돼요. 다른 신을 섬기면 안 됩니다. 당시 조선 사람들에게 조상신을 섬기는 것은 굉장히 중요한 일이었잖아요. 그런데도 제사를 포기합니다. 또 약을 쓰면 안 된다고 그래요. 약을 쓰면 두신이 노해서 환자를 죽인다는 거죠. 그래서 전에는 왕자가 두창에 걸려도 의원들이 전부 수수방관하고 있었어요.† 그런데 다른 왕자가 또 두창에 걸리자 이번에는 선조가 아예 허준을 지목해서 치료를 맡깁니다. 다행히 허준이 의서를 참고해 묘약을 찾아내고 왕자의 두창을 고친 거죠. 그러자 선조가 그걸 책으로 쓰라고 명해서 나온 책이 바로 『언해두창집요』입니다. 이수광의 『지봉유설』에 보면 이 책 덕분에 수천 명의 목숨을 살렸다고 합니다. 그 후로 허준에게 신의라는 명칭이 붙었다고 해요. |
| 그날 | 신의 영역이라고 여겼던 병을 인간인 허준이 고쳤으니까요. |
| 신병주 | 사실 결과적으로 두창 치료에 성공했으니까 이렇게 된 거지, 실패했다면 정말 큰 곤욕을 치렀을 거예요. |

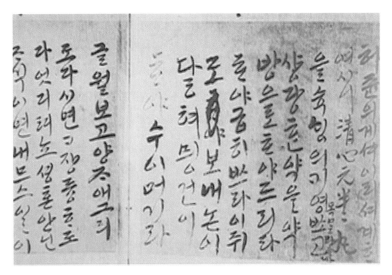

**선조가 정숙옹주에게 보낸 편지** 허준의 처방을 따르라는 이야기가 적혀 있다.

신동원  그래서 다른 의원들이 치료하지 않았던 겁니다. 밑져야 본전이거든요.

신병주  그런 걸 보면 허준은 모험심이 상당했던 같아요.

류근  요즘 의학 드라마들 보면 주인공이 다른 의사들은 하지 않는 새로운 수술법을 시도하잖아요. 그런 게 극적 긴장감을 높이는데, 허준이 딱 그런 인물이었던 거예요.

그날  그래도 선조의 전폭적인 신뢰가 있었기 때문에 가능했던 일 아니겠어요?

신동원  그렇죠. 허준 인생의 터닝 포인트가 바로 이 두창 치료의 성공이었습니다. 이때 당상관이 됩니다.

이다지  선조는 허준의 처방전을 상당히 신뢰했습니다. 그래서 본인이 가장 아끼던 정안옹주가 두창에 걸렸을 때, 정안옹주의 언니인 정숙옹주에게 편지를 보냅니다. 선조는 정안옹주의 방에 햇볕이 잘 드는지 어떤지 세심하게 신경 쓰면서 "곧 나아지지 않겠느냐,

걱정 말아라" 이렇게 딸을 걱정하는 모습을 보입니다. 또 약을 쓸 일이 있으면 의관과 의녀를 보내겠다고 하고, 다음 편지에는 허준이 약을 잘 쓰니 그 처방을 무조건 따르라고 하고요.

신동원 허준은 훗날 광해군의 병도 고칩니다. 『동의보감』을 집필하기 시작한 1596년에 당시 동궁이었던 광해군의 중병을 고치고, 이 걸 계기로 품계가 정2품으로 올라가죠.

> † 예전에 왕자가 두창에 걸렸는데 의관들이 풍속 금기에 얽매어 수수방관하다 가 목숨을 잃어…….
> ─ 허준, 『언해두창집요』

## 『동의보감』 편찬은 광해군이 아닌 선조의 업적이다?

최광희 허준이 실력 있는 의사였던 것은 분명한데, 그래도 역사에 허준 이라는 인물이 각인된 것은 역시 『동의보감』의 저자로서가 아니 겠습니까. 책이 유명하면 저자도 유명해지지 않을까 싶은데, 사 실 세종 대에 나온 『향약집성방』이나 『의방유취』 같은 책들은 저자가 누군지 몰라요. 다만 세종대왕 때 편찬됐다는 사실 정도 만 알죠. 그런데 『동의보감』의 저자는 허준이라고 나오잖아요. 반대로 어느 왕 때 이 책이 편찬됐느냐, 물어보면 잘 모른다는 거죠. 평소에 류근 시인님께서 줄곧 비판해 온 선조가 『동의보 감』의 편찬을 지시했다는 사실, 혹시 아십니까?

류근 저도 그게 좀 의외였어요. 선조에 대해서는 좋지 않은 이미지가 강한데 훌륭한 일도 했네요. 심지어 선조가 『동의보감』의 편집 방향까지 세세하게 일러 줬다면서요.

신동원 맞습니다. 선조는 단순히 편찬을 후원하기만 한 게 아니라 허준 을 비롯한 여섯 명의 공동 편찬자들에게 의서를 쓰라고 지침을 내리고 친히 편집 방향까지 일러 줍니다. 『향약집성방』, 『의방유취』 등을 제외하고 이렇게 많은 의원이 의서 간행에 동원된 것은 유례가 없는 일입니다.

신병주 『동의보감』 편찬에 관한 한 선조의 공이 상당히 커요. 그런데 선조가 타이밍을 좀 잘못 잡으셨어요. 편찬을 명한 게 1596년인데, 이듬해 바로 정유재란이 일어나잖아요. 전쟁이 터지니까 편찬 작업이 일시 중지됐죠. 어쨌든 선조는 『동의보감』 편찬에 대해서는 굉장히 의욕적이어서 전란 중에도 참고용 의서를 500여 권이나 하사했다고 해요. 또 임진왜란 끝나고 선조가 피란할 때 자기를 수행한 사람들을 호성공신으로 책봉하는데, 이때 허준을 호성공신 3등에 책봉함으로써 그에 대한 신뢰를 드러냅니다.[†]

신동원 당시 선조의 몽진을 수행한 의원은 두 명뿐이었습니다. 나머지 의관들은 전부 자기 가족을 돌봐야 한다는 이유로 선조를 따라가지 않았어요. 어쨌든 남은 두 의관 중에서도 선조의 건강을 챙긴 사람은 허준이었습니다. 허준이라고 부모 자식이 없었겠어요. 그래도 허준은 선조에 대한 충정으로 어가를 따라나선 거죠. 그러니까 선조와 허준의 관계는 떼려야 뗄 수 없는 인간적인 신뢰로 맺어진 관계라고 볼 수 있습니다.

신병주 류근 시인은 선조 싫어하시는데, 허준도 싫어하게 되는 거 아니에요?

류근 아니, 뭐 그 정도는 아닙니다. 의서 편찬에 있어서만큼은 선조가 세종만큼의 성군이었던 거죠.

그날 사실 지금도 그렇잖아요. 질병 관리 시스템이 나라의 존망을 좌우하는데, 그 점에 있어서는 선조가 굉장히 잘 했다고 평가할 수 있네요.

신동원 선조가 욕을 많이 먹었잖아요. 스스로도 알고 있어요. 자기에게 쏟아지는 비난이 얼마나 많은지. 그런데 임진왜란, 즉 전쟁은 결국 죽음 아니겠어요. 죽음의 반대말은 활인(活人), 즉 사람을 살리는 것이고요. 그래서 의서 편찬이 활인의 적절한 실천법으로 떠올랐던 것 같습니다.

† 서울에서 의주까지 시종 거가(車駕)를 따른 사람들을 호성공신으로 하여 3등급으로 나누어 차등이 있게 명칭을 내렸고 …… 3등은 …… 의관 허준 등이다.
── 『선조실록』 37년(1604) 6월 25일

## 임진왜란 극복을 위해 절실했던 『동의보감』

7년간 이어진 임진왜란은
셀 수 없이 많은 사상자를 낳았다.
군사들뿐 아니라 무고한 백성들도
왜적의 칼에 무참히 죽어 갔다.

하지만 선조는 도탄에 빠진
백성들을 뒤로 한 채 피란길에 오른다.

남겨진 백성들 또한 기아와 병으로 목숨을 잃어
시체가 곳곳에 산을 이뤘다.

기근이 날로 심해지고, 질역(疾疫)이 끊이지 않아
쓰러져 있는 시체들이 즐비하여…….
—『선조실록』 26년(1593) 4월 21일

기근이 극도에 이르러 굶어 죽은 시체에 살점이 거의 없고,
산 사람을 도살하여 내장과 골수까지 먹고 있다고 합니다.
—『선조실록』 27년(1594) 1월 17일

죽음의 그림자가 드리운 조선,
전란에서 생명을 구할 의서가 절실한 때였다.

**애민 정신의 결정체 『동의보감』**

신동원 『동의보감』은 전문 의원들만을 대상으로 하는 책이 아닙니다. 보통 환자들도 쉽게 활용할 수 있도록 만든 책이죠. 선조가 내린 세 가지 집필 지침 역시 그것과 관련되어 있습니다. 하나는 수양을 위주로 하라는 건데요. 애초에 병에 걸리지 않도록 하는 게 더 중요하다는 거죠. 약물 치료에는 돈이 드니까요. 두 번째 지침은 '처방의 요점을 추려라'입니다. 당시 중국 의학 서적들이 조선에 많이 수입됐어요. 『의학입문』이 대표적이죠. 선조는 그런 책에 의지하다 보면 조선 백성들은 줄초상을 치를 거라며 중국과 조선의 의서를 통틀어 효과가 증명된 핵심 처방을 골라 모으라고 주문했습니다. 마지막으로 부득이 약을 쓰려거든 향약(鄕藥), 즉 국산 약을 쓰라고 지시합니다. 또 가난한 사람도 부담 없이 구할 수 있도록 너무 많지도 적지도 않은 적정량을 찾아 쓰라는 얘기도 하고요.

이다지 당시 많은 백성이 나라 안에서 좋은 약재가 나도 약초의 이름이나 효능을 몰라서 쓰지 못했다고 해요. 그래서 허준이 『동의보감』을 쓸 때 먼저 민간에서 쓰이는 약초의 이름을 기준으로 분류하고 그것을 한글로도 표기하여 알기 쉽게 했다고 합니다. 백성들을 위한 마음이 담겨있는 거죠.

**『동의보감』으로 본 사회상**

최광희 의학서를 보면 당시 사회상을 어느 정도 가늠할 수 있는 것 같아요. 『동의보감』에서도 피란 갈 때 아이의 울음을 멎게 하는 법이라든가 곡식을 먹지 않고 흉년을 넘기는 법 같은 걸 소개하고 있더라고요.

신병주 워낙 힘든 상황이니까 그런 방법들을 알려 줄 필요가 있죠. 곡식을 먹지 않고 흉년을 넘기는 법, 어떤 게 있을까요?

그날    흙을 먹거나 손가락을 빨 수도 있겠고, 나무껍질 같은 걸 먹는 방법도 있겠네요.

신병주   손가락을 빤다? 비슷합니다.『동의보감』에 침을 자주 삼키면 배가 고프지 않다는 내용이 있어요. '하루에 360번 침을 삼키고, 그게 잘 되면 1000번까지 늘려 보라. 그러면 허기를 극복할 수 있다.'[†] 소아의 울음을 멈추게 하는 법, 이것도 정말 절실하죠. 전쟁에서 아이가 울면 적에게 들켜서 큰 피해를 당할 우려가 있으니까요. 이런 일을 막기 위해서 어떤 방법을 제시하냐면 뭉친 솜을 감초 달인 물이나 단것을 탄 물에 담가두었다가 아이 입에 물리고 매어 주라고 해요. 그러면 아이가 그걸 빨아먹느라 소리를 내지 않는다는 거죠. 결국『동의보감』에는 흉년이나 기근에 대비하는 방법도 있고, 또 전쟁이라는 특수한 상황이 반영된 내용들도 있죠.

> † 배가 고파 죽을 지경에는 침을 모아 하루에 360번 삼키면 좋다. 차츰 연습하여 1000번 삼키면 저절로 배가 고프지 않은데…….
> ― 허준, 『동의보감』「잡병편」

### 선조, 『동의보감』으로 마음의 병을 다스리다

신동원   당시 선조는 굉장한 스트레스에 시달렸던 것 같아요. 이전에 어떤 임금도 겪지 않은 일을 자기가 겪는다는 자책감도 있었고, 또 이순신 같은 신하에 대한 시기심 같은 것도 있었죠. 이런 것들이 복합적으로 작용해서 선조의 심리 상태가 굉장히 불안했어요. 기존의 의서로는 자신이 안고 있는 마음의 병을 치료하지 못했던 거죠. 결국 선조의 심리적인 건강 상태도『동의보감』편찬에 어느 정도 영향을 미쳤다고 볼 수 있어요.

류근　그래요. 선위 파동 때마다 선조가 했던 말이 대부분 나 아프다 하는 거 아니에요.† 그렇게 생각하니 또 화가 나네요. 결국은 백성을 위하는 척 하면서 자기 몸 생각한 거잖아요.

그날　끝까지 선조를 안 좋게 보시네요.

류근　선조는 어쨌든 자기를 끔찍이 아끼는 사람이니까요.

† "나는 젊어서부터 병이 많아 반생을 약으로 연명하고 있는데, 이는 약방의 여러 사람도 다 같이 알고 있는 바이다. 전일 옥당(홍문관)에 내린 비답에 '인간 세상에 뜻이 없다'고 한 말에서 더욱 상상할 수 있을 것이니 지금 다시 말하지 않겠다. 겨울이면 방안에 틀어박히고, 봄·가을에도 정원을 돌아본 적이 없었다. 난리를 만나고부터는 온갖 고생을 다하였는데 이런 기력을 가지고 지금까지 죽지 않은 것은 진실로 이치 밖의 일이니, 천도가 무지하다 하여도 가할 듯하다. 전에도 민박(悶迫)한 뜻을 가지고 임금의 자리에서 물러나기를 호소한 것이 한두 번이 아니었으나, 조의(朝議)에 저지당하였을 뿐만이 아니라 원수인 적을 토벌하지 못하였기 때문에 의리상 병을 말할 수가 없었다."
─『선조실록』 26년(1593) 8월 30일

## 귀양지에서 완성된 『동의보감』

1608년(선조 41), 선조가 승하했다.
당시 내의원의 최고 책임자였던 허준,
임금이 갑작스럽게 세상을 떠나자
조정에서는 허준의 책임을 물어야 한다는 간언이 쏟아졌다.

어의 허준이 경솔하게 독한 약을 쓰고,
잡약을 사용해 왕이 승하했으니
마땅히 벌을 내려야 한다는 것이었다.

엄벌에 처해야 한다는 탄핵이 이어졌지만
광해군은 허준을 의주에 귀양 보내는 것으로
상황을 일단락했다.

허준은 귀양지에서 『동의보감』 편찬에 힘쓴다.
인체가 곧 작은 우주라는 철학이 담긴 『동의보감』.
허준은 이 책에 침술, 약재, 탕약을 이용한
다양한 치료법을 체계적으로 정리했다.

선조가 편찬을 명한 지 10여 년이 넘도록
완성되지 못했던 『동의보감』이
선조 승하 2년 만에 빛을 보게 된 것이다.

## 선조의 죽음과 허준에 대한 탄핵 요구

그날    당시에는 왕이 승하할 경우 어떤 이유에서든 담당 의원이 벌을 받게 돼 있었죠?

신동원    그렇죠. 당시 선조와 허준의 관계는 부자지간 비슷했어요. 허준은 효자가 아버지를 살리려는 마음으로 선조를 살리기 위해 애썼습니다. 그 과정에서 잡약도 쓰고 강한 약도 쓰면서 과감한 처방을 내렸어요. 하지만 결국 허준이 그런 약을 썼기 때문에 왕이 죽은 후 책임을 떠안게 된 거죠.

신병주    정조의 죽음에 대해서도 비슷한 논란이 있죠. 정조가 죽기 직전에 받았던 연훈방 처방이 너무 강했다면서 독살 의혹이 제기됐잖아요. 실제로는 의원이 왕을 살리기 위해 처방한 건데 결과가 좋지 않으면 그렇게 꼬투리 잡히는 거예요.

이다지    그래서 당시 의관들은 보약 정도로만 약하게 약을 써서 후환이 없게 했대요. 그런데 허준은 독한 약을 써서 충분히 앓게 한 다음 완치시키겠다는 생각으로 약을 썼던 거예요. 모르는 사람 눈에는 병이 점점 심해지는 것처럼 보이니까 사방에서 허준을 탄핵하라는 얘기가 빗발칩니다. 그런 상황에서도 허준은 고집을 꺾지 않았어요. 처방에 대한 자신감이 있었던 거죠.

최광희    허준 입장에서는 좀 억울했겠어요. 의학에 대해 아무것도 모르는 사람들이 자기를 비판하는 거잖아요. 어쨌든 그래도 귀양 보낸 건 죽이는 것보다는 낫네요.

신동원    허준 탄핵에는 정치적인 상황도 어느 정도 영향을 미친 것으로 추측됩니다. 선조가 죽음을 피하기 힘든 상황이라는 건 다들 인정하고 있었거든요. 이미 오래전에 돌아가셨어야 할 분이 허준 덕분에 몇 번이나 고비를 넘기고 버틴 거나 다름없었죠. 문제는 선조 사후 광해군의 왕위 계승을 둘러싸고 소북파와 대북파 사이에 묘한 알력이 있었다는 거예요. 당시 영의정 유영경이 내의원 도제조를 맡고 있었는데, 이 사람이 광해군의 즉위를 반대하던 소북파의 영수였어요. 그런데 유영경을 직접 처단하기는 어려우니까 의원인 허준을 치면서 유영경을 같이 엮습니다. 허준은 의원이었기 때문에 특별히 어떤 당파에 속했던 것 같지는 않지만, 정쟁의 파장 안에 있었던 것은 분명합니다.

신병주 여러 정황을 보면 선조가 병사한 건 확실한 것 같아요. 훗날 광해군이 허준의 능력을 높이 사서 그를 다시 불러들이죠.

그날 광해군 입장에서도 허준에게 빚이 있는 거잖아요. 자기 목숨도 구해 줬으니까요. 또 『동의보감』의 편찬은 선왕이 시작한 사업이니 무시할 수도 없었을 테고요.


## 『동의보감』의 완성, 허준은 어떤 상을 받았을까?

그날 완성된 『동의보감』을 본 광해군의 반응은 어땠어요?

이다지 『동의보감』을 받아 들고 손을 벌벌 떨면서 감격했다고 해요.†

신동원 그런 상황에서 『동의보감』의 집필을 완수했다는 것은 의학자로서의 특별한 집념이 없었다면 절대 불가능하죠.

이다지 선조와 허준의 이야기는 인간적인 감정이나 정치적인 배경을 떠나 큰 감동을 불러일으키는 사례예요. 허준은 전쟁 때도 왕의 곁을 떠나지 않았고 귀양을 가서도 선조의 명을 받들어 『동의보감』을 집필하잖아요. 왕이 승하한 뒤에도 어명을 완수한 신하, 뭔가 뭉클하지 않나요?

신병주 전쟁의 여파로 물력이 부족한 상황에서도 광해군은 『동의보감』 편찬에 지원을 아끼지 않습니다. 그래서 1613년에 훈련도감 목활자로 『동의보감』이 간행됩니다. 그리고 허준에게는 상을 주는데, 뭘 받았을까요?

그날   의사니까 병원 하나 지어 주지 않았을까요? 열쇠 하나 정도는 줘
      야 하는 거 아닙니까?

신병주  힌트를 드릴게요. 지금도 큰 경품으로 자동차가 많이 나가잖아요.

그날   그럼 말인가요?

신병주  네, 말입니다. 허준이 이때 숙마(熟馬)를 하사받았는데요. 자동
      차로 치면 중형차쯤 됩니다. 안장을 갖춘 말인 안구마(鞍具馬)는
      대형차쯤 되는 가장 큰 상이었고요.

그날   그럼 경차도 있어요?

신병주  그럼요. 조그마한 새끼 말, 아마(兒馬)가 경차에 해당합니다. 당
      시에도 시상할 때는 탈것을 줬다는 게 되게 흥미롭죠.

그날   10년 넘게 고생했는데 중형차라니 선물이 너무 약한데요. 병원
      을 하나 지어 줘야지.

신동원  나라에서 『동의보감』을 간행한 것만큼 큰 상은 없겠죠.

> † "양평군(陽平君) 허준은 일찍이 선조 때 의방(醫方)을 찬집하라는 명을 특별
> 히 받들고 몇 년 동안 자료를 수집하였는데, 심지어는 유배되어 옮겨 다니고 유
> 리(流離)하는 가운데서도 그 일을 쉬지 않고 하여 이제 비로소 책으로 엮어 올
> 렸다. 이어 생각건대, 선왕께서 찬집하라고 명하신 책이 과인이 계승한 뒤에 완
> 성을 보게 되었으니, 내가 비감한 마음을 금치 못하겠다. 허준에게 숙마 1필을
> 직접 주어 그 공에 보답하고, 이 방서(方書)를 내의원으로 하여금 국(局)을 설치
> 해 속히 인출(印出)케 한 다음 중외에 널리 배포토록 하라."
> ─『광해군일기』 2년(1610) 8월 6일

## 『동의보감』 그것이 궁금하다

그날   광해군이 극찬했다는 『동의보감』의 내용에 대해 자세히 알아보
      죠. 대구한의대 송지청 교수님 연결해 보겠습니다. 안녕하세요?
      『동의보감』이 스물다섯 권이나 된다고 하는데요, 대체 얼마나
      많은 병증을 다루고 있나요?

송지청  『동의보감』은 총 다섯 편으로 나뉘어 있습니다. 내경편은 오장

육부의 구성 원리와 그에 따른 질병을 정리하고, 외형편은 두면, 사지 등 신체 외형과 그에 따른 질병들을 설명합니다. 그 다음 잡병편은 기타 질환과 소아과, 부인과 질환들을 망라하고 있고요. 네 번째 다섯 번째인, 탕액편과 침구편은 본초학과 침구학의 내용들이 담겨 있는데요. 총 88종, 90여 개 문으로 각 문마다 여러 질환을 소개하고, 그 질환에 맞는 해결법인 처방까지 제시하고 있습니다.

최광희 언뜻 듣기에도 굉장히 체계적이고 다양한 치료법을 담고 있는 것 같네요. 그래도 의학은 계속해서 발전하지 않습니까. 현대 의학 수준과 비교했을 때, 『동의보감』이 여전히 가치가 있다고 생각하십니까?

송지청 네, 그렇습니다. 예를 들어 『동의보감』에는 아토피 치료에 효과적인 내용이 많습니다. 물론 아토피를 직접적으로 언급하지는 않았습니다만 이 질환을 어떻게 보고 어떻게 치료할 수 있을지에 대한 힌트들이 곳곳에 산재해 있죠. 한의사가 적절한 판단으로 옳은 처방을 찾아서 적용할 경우 월등한 치료 효과를 보는 사례가 많습니다.


## 『동의보감』과 양생(養生)

그날 『동의보감』은 병을 고치는 데 도움이 될 뿐 아니라 인체에 대한 철학까지 담고 있다고 들었는데, 어떻습니까?

송지청 『동의보감』은 도교의 생명관, 신체관과 질병을 치료하는 의학관 등이 높은 수준에서 적절히 통합되어 있다는 평가를 받는데요. 실제로 이런 부분이 단적으로 나타난 예가 양생이 아닐까 싶습니다. 양생은 지금의 예방의학과 비슷한 개념인데요. 여기에 수양 개념도 같이 들어 있다고 보시면 됩니다. 즉 병에 걸리기 전에 몸을 가꾸는 것을 양생이라고 합니다.

그날 　 병에 걸리기 전에 몸을 가꾸는 법이라……. 굉장히 솔깃한데, 그러면 『동의보감』에서 말하는 양생법에는 구체적으로 어떤 게 있을까요?

송지청 　 『동의보감』에서는 『구선활인심법』이라는 명나라 때 도가 서적을 인용하면서 정기신(精氣神)을 잘 길러야 된다고 이야기합니다. 또 『황제내경』을 인용하여 "옛날 사람들은 양생을 잘해서 항상 자연에 순응하고, 음식에 절도가 있고, 거처가 일정하여 정기신을 잘 닦았다"고 전합니다.

그날 　 정기신이 대체 무엇을 말하는 겁니까?

송지청 　 정기신은 인체의 구성 물질이자 생명 현상의 가장 근본적인 물질입니다. 때문에 정기신이 온전해야 육체가 건강하다고 할 수 있죠.

그날 　 양생을 어떻게 해야 하는지 구체적으로 말씀해 주실 수 있나요?

송지청 　 반대로 양생을 잘 못하는 예를 들어 보면 이해가 쉽지 않을까요. 자연에 순응하지 못하고, 술을 음료수 마시듯 많이 마시고, 식사나 거처가 일정하지 않고, 술에 취해 남녀 관계를 갖는 모습 등을 양생을 잘 못한다고 표현합니다.

그날 　 그런 분들은 어떻게 해야 할까요?

송지청 　 자연에 순응하라. 이게 가장 정확한 답이 아닐까 생각합니다. 해 뜨면 일어나서 활동하고 해 지면 자고, 그게 가장 기초적인 양생이죠.

**한의학자가 생각하는 『동의보감』의 가치**

그날 　 마지막으로 한의학자로서 느끼는 『동의보감』의 가치가 어떤 건지 궁금해요.

송지청 17세기 동아시아의 의학적 지식을 집대성했다는 것, 그것이 현재까지도 질병 치료의 유용한 도구로서 사용된다는 것, 그리고 시공간을 초월하는 현재진행형 의서라는 것이 『동의보감』이 지닌 가치가 아닐까 생각합니다.

그날 『동의보감』이 어렵고 분량도 많아서 이해하기 어려웠는데, 오늘 쉽게 잘 정리한 것 같습니다.

신동원 화를 다스려라, 분노하지 마라. 현대인들에게 꼭 필요한 조언이죠. 또 희로애락을 컨트롤 하라. 『동의보감』에서는 희로애락의 과다에서 병이 생긴다고 보고 있습니다. 양생이라고 해서 저기 다른 세계 이야기가 아니라, 병이 들기 전에 자기 감정과 행동을 조절해서 병이 깊어지지 않도록 하는 겁니다. 어떻게 보면 현대인에게 딱 맞는 이야기죠.

이다지 저는 이 얘기 들으면서 중국의 유명한 명의 편작이 떠올랐어요. 편작이 그런 말을 했잖아요. "저보다 더 뛰어난 의사가 두 명 있는데 모두 제 친형들입니다. 형들 중에는 큰 형님이 가장 뛰어나고, 둘째 형님이 그 다음입니다. 큰 형님은 환자가 증상을 느끼기도 전에 환자의 얼굴만 보고 무슨 병이 생길지를 미리 알고 치료해 주기 때문에 사람들이 고마운 줄을 모릅니다. 둘째 형님은 환자의 병세가 미약할 때 병을 알아내어 치료해 주니 환자들은 간단한 치료를 받은 줄로만 알고 크게 고마워하지 않습니다. 저는 병이 커져서 심한 고통을 느낄 때가 되어서야 비로소 치료를 시작하니 환자들은 큰 병을 치료해 주었다고 믿고 고마워하는 것일 뿐입니다." 양생이란 결국 이런 개념이 아닐까요?

신병주 조선 시대 학자들 중에도 개인적으로 도가 양생법을 실천하는 분들이 굉장히 많았어요. 대표적으로 남명 조식[9] 선생도 성리학에 전념하지 않고 도가 수련법을 한다는 비난을 받은 바 있죠.

또 허준과 친분이 있었던 정렴, 정작[10] 형제나 토정 이지함[11] 선생 등이 도가 양생법을 했다는 기록이 있습니다.

그날 성리학을 공부하던 조선 시대 유생들에게도 양생은 학문을 닦는 것 못지않게 중요한 덕목이었다고 해요. 그래서 질병이 수양 부족의 결과라고 여겨졌다는 거 아닙니까.

신병주 조선 시대 관리들 중에도 수신을 못해 병들었다는 이유로 물러나기를 청하는 경우가 많습니다.

최광희 사실 선조 때는 임진왜란이라는 거대한 죽음의 그림자가 드리웠던 시기 아니겠습니까? 위아래 할 것 없이 모두에게 힐링이 필요했던 시대였어요. 그래서 양생이 더 강조되었던 게 아닌가 싶네요.

그날 요즘 유행처럼 웰빙이니 힐링이니 떠들잖아요. 양생도 그와 같은 맥락이 아닐까요. 400여 년 전부터 웰빙과 힐링이 유행했다는 거 정말 놀랍네요.

## 세종 대 의서들과 비교해 보면?

그날 『향약집성방』이나 『의방유취』 등 세종 대 편찬된 의서들과 비교했을 때 『동의보감』은 어떤 의미를 갖는다고 볼 수 있을까요?

이다지 『향약집성방』은 약의 효능을 백과사전식으로 나열한 책이고, 『의방유취』는 양이 너무 방대해서 임상에 적용하기 어려웠어요. 총 266권이나 됐거든요. 허준은 기존 서적들의 내용을 추리고 재편집해서 조선의 의학의 맥을 잇는 새로운 책을 만들어 낸 거죠.

신동원 『동의보감』의 의의는 크게 세 가지로 정리할 수 있을 것 같아요. 하나는 기존의 전통적인 의학 지식을 완벽히 이해하고 참고했다는 것이죠. 두 번째는 그것을 어떻게 혁신할 것인가에 대해 고민했다는 것인데 양생과 의학, 이 두 가지 전통을 가로지르는 하나의 범주를 만들어냈다는 거예요. 대단한 혁신입니다. 중국 의학사나 한국 의학사에서 전무후무한 업적을 이룬 것이죠. 마지막 세 번째가 알맞은 처방을 골라냈다는 것, 그리고 뛰어난 문장력까지 갖추었다는 겁니다.『동의보감』은 한의학의 알파에서부터 오메가까지 전부를 담은 가장 뛰어난 모범이라고 할 수 있습니다.

최광희　『동의보감』을 완성했을 때 허준이 72세였잖아요. 연륜이 그 정도 되니까 이런 책도 쓸 수 있겠다 싶은데, 한편으로는 '그 연세에 책을 쓰다니 정말 대단하다' 하는 생각도 들어요. 저는 그 나이까지 영화 평론 못 할 것 같아요.

그날　양생하시면 할 수 있어요.

신동원　허준은 이 책에『동의보감』이라는 이름을 붙였어요. 책 제목이 너무 익숙하기 때문에 대부분 동의라는 말이 얼마나 특별한지 잘 모르는데요. 허준이 쓴 동의라는 말은 굉장한 자부심의 표현입니다. "세상에는 중국 북쪽의 의학인 북의(北醫)와 중국 남쪽의 의학인 남의(南醫)가 있는데, 우리 동의도 그 못지않은 성취를 이뤘다"는 거예요. 그러니까 자기가 완수한 작업이 중국 의학의 양대 전통에 버금간다는 의미인 거죠.

그날　『동의보감』은 허준이라는 명의의 집념과 철저한 장인 정신, 그리고 백성들을 사랑하는 애민 정신의 집약체라고 할 수 있네요.

## 『동의보감』에 붙이는 '작가의 말'

그날　그날의 소회를 들어 볼 시간인데요. 흔히 책 서두에 작가의 말이 들어가잖아요. 예를 들면 이런 거죠. "독자들이 이 책을 읽으면서 과거와 현재의 대화를 계속해 보는 계기로 삼는다면 무엇보다 만족할 수 있을 것 같다(신병주,『조선을 만나는 법』중에서)." 또 이런 것도 있죠. "진정한 지옥은 내가 이 별에 왔는데 약속한 사람이 끝내 오지 않는 것이다. 사랑한다고, 그립다고 말할 수 있는 사람이 존재하지 않는 것이다(류근, 『상처적 체질』중에서).” 만약 여러분께서 『동의보감』의 저자 허준이 된다면 어떤 작가의 말을 남기실지, 오늘 그날의 소회로 들어 보도록 하겠습니다.

류근 양생을 잊은 그대에게, 특히 류근에게 줌.

그날 오늘을 계기로 다시 태어나시는 건가요?

류근 양생을 통해서 갱생하겠습니다.

신병주 류근 시인 시집 『사랑이 내게 말을 거네』를 패러디해서 '환자가 내게 말을 거네' 하겠습니다. 허준은 항상 환자와 소통하고자 했잖아요.

이다지 제가 허준이라면 이렇게 썼을 것 같아요. '우리 모두 의사가 될 수 있다.' 『동의보감』에 대해서 공부하고 알아 갈수록 이 책은 의사가 아니라 환자를 위한 책 같아요. 소수 엘리트가 아닌 일반 백성들을 위한 마음이 담긴 고마운 책이죠.

# 3

## 허균,
## 능지처참
## 당한 날

"그는 천지간의 한 괴물입니다. 그 몸뚱이를 수레에 매달아 찢어 죽여도 시원치 않고, 그 고기를 찢어 먹어도 분이 풀리지 않을 것입니다. 그의 일생에 해 온 일을 보면 악이란 악은 모두 갖추어져 있습니다." 앞의 기록은 『광해군일기』를 쓴 사관의 기록으로 여기에서 지칭하는 그는 바로 허균이다. 최초의 한글소설 『홍길동전』의 저자로 우리에게 너무나 친숙한 허균이 이처럼 극단적인 평가를 받은 까닭은 무엇일까?

허균은 선조에서 광해군 대에 걸쳐 활약한 문장가이자 사상가, 그리고 개혁가였다. 한국사에는 수많은 인물이 역사의 무대를 장식하며 명멸해 갔지만 허균처럼 극적인 삶을 산 인물도 흔치 않다. 당시의 조선 사회에서 허균의 사상은 불온한 것으로 취급되었고 허균은 사회의 안정을 해치는 위험인물로 지목되어 결국 형장의 이슬로 사라졌다. 『조선왕조실록』을 비롯한 당대의 자료에는 한결같이 허균에 대해 비판적이다. 그만큼 허균은 개성이 강하였고 과격하고 독단적인 성향으로 말미암아 위험한 인물로 인식되었기 때문이다. 그러나 또 다른 관점에서 보면 조선 중기에 허균처럼 개혁 지향적인 인물을 찾기란 그리 쉽지 않다.

허균은 당시의 일반적인 학자들과는 달리 성리학뿐만 아니라 불교와 도교, 서학(천주교)에까지 두루 관심이 깊었다. 허균이 성리학의 이론 논쟁에 빠져들지 않고 다양한 사상을 접하게 된 것은 모순된 사회 현실을 극복하는 방안으로서 여러 학문과 사상에 대해 관심을 기울였기 때문이다. 학문과 사상에 대한 허균의 개방성은 당시의 사회 모순을 과감히 지적하게 하는 요인이 되었다.

허균의 사상은 논설을 통해 사회 개혁 의지로 구체화되었다. 「관론

(官論)」에서는 관원이 너무 많아 기구와 관료를 줄여 국고의 손실을 막아야 한다고 주장했는데 요즈음 성행하는 구조 조정과도 비슷하다. 「후록론(厚祿論)」에서는 관리에게 의식주를 해결할 정도로 후한 녹봉을 주어야 부정과 부패를 막을 수 있다고 하였으며, 「병론(兵論)」에서는 모든 계층에 고르게 군역의 의무를 부과할 것을 주장하기도 했다. 개혁 의지가 가장 잘 피력된 글은 「유재론(遺才論)」과 「호민론(豪民論)」이다. 「유재론」에서는 인재를 널리 등용하지 않는 조선 사회의 폐쇄성을 비판하였으며, 「호민론」에서는 '천하에 두려워 할 바는 백성뿐'이라고 전제한 뒤 백성을 호민과 원민, 항민으로 나누고, 자신이 받는 부당한 대우와 사회 모순에 과감하게 대응하는 백성인 호민이 현실을 적극 비판해야 함을 강조하였다. 또 '국왕은 백성을 위해서 존재하는 것이지, 백성 위에 군림하지 않는다'는 사실을 강조하여 백성의 위대한 힘을 자각하게 한다. 허균의 이러한 주장들은 강력한 혁명성을 내포한 것이었다.

허균이 역모 혐의로 생애를 마감할 수밖에 없었던 데에는 이처럼 급진적인 성향이 큰 영향을 미쳤을 것이다. 허균의 비극은 모순된 현실에 타협하지 못하는 강한 기질[不興世合]과 혁신적인 사상, 그리고 행동가적인 면모에서 기인하였다. 허균의 비극적 삶을 통해 개혁적 지식인이 딛고 선 사상의 토양은 예나 지금이나 척박함을 느낄 수 있다.

## 허균, 능지처참 당한 날

광해군 재위 10년(1618) 8월,
허균이 능지처참을 당했다.

허균의 죄는 세상의 윤리를 어지럽히고
음란하게 굴어 인간으로서의
도리가 없다는 것이었다.

당대 최고의 문장가로서 명성이 높았던 허균,
하지만 그의 사형은 일사천리로 이루어졌다.
허균에게는 변론의 기회조차 없었다.

허균은 왜 조선을 위협하는 대역 죄인이 되어
처참한 죽음을 맞이하게 된 것일까?

최원정  최초의 한글 소설『홍길동전』의 저자로 알려진 허균, 우리 문학
　　　　사에 큰 획을 그은 인물이라고는 알고 있는데 대역 죄인이 되어
　　　　극형으로 죽었을 거라고는 상상 못 했어요. 알고 계셨어요?

최태성  허균의 능지처참이라니 참 낯설죠. 허균이 국어 교과서에서는
　　　　어느 정도 언급이 되지만 한국사 교과서에서는 거의 언급이 안
　　　　되거든요. 그래서 더 낯선 것 같아요.

그날  임윤선 변호사님께서 평소에 역사를 좋아하시고 아는 것도 많다
　　　　고 들었어요. 허균에 대해서는 어떠세요?

임윤선  역사에 관심이 많다고 했는데 부끄럽게도 제가 아는 허균은『홍
　　　　길동전』의 저자, 허난설헌의 동생, 이 정도가 전부였던 것 같아
　　　　요. 그러다 영화「광해, 왕이 된 남자」에서 허균이 광해군의 측근
　　　　이었다는 걸 알았는데, 그게 사실인지는 모르겠네요.

신병주  「광해, 왕이 된 남자」에서는 허균이 도승지로서 광해군의 개혁
　　　　정치를 후원하는 인물로 묘사되는데요. 실제 역사에서 허균이
　　　　도승지를 지낸 일은 없습니다. 다만 1615년에 지금의 청와대 수
　　　　석 비서관에 해당하는 동부승지를 지냈을 뿐이죠. 허균의 최고
　　　　관직은 법무부 장관에 해당하는 형조판서였습니다.

## 허균을 능지처참으로 이끈 죄는?

그날  죽기 전에 할 말이 있다고 외치며 억울함을 표현했다는데, 허균
　　　　은 대체 무슨 죄를 지었기에 능지처참까지 당하게 됐나요?

이근호  허균의 죄목은 '모위군부(謀危君父)'예요. 광해군을 시해하려 했
　　　　다는 거죠. 허균이 처형된 1618년에는 허균 관련 기록이 185건이
　　　　나 됩니다. 허균의 처형이 그만큼 큰 사회적 파장을 일으켰다는
　　　　뜻이죠. 허균 사후에도 관련자로 추정되면 누구든지 잡혀가서 진
　　　　상 조사를 받고 고초를 겪는 일이 3개월이나 지속됐다고 합니다.

우리나라 최초의 한글 소설 「홍길동전」

임윤선    사건의 중요성이나 영향력에 비해 처리 과정은 좀 미흡했던 것
         같아요. 판결문도 없고 피의자 신문 조서조차 남기지 않았더라
         고요. 급하게 조사를 마무리해야 할 사정이 있었던 것 같아요.

류근     조선이 그렇게 호락호락한 야만의 나라가 아닌데 참 이상한 일
         이에요. 뭔가 냄새가 나지 않습니까? 『홍길동전』에 보면 홍길동
         이 활빈당을 조직해서 탐관오리들을 혼내 주고 결국 율도국까지
         세우잖아요. 당시로서는 정말 파격적인 발상인데 허균이 실제로
         역모를 꾀했던 게 아닐까요?

신병주    허균은 공식적으로 역적입니다. 『광해군일기』에도 "역적 허균"
         이라고 되어 있고요. 실제로 허균은 역모죄로 저잣거리에서 능
         지처참을 당했죠. 시신도 수습할 수 없을 정도로 참혹한 죽음을
         맞이합니다.

그날     너무 끔찍하네요. 역사에서도 허균을 아주 극악무도한 사람으로

묘사하고 있다면서요?

최태성   기록 보면 깜짝깜짝 놀라요. 일례로 『광해군일기』에는 이런 기록이 있어요. "그는 천지간의 한 괴물이다. 그 몸뚱이를 수레에 매달아 찢어 죽여도 시원치 않고, 그 고기를 씹어 먹어도 분이 풀리지 않을 것이다. 그의 일생을 보면 악이란 악은 모두 갖추어져 있다." 어떻게 사람을 이렇게까지 나쁘게 평가할 수 있을까요?

임윤선   이쯤 되면 모욕죄에 해당하죠.

이근호   『선조실록』이나 『광해군일기』, 『인조실록』 같은 데 보면 허균을 괴물이나 금수와 같다고 표현하거나 요망하다고 적고 있습니다. 계속 이런 악평이 이어지는데, 흥미로운 사실은 허균의 천재적 글재주에 대해서는 다들 인정한다는 거예요. 실제로 허균이 20대에 지었던 글들을 그대로 표절한 시들이 돌 정도였다고 해요.

그날   이 시대의 류근 정도 됐을까요? 허균에 대한 모욕죄인가요?

류근   아무리 욕을 해도 문인으로서의 허균은 존중해 주는 거네요.

최태성   허균은 외교에서도 뛰어난 문장력을 발휘해요. 명은 임진왜란 때 군대를 보내 주었기 때문에 사신이 오면 잘 대접해야 하잖아요. 그때 수창외교¹라는 걸 했어요. 창을 주고받듯이 시를 주고받는 외교 방식인데, 이걸 하려면 엄청난 문학적 내공이 있어야 하거든요. 그 역할을 허균이 합니다. 이때 상대편 중국 사신 주지번이 허균의 문장력에 혀를 내두르면서 "야, 조선 문인들 대단하다" 이렇게 얘기했대요. 선조가 그 공을 높이 사서 허균을 삼척부사로 임명하기도 합니다.

류근   허균 집안이 대단한 문장가 집안이잖아요. 누이가 조선 최고의 여류 시인으로 꼽히는 허난설헌이고, 다른 형제들 역시 문장이 아주 뛰어났다고 하더라고요.

신병주   허균의 아버지가 허엽인데, 허엽이 첫 번째 아내인 청주 한씨와

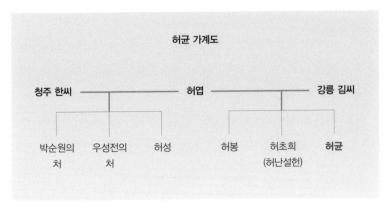

허균 가계도

허균 가계도

의 사이에서 낳은 아들이 허성입니다. 허성은 임진왜란 직전에 조선통신사 서장관으로 갔던 사람이죠.

그날   김성일, 황윤길과 같이 갔던 그 사람이에요?

신병주   그렇죠. 허엽이 두 번째 아내인 강릉 김씨와의 사이에서 낳은 첫 아들이 허봉이고, 딸이 허초희, 즉 허난설헌이죠. 그리고 막내가 허균입니다. 아버지 허엽도 화담 서경덕의 수제자였어요. 허엽 은 조선 당쟁사에서 동인의 영수라고 칭할 만큼 비중 있는 인물 이거든요. 그렇게 보면 허균 집안은 정치적으로나 학문적으로 대단한 명문가였던 거예요.

류근   허균의 아버지 허엽의 호가 초당 아닙니까? 강릉의 초당 두부가 유명하잖아요. 초당 두부, 초당 마을도 다 허엽의 호에서 따온 기리고 하더라고요.

이근호   허균의 이복형인 허성은 이조판서와 병조판서를 역임했습니다. 선조가 돌아가시기 전에 일곱 명의 신하를 불러 놓고 영창대군 을 보살펴 줄 것을 부탁했어요. 이분들을 유교칠신(遺敎七臣)[2]이 라고 하는데, 허성이 그중 한 명이었죠. 그만큼 허성에 대한 선조의 신임이 두터웠다는 거예요. 또 허균의 바로 윗형인 허봉 역시 당대에 이름을 날리던 문장가로서 서애 류성룡과도 친분이 깊은 인물이었습니다. 정말 대단한 집안이죠.

## 조선의 이단아 허균

그날 허균은 나라가 위기에 처할 때마다 활약을 펼친 당대 최고의 지식인이었는데, 왜 이렇게 심한 비난과 악평에 시달리게 되었을까요? 그 이유를 『실록』에서 찾아 봤습니다. "허균은 밥을 먹을 때면 반드시 『식경(食經)』을 외고, 항상 작은 부처를 모셔 두고는 새벽이면 반드시 위폐를 설치하며 승려가 입는 물들인 옷을 입고 염주를 걸고서 절하고 염불하면서 불제자라 자칭하니, 승려가 아니고 무엇이겠습니까."(『선조실록』 40년(1607) 5월 5일) 당시에는 성리학 외에 다른 학문을 하면 즉각 이단으로 몰렸잖아요.

이근호 당시로서는 상당히 이례적인 일입니다. 실제로 허균은 승려들과 교류가 많았던 것 같아요. 사명대사나 서산대사와도 매우 친밀한 관계여서 그분들 문집 서문도 허균이 집필해요. 또 허균이 삼척부사로 부임한 적이 있는데 43일 만에 파직을 당합니다. 그 이유가 불교를 믿는다는 거였어요. 허균은 그렇게 파직을 당하면서도 이런 말을 합니다. "그대들은 모름지기 그대들의 법을 쓰시게. 나는 스스로 나의 삶을 이루려네."

류근 내 길을 가겠다. 자신감을 넘어 오만함까지 느껴지는 장면이에요.

최태성 허균의 관심은 불교에만 그치지 않았어요. 이분은 천주교에도 관심을 둡니다. 허균이 1614년에 명나라에 사신으로 가는데, 그때가 명나라에 천주교가 확산되던 시점이었어요. 「곤여만국전도」[3]로 유명한 신부님, 혹시 누군지 아세요?

임윤선 마테오 리치요.

중국 최초의 성당 남당

최태성 그렇죠. 당시 마테오 리치가 중국 최초의 성당인 남당[4]도 세우고
그랬어요. 그런 때에 허균이 명에 사신으로 간 거죠. 이때 허균
이 「게십이장」과 천주교 찬송가, 그리고 서양 지도를 들고 들어
와요. 새로운 학문에 대한 호기심이 그만큼 왕성했던 거죠.

신병주 당시에 중국으로 갔던 조선 사신단 일행들이 탐내는 게 대개 비
단이나 골동품 같은 것이었는데, 허균은 그런 데는 관심이 없고
내내 책방만 드나들다가 책만 한가득 사왔다고 해요. 그때 사들
인 서적이 4000여 권 정도였고, 그중에는 명나라 양명학자 이탁
오[5]의 책도 있었어요. 주자학을 절대 진리로 인정하지 않는 사람
의 책을 들고 온 거죠. 지금으로 치면 불온서적 같은 거예요.

류근 상당히 위험한 지식인이에요. 조선은 지식인들을 성리학이라는
울타리에 가둬 놓고 체제에 순응할 것을 강요한 나라 아닙니까?
가만 보면 허균에게는 조선이 좁았던 것 같아요.

## 허균, 기생들과 어울리다

1599년, 서른한 살 되던 해
지방 관리의 부정을 감찰하는 황해도사로 부임한 허균.

하지만 부임 6개월 만에 파직된다.
한양에서 알고 지내던 기생들을
황해도까지 데려갔다는 이유에서였다.

세상은 그를 경망한 인물이라 멸시했다.

> 허균은 행실도 부끄러움도 없는 사람이다.
> ―『선조실록』 32년(1599) 5월 25일

성리학적 질서가 지배하는 조선에서
허균의 자유분방함은 결코 용납받지 못했다.

그러나 허균은 세간의 비난에 개의치 않았다.

남녀 간의 정욕은 하늘이 주신 것이오.
인륜과 기강을 분별하는 것은 성인의 가르침이다.
나는 성인의 가르침을 어길지언정
하늘이 내려 주신 본성을 어길 수는 없다.

## 어머니 상중에 기생을 끼고 놀다

그날 　당혹스럽네요. 우리도 이렇게 충격적인데 성리학 사회였던 당시에는 허균의 행실이 얼마나 큰 충격이었겠어요.

이근호 　조선 시대가 아니라 지금이라도 공직자로서 해서는 안 될 일이죠. 심지어는 이런 일도 있었답니다. 원주에 계시던 허균의 어머니가 돌아가셨어요. 어머님이 돌아가셨으니 당연히 아들이 가서 장례를 치러야 하는데, 이때 허균이 강릉에 있던 기생에게 흠뻑 빠져 있었던 거예요. 그래서 원주로 가지 않고 강릉으로 갔답니다.†

임윤선 　부모의 장례를 치르는 것은 동서고금을 막론하고 인간이 지켜야 할 마지막 선이잖아요.

류근 　솔직히 저는 믿어지지가 않아요. 어머니 상중에 기생을 끼고 놀았다는 건 지금도 용납할 수 없는 일이잖아요. 뭔가 모략의 냄새가 나지 않습니까? 물론 허균이 성격상 체면을 중요시하지 않는 건 분명한 것 같아요. 워낙 도발적이고 위험해 보이는 인물이긴 한데, 정말 그랬을까? 저는 두고두고 의문입니다.

신병주 　이 일은 당시 조정에 상당한 파문을 일으켰어요. 상중에 기생을 끼고 놀았다는 건 도덕적으로 큰 문제니까요. 그래서 황해도사 부임 6개월 만에 탄핵을 받아 파직됩니다. 재밌는 건 허균이 파직될 때마다 오뚝이처럼 복직됐다는 거예요. 허균이 쓴 『조관기행(漕官紀行)』6이라는 책을 보면 당시 그가 가까이 했던 기생들 명단이 전부 나옵니다. 서울 기생 낙빈, 광산월, 내기, 춘랑, 향란 등등 끝이 없어요.‡

그날 　본인이 직접 쓴 거예요?

신병주 　그렇죠. "서울 기생 낙빈이 나를 위로했다.", "광산월이 와서 위로하였는데 평생의 즐거움을 나누며 밤을 새웠다."

그날 　때로는 이런 기록이 사람을 위험에 빠뜨릴 수 있네요. 기록만 안

했으면 아무도 몰랐을 얘기를 공연히 기록을 남겨서 후대 사람들이 다 알게 된 거잖아요.

최태성　허균은 남녀 간의 정욕과 관련해서는 부끄러움을 모르는 경박하고 경망한 사람이라고 하죠. 하지만 그게 전부는 아니었어요. 기생들과 정신적 교감을 나눈 부분도 분명 있거든요. 이런 시조 들어 보신 적 있으시죠? "이화우 흩뿌릴 제 울며 잡고 이별한 님."

류근　교과서에 나오지 않아요?

최태성　이 시는 매창 이계랑[†]이 쓴 시인데요. 매창 이계랑이 허균과 정신적 교감을 나눴다는 기록이 있더라고요.

류근　사실 매창의 정인은 따로 있었어요. 조선에는 특히 드문 천민 출신 시인입니다. 촌은 유희경이란 분인데, 천재 시인으로 유명한 분이에요. 그런데 허균은 매창뿐 아니라 그녀의 정인이었던 유희경과도 교분이 깊어요. 이 정도 되면 아름다운 삼각관계 아닙니까?

[†] 상중에도 기생을 끼고 놀아서 사람들로부터 버림을 받았다.
　— 『선조실록』 37년(1604) 9월 6일

[‡] 서울 기녀인 낙빈, 선래, 산월이 함께 그곳에 살고 있어 모두 와서 위로해 주었다. 술은 잔에 넘쳐흐르고 거문고와 노래를 번갈아 연주하는데 우스갯소리를 하다가 달구리가 되어서야 파하였다. (중략) 광산월이 와서 위로하였는데, 평생의 즐거움을 나누며 밤을 새웠다. (중략) 소 태사가 장성(長城)으로 떠난다고 인사를 왔다. 그의 나기(羅妓)는 도연명의 귀거래사를 부를 줄을 알았다. 술을 조금 마시고 떠났다. 저녁에 옛 관아에서 묵었다. 광산월이 찬을 보내왔다. 그의 두터운 정이 느껴진다.
　— 『조관기행』 1601년(선조 34) 7월 28일

## 서자들과 특히 친했던 적자 허균

그날　허균이 굉장한 명문가 자제였음에도 서자들과 자주 어울리다 보니 그를 서자라고 아는 경우가 많죠?

이근호    허균이 서른아홉 살 되던 1607년에 공주목사로 부임을 합니다. 그러면서 목사 관아 안에 서얼 식객을 들이는데요. 이재영, 심우영, 윤계영의 3영이 그들이라는 기록이 남아 있습니다. 이 가운데 이재영은 심지어 어머니와 첩까지 데려와서 살았답니다. 결국 암행어사가 이 일로 주청을 넣어 허균은 8개월 만에 다시 파직당합니다.

그날    누굴 하나 사귀면 그 사람을 굉장히 살뜰하게 챙겨 주네요.

류근    뭔가 좀 부족한 사람들하고만 사귀는 것 같아요. 인간관계가 다 기생, 천민, 서얼 그렇잖아요.

## 심리 유형으로 분석한 인간 허균

그날    이야기를 나누다 보니 허균은 시대의 이단아이기도 했고, 비운의 천재이기도 했네요. 심리 유형 분석으로 인간 허균에 대해 좀 더 깊이 알아보는 시간 가져 볼게요. 정철상 교수님, 안녕하세요.

정철상    안녕하세요.

그날    교수님 생각에 허균은 어떤 유형으로 분류할 수 있을까요?

정철상    허균이 남긴 글과 기록을 추론해 볼 때, 허균은 언변능숙형으로 볼 수 있습니다. 이런 유형의 사람들은 외향적이면서 낙천적 성격을 가지고 있죠. 실제로 허균은 임진왜란 시기에 왜군에 쫓기면서도 이곳저곳을 돌아다니며 경치를 즐기고 누정마다 걸린 시판을 평하는 여유까지 즐겼다고 합니다. 이런 점들로 미루어 허균은 풍부한 직관적 감성을 지닌 것으로 추론됩니다. 이러한 성격이 타고난 천재성과 결합되어 소설이나 시 등 문학 분야에서 뛰어난 재능을 발휘한 것으로 보입니다. 허균은 감성만 풍부한 것이 아니라 추상적 세계를 다루는 이론 분야에도 능했습니다. 유학뿐 아니라 불교, 도교, 천주교 등을 깊이 있게 파고든 이유

**허균과 같은 심리 유형을 지닌 위인들** 왼쪽은 미국의 제40대 대통령 로널드 레이건이고, 오른쪽은 에이브러햄 링컨이다.

도 그 때문이 아닐까 생각합니다. 「역사저널 그날」 출연진 중에는 어떤 분이 허균과 가장 비슷한 성격을 가졌을까요?

그날　당연히 류근 시인이죠.

정철상　저도 그렇게 생각합니다. 미국의 로널드 레이건과 에이브러햄 링컨 역시 허균과 같은 심리 유형을 가진 사람입니다.

그날　명문가 막내로 지내서 그런지 허균은 유독 남의 시선을 신경 쓰지 않는 것 같아요.

정철상　예, 『선조실록』을 보면 "허균은 행실도 수치도 없는 사람이다. 오직 문장의 재주가 있어 세상에 용납되었는데 식자(識者)들은 더불어 한 조정에 서는 것을 부끄러워하였다"라고 기록되어 있습니다. 하지만 허균은 다른 사람들의 비평에 개의치 않는 외향적 직관형 성격이었습니다. 실제로도 이런 유형의 사람들은 주변 사람들과 마찰 없이 지내기 위한 노력은 거의 하지 않는 편입니다. 허균이 종종 스스로를 일러 '불여세합(不與世合)', 즉 '세상과 화합하지 않는다'라고 했다는데요. 허균의 솔직하고 자유분방함을 느낄 수 있는 말이죠. 허균의 언행이 공격적이고 직선적이다 보니 주변에 그를 싫어하는 사람도 많았을 겁니다.

**애정 결핍으로 고통받던 천재 작가**

최태성   허균은 기생들과 노는 걸 즐겼을 뿐 아니라 심지어 일기에 기생 이름까지 적었잖아요. 이 정도면 여성 편력형 인간이라고 구분해야 하는 거 아닌가요?

정철상   허균이 기생들과 어울린 것은 위안을 얻기 위해서가 아니었나 싶은데요. 심리학적으로 어머니와 관계가 좋지 않은 사람들이 여성 편력을 갖기 쉽다고 합니다. 허균이 어머니의 장례를 치르지 않았다는 기록도 있지 않습니까. 이런 유형의 사람들이 주로 갖는 증상이 바로 애정 결핍입니다. 어머니에 대한 무의식적인 미움 때문에 자신을 추켜세워 주는 여성들 속에 있기를 즐겼던 거죠. 게다가 허균은 임진왜란 때 아내까지 잃었어요. 가까이서 위로해 줄 사람이 거의 없었던 겁니다. 기생의 이름을 외우고 그들과의 관계에 대해 자세히 기록한 것은, 어쩌면 그 여성들에게 사랑받기를 바라는 허균의 무의식적 소망이 발현된 것이 아닐까 생각합니다.

류근   그런 말씀 들으니까 애틋하고 짠한 마음도 드네요. 결핍형 인간, 상처적 체질이네요.

그날   그렇죠. 정말 고독한 천재예요. 허균은 서자들과 특히 친하게 지내잖아요. 양반 출신의 허균이 유독 서자들에게 관심을 가진 이유가 뭘까요?

정철상   그런 것을 심리학 용어로 동일시라고 합니다. 허균은 무의식적으로 자신을 서얼처럼 느낀 것이죠. 허균이 열두 살 때 아버지가 돌아가셨는데요. 당시 아버지 허엽의 나이가 예순네 살이었어요. 허엽이 쉰두 살에 허균을 낳은 거죠. 허균은 어린 시절부터 비상한 기억력과 천재적인 재능을 보였지만 아버지에게서 인정받을 틈이 없었어요. 그렇기 때문에 허균은 뜻과 재능이 있으나 서얼이라는 이유로 사회에서 인정받지 못했던 서얼의 처지가 자신의 처지와 본질적으로 동일하다고 느꼈던 겁니다. 그가 적서 차별을 반대한 이유도 바로 여기에 있겠죠. 마지막으로 허균은 영향력 있는 지도자 유형으로도 구분할 수 있는데요. 그래서 서얼들이 허균을 그렇게 따랐다고 볼 수 있습니다.

## 허균, 서자들의 후견인을 자처하다

류근　세상과 화합하지 못하는 애정 결핍형 천재 허균. 갑자기 허균을 더 적극적으로 변호해야겠다는 생각이 드네요.

신병주　허균이 서자들과 자주 어울리고 그들을 변호했던 것 때문에 그를 서자라고 착각하는 사람들이 굉장히 많아요. 명문가의 막내로 부러울 것 없이 자랐을 허균이 애초에 왜 서얼에 관심을 가지게 되었느냐? 그것은 아마도 서자 출신이었던 스승 손곡 이달의 영향 때문이 아닌가 싶어요. 허균이 보기에 스승인 이달은 대단한 능력자거든요. 그런데 서얼이라는 이유만으로 차별받고 있는 거죠. 허균은 그런 사실을 매우 안타까워했어요. 특히 이달은 당시를 워낙 잘 지어서 최경창, 백광훈과 함께 '삼당(三唐) 시인'이라고 칭해지기도 했고, 조선의 이태백이라고 불릴 정도로 뛰어난 사람이었거든요. 그런 이달이 제대로 대접받지 못하는 것을 보면서 허균은 세상이 바뀌어야 한다고 느낀 거죠.

최태성　좁게 보면 스승에 대한 안타까움이겠지만 넓게 보면 서얼인 스승을 통해서 조선 사회가 안고 있는 사회적 모순을 이해하게 된 거라고 볼 수 있죠.

이근호 당시는 전쟁이 끝난 지 얼마 안 된 시기라 경제적으로도 힘든 상황이었어요. 전란의 후유증도 적지 않고, 갖가지 사회적 모순들이 산재해 있었기 때문에 이것들을 해결하는 게 급선무였죠. 권세가들은 자기들 배만 불리고, 임금은 백성들의 고통을 외면하는 상황이었죠. 허균은 이런 상황에 대해 많이 고민했습니다. 그런 생각이 그의 저작에 고스란히 남았고요.

류근 허균이 스스로를 '불여세합'이라고 평가했잖아요. 세상과 더불어 화합하지 못한다. 이 얘기하니까 언뜻 떠오르는 인물이 있어요. 돈키호테 말이에요. 돈키호테 하면 로시난테를 타고 풍차를 향해 돌진하는 무모한 모습이 떠오르죠. 『돈키호테』를 쓴 세르반테스도 봉건사회에서 근대사회로 넘어가는 과도기를 살았던 작가란 말이에요. 허균에게서 돈키호테의 엉뚱한 진정성과 열정 같은 게 보여요.

## 칠서의 난

광해군 재위 5년(1613) 봄,
문경새재에서 서울과 동래를 오가는
은상(銀商)을 공격하고,
은 700냥을 강탈하는 사건이 일어난다.

사건의 주모자는 여주 남한강변에서 스스로를
강변칠우라고 부르며 어울리던 일곱 명의 서자로 밝혀진다.

모두 고관의 자제들로 재능은 있지만
첩의 자식이라는 이유로 벼슬길에 나갈 수 없었던 강변칠우.

이들은 선조의 유일한 적자인 영창대군을 옹립하기 위한
거사 자금을 모으기 위해 사건을 벌였다고 자백한다.

이른바 칠서의 난,
이 사건으로 인해 평소 서자들과 친하게 지냈던
허균에게 위기가 찾아온다.

**강변칠우가 꿈꾼 세상**

그날   칠서의 은상 살해 사건, 이 사람들은 왜 이런 일을 저지르게 된 건가요?

이근호   영의정 박순의 서자였던 박응서를 비롯해서 허균의 어릴 적 친구인 이재영, 허균의 처외삼촌이었던 심우영, 그리고 이경준, 서양갑, 박치인, 허홍인을 일컬어 칠서라고 불렀어요. 이 사람들은 모두 고관대작의 자손들입니다. 하지만 서얼 차별로 인해 출셋길이 막혔죠. 1608년경 갓 즉위한 광해군에게 벼슬길을 열어 달라고 강력하게 요청합니다만 결국 거부당해요. 그 이후로 이들은 실의에 빠져 지내게 되죠. 그러다가 의기투합해서 강변칠우를 결성하고 거사를 일으키고자 합니다. 아무래도 거사를 일으키려면 자금이 필요하겠죠? 그 자금을 모으는 과정에서 은상을 살해했던 것 같습니다.

최태성   당시에는 서얼금고법[8]이라는 게 있었거든요. 이게 서얼들의 관직 진출을 제한하는 법인데, 태종 이방원 때 처음 만들어진 후로 쭉 이어지면서 서얼들이 차별을 많이 받았죠. 임진왜란 때 부족한 재정을 보충하기 위해 돈을 받고 벼슬을 팔았잖아요. 그때 서얼에게도 신분 상승의 기회가 잠깐 열렸어요. 그러다가 전쟁 끝나고 다시 길이 막히죠. 그 과정에서 서얼들이 일종의 박탈감 같은 걸 느꼈던 것 같아요.

그날   그러게요. 줬다 뺐으면 얼마나 기분이 나빠요.

류근   더군다나 광해군이 서자 출신이잖아요. 서얼들은 내심 광해군이 즉위하면 출셋길이 열릴지도 모른다는 막연한 기대를 가졌을 거예요. 그런데 오히려 상황이 더 나빠졌어요. 서얼금고법이 강화됐다는 거 아닙니까. 기대가 컸던 만큼 실망도 컸을 거예요.

신병주   칠우는 일곱 명의 친구라는 뜻인데, 어찌 보면 굉장히 낭만적인

숫자 7이 의미 있게 사용된 예

표현이죠. 동서양을 막론하고 사람들은 7이라는 숫자에 의미 부여하는 걸 굉장히 좋아하는 것 같아요. 죽림칠현도 있고, 강변칠우. 영화에도 「황야의 7인」, 「새벽의 7인」 등이 있잖아요. 이때도 여덟 명이었으면 한 명은 그냥 가라고 했을 거 같아요. 너 가고 우리 일곱 명만 하자.

그날    허균이 『홍길동전』을 집필한 게 이 무렵이 아닌가 싶어요. 칠서의 난이 벌어진 무대도 문경새재였고, 『홍길동전』에 나오는 활빈당의 주요 무대도 문경새재거든요.

## "천하에 두려워할 바는 백성뿐이다!"

이근호  『홍길동전』은 허균의 사상을 가장 집약적으로 표현한 소설입니다. 허균이 쓴 「유재론(遺才論)」[9]이라는 글을 보면 "한 사람의 재주와 능력은 하늘에서 준 것이므로 귀한 집 자식이라 해서 재능을 더 많이 주는 것도 아니며 천한 집 자식이라 해서 인색하게 주는 것도 아니다"라고 적혀 있습니다. 즉 서자라는 이유로 능력 있는 사람을 수용하지 않는 현실을 날카롭게 비판한 것이죠.

신병주  「유재론」에 담긴 허균의 사상은 정약용을 비롯한 조선 후기 실학자들에게 이어집니다. 크게 보면 허균의 주장은 신분 차별 없는 평등한 세상을 지향하는 근대적인 개혁 논리와도 부합하는 부분이 있습니다.

임윤선  대단하네요. 16세기에.

이근호  흔히 허균의 개혁 사상을 민본주의적 개혁 사상이라고 표현하는데요. 그런 생각은 「호민론(豪民論)」이라는 글에서 두드러집니다. 여기 보면 "천하에 두려워할 바는 백성뿐이다. 국왕은 백성을 위해 존재하는 것이지 백성 위에 군림하지 않는다"라며 백성의 힘에 대한 글을 남겼습니다. 당시로서는 상당히 파격적인 생각이죠.

그날  굉장히 위험한 말이네요. 연산군 때였으면 당장이라도 능상으로 몰려서 참수됐을 거예요.

신병주  허균의 혁명가로서의 면모를 가장 뚜렷이 보여 주는 글이 바로 「호민론」입니다. 「호민론」에서는 백성을 크게 세 부류로 나눕니다. 먼저 시키는 일만 하는 백성인 항민(恒民)이 있습니다. 또 세상에 원망을 품는 원민(怨民)이 있죠. 원민은 저항은 하지 않고 억울함을 속으로 삭힙니다. 반면 세상에 대한 울분이나 원한을 풀기 위해 적극적으로 행동에 나서는 사람이 있는데, 그들이 바로 호민(豪民)입니다. 결국 활빈당을 조직해서 조정 관리들에게 맞서는 홍길동이 호민이라는 구상이죠.

그날 벌써 400년 전에 대단히 급진적이고 진보적인 생각을 한 거예요. 민주주의 관련 서적을 미리 가져다 보기라도 한 것 같은 느낌이에요.

최태성 세계사적으로 보면 허균이 죽고 30년이 지난 1649년에 영국에서 세계 최초의 시민혁명이라고 불리는 청교도혁명[10]이 일어납니다. 청교도혁명이란 독재정치를 하던 찰스 1세를 그의 신민들이 죽인 사건이에요. 결국 허균 역시 민이 왕을 쫓아낼 수 있는 세상을 꿈꾼 게 아닐까 싶어요.

임윤선 이 무렵에 활약한 인물 가운데 갈릴레오 갈릴레이가 있잖아요. '그래도 지구는 돈다', 즉 지동설을 주장하신 분이죠. 그러고 보면 이 시대 분들이 약간 이단적인 사고를 가지고 계셨던 것 같아요.

최태성 새로운 세상을 꿈꾼 시대죠.

## 칠서의 난은 어떻게 정치적 문제로 커졌나

임윤선 칠서의 난은 어찌 보면 작은 절도 사건이잖아요. 그런데 이게 어떻게 이렇게 큰 정치 문제가 된 건가요?

신병주 이 사건은 단순 절도 또는 강도 사건으로 끝날 수도 있었어요. 그런데 대북파의 실세였던 이이첨이 이 사건을 정치적 사건으로 비화시킵니다. 결국 박응서가 고문에 못 이겨 자백을 하고요. '우리가 은상을 습격한 것은 영창대군을 옹립하는 거사를 치를 자금을 준비하기 위해서다. 거사의 중심에 영창대군의 외할아버지인 김제남이 있다.' 이렇게요.

그날 인목대비의 아버지를 지목한 거네요.

신병주 그렇죠. 그런 이유로 이 사건이 결국 거대한 역모 사건으로 비화한 거죠.

이근호 칠서의 난은 계축옥사로 이어집니다. 결국 이이첨이 받아 낸 진술을 토대로 인목대비의 아버지인 김제남이 처형당하고요. 광해군 정권에 가장 큰 걸림돌이었던 영창대군 또한 강화도에 유배 보내 증살당합니다. 방에 불을 때서 쪄 죽인 거예요. 정치적으로는 이 사건을 계기로 정국이 완전히 대북 중심으로 기울게 됩니다. 물론 그 중심에 이이첨이 있고요.

최태성 여기서 광해군의 지지를 받아 세도를 유지하려는 이이첨의 정치적 의도가 드러나죠. 특히 이때 광해군은 명나라 사신의 환심을 사기 위해 은 수십만 냥을 바쳤을 만큼 정통성에 민감했거든요. 이런 것도 칠서의 난이 확대된 중요한 원인이 됐죠.

**계축옥사 이후 허균은 어떻게 대응했나**

그날 칠서의 난에 연루됐던 서자들과 가깝게 지냈던 허균이 이 사건 이후로 좀 달라졌다면서요?

신병주 그렇죠. 칠서 사건이 계축옥사로 확대되면서 엄청난 파장을 낳습니다. 허균은 이때 자신에게도 분명 정치적 탄압이 있을 거라고 판단하고 글방 동문인 이이첨에게 구원을 요청합니다.

이근호 이이첨과 허균은 글방 동문임과 동시에 문과 급제 동기였습니다. 이이첨은 선조 말 광해군과 영창대군이 왕위 계승을 두고 대결할 때 세자인 광해군을 지지했죠. 광해군 즉위 후에는 대북의 영수로서 광해군 정권을 운영하는 데 핵심적인 역할을 했고요.

임윤선 허균은 칠서의 난으로 미칠 화를 피하기 위해서 광해군의 최측근인 이이첨에게 의탁한 셈이네요?

신병주 네, 그렇죠. 영창대군이 죽은 후 광해군과 이이첨의 최대 관심은 인목대비를 폐위시키는 문제, 즉 폐모론이었어요. 이이첨도 허균의 문장력을 알고 있었기 때문에 여론몰이에 허균을 이용합니다. 허균은 붓 하나로 사람들을 탄복시킬 수 있었으니까요.

그날 　허균의 문장이 필요했군요.

최태성 　실제로 허균은 폐모론 확산을 위해 자기 집에서 유생들을 먹이고 재우면서 상소를 쓰게 해요. 그 덕분에 허균은 광해군의 신임을 얻게 됐죠.

그날 　효와 충을 근간으로 하는 조선 사회에서 폐모론은 대단히 반인륜적인 처사 아닙니까? 이때는 광해군도 폐모론의 공론화를 주저하고 있었는데, 허균이 적극적으로 폐모론을 주장하고 나서니 광해군으로서는 얼마나 반가웠겠어요.

임윤선 　이걸 계기로 허균이 광해군의 측근이 된 거군요.

신병주 　성리학적 질서가 확립된 당시 조선 사회에서 폐모론은 엄청난 사건입니다. 어머니를 폐위한다는 건 인륜을 끊는 행위니까요. 그래서 남인이나 서인 쪽에서는 반대가 상당해요. 심지어는 대북파 내에서도 반발이 생깁니다. 대표적인 인물이 영의정을 지냈던 기자헌인데, 결국 허균은 기자헌의 아들 기준격의 상소에 의해 실각하게 되죠.

## 허균, 권력의 중심으로 들어가다

그날 　저는 허균의 행동이 좀 의아해요. 권력보다는 풍류를 즐기고 낮은 신분의 사람들과 어울려 다니던 그가 왜 폐모론을 주도하면서까지 무리하게 권력의 중심에 들어가고자 했을까요?

최태성 　우선 살아야겠다는 생각이 들었던 게 아닐까요. 최선의 방어는 최선의 공격이란 말이 있잖아요. 칠서 사건으로 자칫하면 자기가 역모에 휘말릴 수도 있는 상황이었잖아요. 그 위기를 극복하기 위해 당시 최대의 정치적 이슈였던 폐모론을 이용한 거죠. 그와 동시에 자신의 정치적 입지도 확고히 하고요.

임윤선 저는 단순한 생존 욕구였다는 의견에 동의하지 않아요. 권력에 대한 욕망 없이 그저 살고자 했다면 위기만 벗어나면 됐지 왜 계속 광해군 옆에서 머물렀냐는 거죠.

그날 결국엔 권력욕이었을 거라는 얘기군요.

류근 권력이라는 게 한번 맛을 들이면 빠져나오기가 쉽지 않아요. 드라마 「정도전」에서 이인임이 한 유명한 대사가 있잖아요. "권력 없이 하루를 사느니 권력이 있을 때 죽겠다." 누군가에게는 권력이 목숨보다 더 대단한 가치를 가질 수도 있어요. 또 이쯤 되면 권력의 관성 때문에 발을 빼기도 힘들었을 거예요.

신병주 허균을 비판하는 쪽에서 종종 허균이 정도전을 흠모했다는 이야기를 합니다.† 사실 정도전은 혁명을 성공시킨 인물이잖아요. 허균이 「호민론」에서 주장했던 백성 중심 사상은 사실 정도전의 주장과 상당히 유사해요. 정도전도 '백성이 하늘'이라고 했고요. 결국 허균은 이런 개혁 사상을 실천하기 위해 권력을 가져야 한다고 생각했던 것 같아요. 부패한 권력에는 반대하지만 우선 권력의 중심으로 들어가겠다는 의도가 있었던 거죠.

† 허균은 한평생 정도전을 흠모하여 항상 '현인(賢人)'이라고 칭찬하였으며 『동인시문(東人詩文)』을 뽑을 때에도 정도전의 시를 가장 먼저 썼다.
── 『광해군일기』 9년(1617) 12월 24일

## 남대문 흉방 사건

계축옥사(1613년)가 일어난 지 5년 뒤,
남대문에 흉방이 붙는 사건이 발생한다.

흉방의 내용은 백성들을 구하기 위해
장차 하남대장군이 나타나 광해군을 제거할 것이라는
거사를 천명하는 글이었다.

남대문 흉방 사건은 허균의 조카이자
심복이었던 하인준의 소행으로 밝혀졌다.

허균의 주변인들을 대상으로
대대적인 진상 조사가 시작됐고,
허균이 역모를 꾀했다는 자백이 나온다.

역모의 주동자로 지목된 허균은 투옥되고,
정국은 예기치 않은 방향으로 급변한다.

## 허균이 정말 남대문 흉방을 썼을까?

그날    백성을 구하고 죄를 벌하러 장차 하남대장군이 이를 것이다. 이건 나라를 뒤엎겠다는 거잖아요. 저게 사실이면 변명의 여지가 없는 역모죠. 이 흉방을 허균이 썼다는 게 사실인가요?

신병주    본인은 끝까지 부인해요. 하지만 잡혀 온 허균의 심복들이 허균을 주동자로 지목합니다. 황정필이라는 사람의 자백이 결정적이었어요. 이 사람이 '처음에는 선조의 아들인 의창군을 추대하려고 했다가 나중에는 허균이 스스로 왕이 되고자 하여 결정하지 못했다'라고 진술합니다.† 지금도 그렇지만 한 사람이 자백하면 다른 사람들도 줄줄이 자백하잖아요. 실제로 허균의 첩이었던 추성도 '허균을 추대하려고 했다. 역모다' 이렇게 얘기합니다. 허균이 완전히 역적으로 몰린 거죠.

임윤선    현대의 형사소송법에서는 진술이 계속해서 번복되면 신빙성이 떨어진다고 봐요. 지금의 법대로라면 살 수도 있었을 텐데 안타깝네요.

이근호    정치적 사건이라 법리적으로 해석되지 않는 부분들도 많죠. 허균이 역모를 주도했다는 결정적 증언이 기준격의 비밀 상소를 통해 본격적으로 드러나기 시작합니다. 기준격은 폐모론을 두고 허균과 대립각을 세웠던 기자헌의 아들인데요. 정치적 위기에 처한 아버지를 구하기 위해서 허균을 공격하는 상소를 올린 것 같아요. 상소의 내용을 보면 '허균이 인목대비의 아버지 김제남을 이용해서 영창대군을 임금으로 앉히고, 그 후에 자신이 군권을 잡아 김제남을 제거하고 최종적으로 자신의 조카사위인 의창군을 왕위에 앉히려고 했으며, 칠서의 난에도 개입했다'고 주장하고 있습니다.

최태성    『실록』에 보면 허균의 투옥 소식이 전해지자 그를 따르던 하급

아전과 무사, 노비 등이 의금부로 달려가 '옥문을 부수고 허균을 데려가자' 하고 소리치는 장면이 나와요.

그날 허균에게는 전혀 도움이 안 됐을 텐데 말이죠. 허균이 위험한 인물이라는 생각만 더 키워 준 꼴이잖아요.

류근 허균의 투옥에 반대했던 사람들은 대개 사회에서 고통받던 사람들이에요. 허균이 어떤 사람들의 지지를 받고 있는지 분명히 알 수 있는 대목이죠. 반면 양반 사대부는 누구 하나 허균을 변론하지 않았습니다.

† 황정필을 형신하였는데 세 차례 형장을 치니 승복하였다. 공초하기를, "추대하는 일은 허균이 애초에는 의창군을 추대하는 것으로 계책을 삼았는데 나중에는 허균이 스스로 하고자 하여 결정하지 못했습니다. 그리고는 이강, 김개, 원종에게 물어서 하겠다고 했으니, 이훤, 이국량에게 물어보면 알 수 있을 것입니다. 김개와 원종은 말하기를 '허균은 경망스러우니 의창을 추대해야 된다'고 하였습니다. 신은 처음에는 단지 허균이 대론을 하려는 것인 줄만 알았지 역적질을 모의하는 것인 줄은 몰랐습니다. 그러므로 항상 왕래하다가 모역을 하는 것임을 안 뒤에는 고변을 하고자 하였으나 동참하였다고 여길까 두려웠기 때문에 즉시 고변하지 못했습니다. 거사는 어느 달 어느 날이라고는 말하지 않았으나 9월 20일에 마땅히 공신이 될 것이라는 설을 이훤, 이국량 및 신에게 말하였는데, 허균은 스스로 이조판서가 될 것이라고 하였습니다.
— 『광해군일기』 10년(1618) 8월 25일

## 의혹에 싸인 허균의 죽음

그날 허균의 심복들이 역모를 자백한 지 3일 만에 부랴부랴 사형이 집행됐어요. 좀 수상한 냄새가 나죠?

신병주 그렇죠. 어쨌든 역모는 굉장히 중대한 사건인데, 형 집행이 너무 빨랐던 거예요. 당시 허균이 '못 다한 말이 있다'라고 했는데도 그 말을 들어 주지 않습니다. 계속 자백을 거부하니까 억지로 결안에 서명하게 했는데, 허균이 그 붓을 던져 버렸대요. 그래서 나졸들이 허균을 붙잡고 강제로 서명하게 했다는 기록이 있습니다. 그러고서는 전격적으로 사형이 집행된 겁니다.

임윤선 사흘 만이라……. 지금의 삼심제처럼 조선 시대에도 삼복계[11]라는 제도가 있었거든요. 초심, 재심, 삼심으로 심의를 반복하는 거죠. 이런 절차에 따라야만 사행을 집행할 수 있는데, 변론도 없고 제대로 된 결안도 없고 대질심문도 없는 상태에서 사형을 시켰다니 진실을 파악하려는 의지가 없지 않았나 하는 의심을 하게 되네요.

그날 분명 모종의 정치적 음모가 있는 것 같아요. 폐모론의 공을 독차지하려는 이이첨의 계략에 휘말려 희생된 게 아닐까요?

신병주 성리학 국가인 조선에서 폐모론이라는 것은 굉장히 위험한 논리잖아요. 실제로 허균의 강경한 폐모론은 사대부들의 반발에 부딪혔고요. 이이첨은 그 비난의 화살이 자기에게까지 향할 것을 우려해서 허균을 희생양으로 삼고자 했던 것 같아요.

최태성 토사구팽이네요.

신병주 네, 폐모론을 주장한 허균을 제거함으로써 사건의 책임을 모두 허균에게 뒤집어씌우는 거죠.

이근호 게다가 당시 허균은 광해군의 신임을 받고 있었잖아요. 허균의 딸이 세자의 후궁으로 간택될 가능성도 높은 상황이었어요. 그렇게 되면 허균의 세력이 더 커질 게 뻔하잖아요. 그래서 이이첨이 허균을 견제하려 한 것 같아요.

최태성 이이첨이 허균을 두려워했다는 게 형 집행 직전에 있었던 일화에서 드러나요. 이이첨이 옥에 갇힌 허균을 찾아와서는 '아무 일도 없을 것이다. 걱정하지 마라. 곧 풀어줄 것이다' 이렇게 이야기하고 바로 형을 집행하거든요. 허균이 어떤 대책도 세우지 못하게 한 거죠.

임윤선 변론의 기회를 앗아 간 거죠.

최태성 그렇죠. 이런 거 보면 당시 허균이라는 존재가 이이첨에게는 큰 위협이었구나 하는 생각이 들어요.

임윤선 저는 광해군이 이해가 안 돼요. 아끼던 신하라면 허균의 이야기를 한 번 들어볼 만도 한데 그런 노력을 전혀 기울이지 않았잖아요. 그런 걸 보면 광해군도 허균을 제거하고자 했던 게 아닌가 싶어요.

류근 조선 시대에 뛰어난 예술가이자 정치인이었던 사람이 두 명 있는데, 기축옥사의 중심에 있던 송강 정철과 계축옥사에 연루되어 결국은 역모죄로 처형당한 허균이 바로 그 주인공이죠. 송강 정철도 선조에게 이용당하고 버림받지 않습니까? 그런 걸 보면 허균도 노련한 정치인들에게 희생된 거예요.

임윤선 순수한 예술성을 갖고 일하는 사람들이 정치인을 못 이기네요.

이근호 사실 당시는 광해군이 대외적으로 굉장히 힘든 상황이었어요. 후금의 공격을 받은 명이 조선에 원병을 보내라고 닦달하고 있었거든요. 실제로 당시 조선에서는 명에 보낼 원군으로 약 2만 명 정도를 징병했습니다. 그런 상황에서 남대문 흉방과 같은 유언비어까지 돌면 민심이 좋을 리가 없죠. 게다가 권력의 핵심이었던 이이첨마저 허균을 등진 상태예요. 결국 광해군은 선택의 기로에 선 거죠. 허균을 택할 것이냐, 이이첨을 택할 것이냐? 그때 광해군은 허균을 내치는 걸 선택한 거죠.

그날 정치인들이란 정말 무섭네요. 광해군이 허균 사후에 이런 반교문을 내렸다고 합니다.† "허균은 성품이 사납고 행실이 개돼지와 같았다. 윤리를 어지럽히고 음란을 자행하여 인간의 도리가 전혀 없었다. 죄인을 잡아서 동쪽의 저잣거리에서 베어 죽이고 다시 기쁨을 누리고자 대사령을 베푸노라." 사면령은 나라에 경사가 있을 때나 내리는 건데 어떻게 이럴 수가 있죠?

류근 　권력자들은 믿을 게 못 돼요. 저 비정함을 보세요. 중종이 조광
　　　조를 내칠 때도 딱 저런 모습이었잖아요. 갑자기 표변해서 등에
　　　칼을 꽂는 거예요. 그러니 권력 가까이에는 가면 안 돼요.

그날 　너무하네요. 사실 허균은 틈나는 대로 광해군의 은혜를 칭송하
　　　는 글도 썼다고 들었거든요. 허균은 광해군이 자기 죽은 다음에
　　　'너 개돼지 같았어'라는 글을 쓸 거라고 생각이나 했겠어요.

> † 역적의 우두머리 허균은 성품이 사납고 행실이 개돼지와 같았다. 윤리를 어지
> 럽히고 음란을 자행하여 인간으로서의 도리가 전연 없었으며, 윤기를 멸시하고
> 상례(喪禮)를 폐지하여 스스로 자식의 도리를 끊었다. 붓을 놀리는 자그마한 기
> 예로 출세하여 등급을 건너뛰어 외람되이 작위를 차지하여 녹을 훔쳤다. (중략)
> 8월 24일에는 역적의 우두머리 허균과 역적의 도당 하인준, 김윤황, 우경방, 현
> 응민을, 같은 달 26일에는 황정필 등을 모두 능지처참해 죽였으며, 가산을 적모
> 하고 파가저택(破家瀦澤)하는 일을 일체 법률대로 시행하였다. 아, 죄인을 잡아
> 서 이미 동쪽의 저자에서 죽이는 주벌을 가하였으므로, 다시 아름답게 명해 죄
> 를 용서해 주는 사면을 반포한다.
> ─『광해군일기』 10년(1618) 9월 6일

## 허균은 정말 역성혁명을 도모했을까?

그날 　허균은 정말 역사에 기록된 대로 역성혁명을 도모했을까요?

최태성 　저는 역성혁명도 꿈꾸었다고 생각해요. 「호민론」이나 『홍길동
　　　전』 등을 유심히 보면 허균의 혁명적 사상들이 드러나요. 아까
　　　돈키호테 말씀하셨는데, 실제로 허균은 역성혁명을 꿈꿨던 낭만
　　　적 혁명가가 아니었을까 생각합니다.

그날 　낭만적이라는 표현이 꼭 붙어야 하겠네요. 변호사님은 어떻게
　　　생각하세요?

임윤선 　저는 잘 모르겠어요. 다만 이분이 역성혁명을 선동한 것은 분명
　　　한 것 같아요. 서얼들과 가까이 지내면서 그들에게 자신의 혁명
　　　사상을 퍼뜨리기까지는 했는데, 과연 내란 음모까지 가는 구체

적인 실행 계획이 있었느냐? 이건 잘 모르겠어요. 그렇다고 하기에는 조직이 지나치게 미약하고 보잘 것 없었죠.

류근 　허균은 역성혁명까지는 아니고 개혁의 필요성 정도는 의식하고 있었던 것 같아요. 그가 정말로 혁명을 실행하고자 했다면 혁명의 표적은 광해군이 아니라 당시 권력을 좌우했던 소수의 당파 세력, 특히 대북이었겠죠. 우선 그런 정치 세력을 쓸어 내고자 했던 게 아닐까요?

그날 　조선왕조가 끝날 때까지 허균은 역적이라는 굴레에서 벗어나지 못했다면서요. 그것도 참 안타깝네요.

이근호 　허균이 죽은 지 5년 뒤인 1623년에 인조반정이 일어납니다. 이때 광해군 시기에 역모로 처형된 사람들 중 상당수가 신원이 돼요. 그런데 허균만은 예외였어요. 그 후에도 조선왕조가 끝나는 300년 가까운 세월 동안 허균은 줄곧 기피 대상으로 남습니다. 심지어는 허균의 후손들이 다른 집안 족보에 이름을 올릴 정도였다고 하죠.

신병주 　정치인 허균은 분명 미숙하고 불완전한 인물이죠. 그러나 성리학 외에 유교, 불교, 천주교까지 받아들인 허균의 사상적 개방성은 높이 평가할 수 있을 것 같아요. 그런 정신이 잘 구현된 작품이 바로 『홍길동전』이고요.

## 허균이 끝맺지 못한 한마디

그날 　『홍길동전』을 통해서 이상향을 꿈꿨던 허균, 결국 비참한 죽음으로 최후를 맞이했죠. 허균이 형장으로 끌려가면서 '할 말이 있다'라고 외쳤다고 하는데, 과연 허균이 마지막으로 하고 싶었던 말은 무엇이었을까요? 오늘 그날의 소회로 들어 보겠습니다.

최태성 　저는 이렇게 이야기했을 것 같아요. "할 말이 있다. 나는 호민이 되어 세상을 바꾸려 했으나 실패했다. 그래서 나는 죽는다. 그러나 반드시 기억하라. 나의 호민은 죽지 않는다는 것을."

이근호 "나는 이무기로 끝날 수 없다." 이렇게 이야기하지 않았을까요.

류근 이무기요?

이근호 네. 허균의 호가 교산(蛟山)이잖아요. 용이 되지 못한 이무기로 삶을 끝낼 수 없다는 뜻으로요.

류근 저라면 이렇게 말했을 것 같아요. "임윤선 변호사를 불러 주시오." 굉장히 억울한 상황이잖아요. 이럴 때 변호사가 필요한 거 아닙니까. 그리고 이런 말도 했을 것 같아요. "가급적이면 문인들은 권력 근처에 세우지 마라." 예술가는 예술가답게 사는 게 맞아요.

# 4

# 인조,
# 반정을 일으킨
# 그날

1623년 3월 12일 밤 어둠이 짙게 깔릴 무렵, 일군의 무리들이 긴장감이 역력한 채로 속속 홍제원 근처로 집결하였다. 반정군에 합류한 능양군 또한 친위 부대를 거느리고 연서역 근처에 머물면서 상황을 주시하고 있었다. 김류를 총대장으로 삼은 반정군은 세검정과 창의문을 거쳐 곧바로 돈화문에 이르렀다. 훈련대장 이흥립과 내통하고 있던 반정군은 아무 저항 없이 돈화문을 통과하여 광해군의 침소를 급습했다. 반정군은 창덕궁 함춘원 숲에 불을 지르는 것을 반정 성공의 신호로 삼아 불길이 치솟지 않으면 가족들에게 자결할 것을 요구했다고 한다.

반정 주도 세력은 이이와 이항복의 문인인 김류, 이귀, 김자점, 신경진, 이괄 등이었다. 광해군 시절 권력에서 소외되었던 서인과 남인은 '폐모살제'와 '중립 외교'를 반정의 주요 명분으로 삼았다. 1622년 평산부사 이귀는 호랑이를 잡는다는 구실로 군사력을 키웠고, 훈련대장 이흥립과 북병사 이괄의 참여로 반정군의 규모는 확대되었다. 김자점은 광해군과 가까웠던 김개시에게 술과 안주를 보내 광해군의 눈과 귀를 막았다.

반정군의 급습에 잠을 자던 광해군은 내시의 등에 업혀 황급하게 궁궐 담을 넘었고, 의관 안국신의 집에 피신했으나 그 집에서 일하는 정담수의 고변으로 얼마 못 가 끌려 나왔다. 그 후 자신을 폐하고 새로운 왕을 세운다는 소리를 듣게 됐다. 조선 역사상 두 번째 반정이 일어난 것이다.

광해군은 폐위 직후 부인 유씨와 아들 부부와 함께 강화도로 유배되었다. 광해군은 유배지에서 부인과 아들 부부를 모두 잃는 아픔을 겪었으나 18년이라는 긴 유배 생활을 견뎠고, 1641년 7월 1일 제주도 유배지에서 67세를 일기로 생을 마감했다. 광해군을 보좌한 대북 세력들 역시 대부분 처형되거나 유배되었다. 정인홍은 고향인 합천에서 서울로 압송되어 왔다. 이미 89세의 고령의 몸이었던 그는 반정 주역인 이귀 등과의 오랜 악연 때문에 처형을 면할 수 없었다. 광해군 대 공안 정국을 주도했던 이이첨은 이천까지 도주했다가 체포된 후 처형되었다.

반정을 성공시킨 서인은 인목대비의 교서를 통해 반정의 정당성을 알렸다. '적신(賊臣) 이이첨과 정인홍 등이 악행으로 임해군을 해치고 영창 대군을 죽이며 조카(능창군)를 죽이는 등 여러 차례 큰 옥사를 일으켜 무고한 사람을 해쳤다. 또 대비를 서궁에 유폐하는가 하면 의리로는 군신이며 은 혜로는 부자와 같은 명에 대해 배은망덕하여 속으로 다른 뜻을 품고 오랑캐에게 성의를 베풀었다. 이에 능양군이 윤리와 기강이 무너지고 종묘와 사직이 망해가는 것을 볼 수가 없어 반정을 일으켰다.' (『인조실록』 1년 3월 14일)

민간에서는 반정을 지지하는 목소리가 높지 않았다. 정치 세력만 교체됐을 뿐 백성을 위한 개혁은 지지부진했기 때문이다. 당시 민간에서 시대를 한탄하는 「상시가(傷時歌)」가 유행했다는 『실록』 기록은 과연 누구를 위한 반정이었는가를 되묻게 한다.

## 인조, 반정을 일으킨 그날

서울 종로구에 위치한 조선 시대 정자 세검정,
이곳에는 세검정의 유래에 얽힌 이야기가 전해 온다.

때는 광해군 말기,
어둠 속에 긴밀한 움직임이 있었다.

무리는 세검정에 모여 일제히 허리에 찬 칼을 꺼내 들고
흐르는 물에 씻어 내며 함께 죽기를 맹세했다.

그리고 1623년(광해군 15) 3월 12일,
서슬 퍼런 칼끝은 조선의 심장 임금이 있는 곳으로 향했다.

궁궐은 순식간에 아수라장이 됐다.
조선의 정치 무대에 새로운 판이 펼쳐졌다.

임금의 신하였던 자들이 왕에게 칼을 겨누었던 그날,
조선 역사상 신하가 임금을 몰아낸 두 번째 사건
인조반정이 일어난 것이다.

**세검정, 역사를 씻던 곳에서 칼을 씻다**

최원정  역사저널 그날, 오늘은 광해군 정권을 무너뜨리고 새로운 정권을 세운 인조반정이 일어난 그날로 가 보겠습니다. 세검정이 반정[1]을 결의한 정치적 장소였다는 게 굉장히 인상적이에요.

최태성  세검정 하면 맛집 많은 곳이라고만 생각했는데 여기서 반정을 모의했다니 굉장히 살벌한 장소였네요.

신병주  세검정 아래를 흐르는 개천이 홍제천이에요. 그래서 저 동네 이름이 홍제동이잖아요. 사실『실록』이 완성된 후에 세초, 즉 사초를 물에 씻었던 장소도 홍제천이에요.

그날  아, 그럼 저기가 세초동이 될 수도 있었겠네요.

류근  사초를 씻던 자리에서 칼을 씻었다니 뭔가 의미심장하네요.

계승범  조선 시대 궁궐의 전각 명칭이나 연혁 등을 정리한『궁궐지』라는 책에 보면 세검정의 유래에 얽힌 이야기가 나옵니다. 여기에 따르면 인조반정 세력이 궁궐로 진입하기 위해 택한 길이 궁궐 서북쪽 창의문을 통과해 내려가는 길이었대요. 마침 창의문 바로 아래에 홍제천과 세검정이 있었고 이곳에 모여 칼을 씻고 맹세하게 된 거죠.


**우리에게 인조반정이란?**

그날  여러분은 인조반정에 대해 어떻게 알고 계세요?

류근  예전에는 광해군이 폭군이었다는 이미지가 강했잖아요. 제가 학교 다닐 때만 해도 인조반정은 광해군의 폭정에서 비롯된 당연한 결과라고 배웠어요.

임윤선  저도 마찬가지예요. 광해군은 연산군에 버금가는 폭군이었기 때문에 쫓겨날 만했다. 반정은 정당하다. 이렇게 배웠어요.

최태성  지금과는 확실히 다르네요. 인조반정은 사실 수능에도 자주 출

**세검정** 서울특별시 종로구 신영동에 위치해 있다.

제되는 부분이에요. 그래서 제가 학생들에게 '인조반정을 어떻게 평가할 수 있을까?' 하는 질문을 던져 봤어요. 그랬더니 '광해군을 몰아낸 사건이다', '반정이 아니다', '당파 싸움 결과다', '일어나서는 안 되는 사건이다', '조선이 유교 국가임을 증명한 사건이다' 이런 답들이 나왔어요.

임윤선 고등학생들이 낸 대답 치곤 굉장히 훌륭하네요.

류근 학생들이 인조반정을 매우 비판적인 시각으로 보고 있네요.

임윤선 부끄럽지만 저는 이번에 공부하면서 반정의 정의에 대해 처음 알았거든요. 그런데 학생들은 그것도 이미 알고 있네요.

최태성 학생들이 던진 질문들을 보면 더 놀라실 겁니다. '광해군이 계속 정치를 했다면 조선은 어떻게 되었을까요?', '왜 하필 인조를 왕으로 추대 했나요?', '왕을 쫓아내기가 쉽지 않을 텐데 어떻게 반정을 성공시켰나요?', '성공하면 반정인가요?' 마지막 질문은 특히 심오하죠. 이 질문을 했던 친구는 굉장히 시크하게 물어봤어요. 자기 나름대로 결론이 있는 거죠.

류근 실패하면 반역이 됐을 텐데 성공했으니까 반정인 거냐?

그날 신병주 교수님, 성공하면 반정인가요?

신병주 류근 시인님 말씀처럼 실패했다면 역모 또는 반역이 됐겠죠. 반정은 『춘추공양전』에서 나온 용어예요. 어지러운 것을 다스려서 바른 것으로 돌아가게 한다는 의미인데요. 인조반정을 일으킨 서인들이 광해군 대 정치를 다스려야 할 혼란으로 규정한 것이죠.

임윤선 저는 반란과 반정의 차이가 뭔지 잘 모르겠어요. 결국에는 왕을 내친 거잖아요. 충과 효를 최고로 치던 조선에서 왕을 몰아내고 이것이 바른 것이라고 주장하는 게 가능한가요?

계승범 유교 사회에서 가장 불충한 행위가 정변을 일으켜서 왕을 몰아내는 겁니다. 그런데 그 정변이 반정이라는 지고의 선으로 정당

화될 수 있었던 것 역시 조선이 유교 사회였기 때문입니다. 국왕보다 더 상위에 있는 가치가 있다는 거죠. 유교에서 주장하는 왕도 정치 개념에 따르면 왕 또한 왕의 도를 따라야 합니다. 왕이 그 도에서 크게 벗어나면 왕의 자격을 상실한다는 거죠. 그런 경우 정의감 있는 사람이 무력을 동원해서 그 왕을 폐한다고 해도 그것은 왕을 죽인 것이 아니라 하나의 패역한 필부를 죽인 것일 뿐이라는 논리죠.

신병주 인조반정에는 중종반정의 경험도 적지 않은 영향을 미쳤어요.

류근 흔한 말로 고기도 먹어 본 사람이 잘 먹는다고 하잖아요. 중종반정의 경험이 있었기 때문에 이런 일이 가능했던 것 같아요.

## 왜 하필 능양군이었나

그날 계속해서 질문을 살펴볼게요. '왜 하필 인조를 왕으로 추대했나요?' 선조에게는 아들이 꽤 많았던 걸로 아는데, 왜 하필 능양군이었을까요?

계승범 능양군은 모의 과정에서부터 반정을 직접 지휘합니다. 그렇기 때문에 반정이 성공한 뒤에는 능양군을 왕위에 앉히기로 정해져 있었죠.

류근 그런데 능양군은 갑자기 역사에 떠오른 인물이잖아요. 전에는 주목되지 않았다고요. 도대체 능양군은 어떤 사람이에요?

최태성 그래서 제가 능양군의 생활 기록부를 만들어 봤습니다. 이름은 이종이고, 할아버지가 선조예요. 큰아버지가 광해군입니다.

그날 말 그대로 로열패밀리네요.

최태성 그렇습니다. 할머니는 선조의 후궁이었던 인빈 김씨고요. 또 능양군은 말수가 적고 조용한 성격의 소유자였습니다. 어린 시절에 할아버지의 사랑을 많이 받아서 왕실에서 살았다고 되어 있

| 능양군(인조) 생활 기록부 | |
|---|---|
| 이름 | 이종 |
| 생몰년 | 1595∼1649 |
| 본적 | 전주 |
| 가족 관계 | 할아버지: 선조<br>할머니: 인빈 김씨<br>아버지: 정원군(원종)<br>큰아버지: 광해군 |
| 성격 | 말수가 적고 조용함. |
| 특이 사항 | 할아버지의 사랑을 많이 받아 어린 시절 왕실에서 자람.<br>오른쪽 허벅지에 다수의 사마귀가 있음. |

능양군 생활 기록부

고요. 허벅지에 사마귀가 많았다는 게 특이하네요.

임윤선　말수가 적고 조용하다. 사실 소리 없이 강한 사람 있잖아요. 저렇게 조용한 사람이 반정을 이끌고 결국 왕위까지 찬탈한 걸 보면 실제로 인조는 굉장히 무서운 사람이었을 거라는 생각이 들어요. 『실록』에는 인조가 하루 종일 한마디도 하지 않는 경우도 있었다고 되어 있다면서요. 왕이 한마디도 안 하고 있으면 신하들은 얼마나 무섭고 답답할까요?

신병주　인조는 조심성도 많았던 것 같아요. 일례로 상소문에 왕이 직접 답을 내리는 경우가 있어요. 그런데 이걸 직접 쓰지 않고 내시들에게 베껴 쓰게 했대요. 필적을 남기면 혹시 나중에 문제가 생길 수도 있으니까 빠져나갈 구멍을 만들어 둔 거죠.

그날　굉장히 치밀한 분이네요. 존재 자체가 느껴지지 않을 정도로 조용하지만 속에 많은 에너지를 응축해 놓는 스타일인 거죠.

신병주　인조는 아들인 소현세자도 독살로 의심되는 죽음을 맞게 하고

|       |                                                                 |
|-------|-----------------------------------------------------------------|
|       | 며느리에게 사약까지 내리죠. 사실 아들과 며느리의 죽음에 동시에 관계된 왕은 인조 말고는 없거든요. |
| 그날  | 특이 사항이 굉장히 독특해요. 허벅지에 사마귀가 많다. 이게 무슨 뜻인가요? |
| 신병주 | 인조 행장에 그런 기록이 나오는데, 선조가 인조의 허벅지 사마귀를 되게 긍정적으로 봐요. 선조에게 인조는 손자잖아요. 선조는 인조의 허벅지에 난 사마귀를 보고 한 고조 유방의 다리에 용점이 일흔 두개나 있었다는 고사를 떠올립니다. 한 고조가 중국을 통일한 인물이니까 인조도 앞으로 큰 인물이 될 거라고 기뻐했다는 거죠. |
| 최태성 | 크게 될 거라는 건 인조도 왕이 될 수 있다는 건가요? 그건 좀 위험한 얘기잖아요. |
| 류근  | 원래 관상학에서 잘 보이지 않는 위치에 있는 점은 복점이라고 한대요. 하지만 사마귀는 점이 아니라 유두종 바이러스잖아요. 어쨌든 선조가 인조의 사마귀를 비상하게 봤다는 건 끝까지 광해군을 탐탁지 않게 여기고 대안을 모색했다는 걸 보여 주네요. |

## 인조반정의 명분, 왜 일으켰나

|       |                                                                 |
|-------|-----------------------------------------------------------------|
| 그날  | 능양군과 광해군의 사이는 어땠어요? 광해군이 조카인 능양군을 예뻐했나요? |
| 계승범 | 좋지는 않죠. 광해군의 어머니 공빈 김씨가 죽은 다음에 선조의 총애가 인빈 김씨에게 가고 그녀가 아들을 많이 낳죠. 선조가 개인적으로 가장 총애한 왕자가 인빈 김씨의 아들 신성군이었는데요. 그 신성군이 임진왜란 때 죽습니다. 신성군의 동생이 정원군이고, 정원군의 장남이 바로 능양군입니다. 관계가 그러하기 때문에 광해군이 능양군을 좋아할 이유가 없었습니다. |

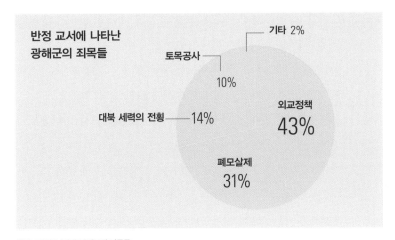

반정 교서에 나타난 광해군의 죄목들

그날 그렇군요. 그러면 인조가 반정을 일으켜서 광해군을 몰아내야 할 특별한 이유가 있었을까요?

계승범 반정을 성공시킨 다음 날 인목대비의 명의로 반정 교서가 반포 됩니다. 여기서 광해군의 죄목을 열거하는데 무려 서른여섯 가지나 됩니다.

그날 엄청나네요. 서른여섯 가지 죄목을 전부 나열하니 뭐가 뭔지 모르겠어요. 어떤 게 주된 명분이었나요?

계승범 대체로 외교정책, 즉 명나라를 배신했다는 것이 43퍼센트 가량 되고요. 그 다음이 폐모살제입니다. 어머니를 폐하고 동생을 죽였다는 거죠. 인목대비와 영창대군에 대한 핍박이 31퍼센트 정도를 차지하고 있습니다. 흔히 알려진 것처럼 지나친 토목공사로 민생을 도탄에 빠지게 했다는 내용도 있는데 그리 큰 비중은 아닙니다. 물론 반정 교서 작성자가 저 비율을 일일이 계산하지는 않았겠지만 내용의 범주를 나눠 보면 반정을 주도한 사람들이 어떤 명분을 내세웠는지 알 수 있죠.

임윤선 서른여섯 가지 죄목 가운데 현대 형법상 죄로 인정되는 건 하나
도 없네요.

계승범 맞습니다. 폐모살제 역시 역모에 관련됐다는 고변을 받고 적법
한 절차를 따라 처벌한 것이기 때문에 죄가 될 수 없어요.

그날 그러네요. 저 가운데 민생에 관련된 것은 토목공사 10퍼센트가
고작이에요. 나머지는 명분이잖아요.

최태성 명에 대한 반역과 패륜, 결국 성리학적 명분론과 관련된 죄목이
네요.

신병주 역사학계에는 인조반정을 기준으로 조선 전기와 후기를 나누는
학자들도 있어요. 인조반정을 계기로 조선이 성리학적 명분 사
회로 간다는 거죠.

임윤선 아, 인조반정 전까지는 성리학적 명분론이라는 게 그렇게 강하
지 않았어요?

신병주 그렇습니다. 인조반정이 성공한 이후로 조선에서는 성리학 윤리
를 철저하게 강조하는 국면이 전개됩니다.

임윤선 어쨌든 폐모살제가 인조반정의 중요한 명분이었잖아요. 그런데
기록에 보니까 능양군 자신이 인목대비를 폐하는 정사에 참여했
다고 하더라고요. 『연려실기술』에 인조 스스로 "정청(庭請)한 죄
는 나도 면하기 어렵다"라고 말했다고 되어 있어요. 인조가 인목
대비를 폐하는데 일조했다는 말인데, 그것을 명분 삼아서 인조
반정을 일으켰다는 건 금반언의 원칙[2]에 반하는 거예요.

최태성 무슨 원칙에 반한다고요?

임윤선 아, 이게 법률 용어인데요. 풀어서 말하면 공범이 정범을 고발하
면 안 된다는 거예요. 그렇다면 반정 세력이 내세운 명분은 허울
에 불과한 게 아닌가 싶네요.

그날 공범은 정범을 고발하면 안 되나요?

임윤선 고발할 수 있긴 한데 그러면 자기도 처벌받죠. 그런데 인조반정에서는 공범인 인조가 정범인 광해군에게 모든 죄를 뒤집어씌운 꼴이에요.

계승범 이 이야기가 나온 정황이 대략 이렇습니다. 인조반정의 주요한 명분 가운데 하나가 폐모살제잖아요. 그래서 반정이 성공한 다음에 인목대비 폐위 정청에 참가한 사람들을 전부 처벌하자는 주장이 나옵니다. 그러자 인조가 '그러지 말자. 그렇게 끝까지 물고 늘어지면 나까지 걸린다.' 그런 거예요.

그날 딱 그거네요. 남이 하면 불륜이고 내가 하면 로맨스다.

## 능양군, 복수를 다짐하다

광해군 7년(1615), 기묘한 소문이 돌았다.

능양군의 아버지 정원군의 집에
왕의 기운이 흐른다는 것이었다.

우연의 일치였을까?
그 무렵 능창군이 역모에 휘말려 목숨을 잃고,
광해군은 왕기가 있다는 곳에
가옥을 헐고 궁궐을 짓는다.

졸지에 아들을 잃고 집까지 빼앗긴 정원군은
술로 시름을 달래다 숨을 거둔다.

빈소에서 눈물을 흘리던 능양군.
그는 어쩌면 이때,
광해군에 대한 복수를 다짐한 게 아니었을까?

경희궁 숭정전

## 명분 뒤에 숨겨진 진짜 이유

그날 　동생과 아버지를 잃었어요. 광해군에 대한 인조의 개인적인 원한이 영창대군을 잃은 인목대비의 분노만큼이나 컸을 것 같아요. 광해군을 향한 복수심에 불탈 수밖에 없는 상황이에요.

신병주 　당시 새문동에 왕기가 서려 있다는 얘기가 도는데, 거기에 살던 사람이 바로 인조의 아버지 정원군이었습니다. 이 소문을 들은 광해군이 왕기를 누르겠다면서 거기에 궁궐을 짓죠.[†] 그렇게 생긴 궁궐이 경덕궁, 즉 지금의 경희궁입니다. 결과적으로 새문동에 왕기가 서려 있다던 지관의 예언이 맞은 거죠.

최태성 　어쨌든 능양군의 개인적인 원한이 인조반정의 한 계기가 됐다고 볼 수 있겠네요. 그런데 또 주목해야 할 게 반정에 참여했던 사람들 가운데 서인이 특히 많았다는 거예요. 인조반정을 다른 말로 서인반정이라고도 하잖아요.

신병주 　인조반정의 핵심세력이었던 김류, 최명길, 장유, 이시백 이런 사람들이 다 이항복의 문인이었고요. 특히 이귀는 대북의 영수였던 정인홍과는 완전히 앙숙이었습니다.

최태성 정인홍은 광해군 대 정치 실세였잖아요.

신병주 네, 실제로 이귀가 정인홍을 비판하다가 한직으로 밀려나기도 했죠.

계승범 물론 서인들이 주도권을 잡고 반정을 일으킨 건 사실인데, 실질적으로 일등 공신 중 다수가 전에 북인이었거나 북인들과 긴밀한 인척 관계로 묶인 사람들이었습니다. 일례로 신립 장군의 아들 신경진은 북인임에도 불구하고 반정에 적극적으로 가담합니다. 사촌 형인 신경희가 능창군의 옥사, 즉 역모 사건에 휘말려서 광해군 대에는 출사가 불가능하게 됐거든요.

임윤선 결국은 출사가 막힌 사람들의 규합이었던 거네요.

그날 인조반정 세력과 관련된 스캔들도 많다고 들었어요.

신병주 네, 대표적으로 청상과부였던 이귀의 딸이 남편 친구하고 야반도주했다가 결국 승려가 된 사건이 있었어요. 이게 사대부들 입방아에 오르면서 이귀가 정치적으로 궁지에 몰리게 됐죠.

그날 발목이 잡혔네요. 이런 일 있으면 인사 청문회 못 나가잖아요.

류근 또 있어요. 반정에 참여했던 무인 이서는 과부와 간통을 해서 탄핵을 받았대요. 결국 인조반정에는 당파니 뭐니 하는 것보다도 개인적인 요인이 훨씬 더 컸다는 거죠.

그날 이 사람들 입장에서는 세상이 한 번 뒤집혀야 뭐라도 할 수 있는 거예요.

신병주 여러 기록을 조합해 보면 인조반정은 3년 전부터 논의가 있었고, 계획이 구체화된 것이 1년 전입니다. 이때는 광해군도 반정의 움직임을 어느 정도 포착하고 있었고요.

최태성 사실 그 부분은 정말 미스터리예요. 광해군이 반정 사실을 알고

있었거든요. 반정과 관련된 고변이 여러 차례 올라와요. 심지어
는 반정 당일에도 고변이 있었어요. 그런데 이걸 막질 못 한단
말이죠. 막지 않은 걸까요?

† 광해군은 새문동 궁에 왕기가 있다는 말을 매우 싫어하여 그 집을 부수어 치
워버리고 새 궁을 지었는데 아주 굉장하고 화려하였다. 그 집 이름을 경덕궁이
라 하여 왕기를 눌렀다. 인조는 정원군의 맏아들로서 반정하고 정원군을 추숭
하여 원종이라 하였으니, 왕기가 있다는 설은 참으로 기이한 참언이었다.
── 『연려실기술』, 「하담록」

1995년에 방영됐던 KBS 드라마 「서궁」,
광해군이 반정에 미리 대처하지 못했던 이유에 대해
드라마는 이렇게 풀고 있다.

반정 당일 왕은 연회를 즐기고 있었다.
역모를 알리는 상소가 전해졌지만
왕은 여전히 잔치에 몰두할 뿐이었다.

상소는 주모자의 이름까지 거론될 정도로 구체적이었다.
이귀와 김자점이 역모를 일으킨다는 고변이 있었다.

"이귀의 역모 고변이 또 있었사온데……."
"이제는 역모의 역이라는 말도 더 이상 듣고 싶지 않구나."

광해군은 왜 그랬던 것일까?
왕의 곁엔 한 여인이 있었다.

"그자들이 역모를 꾸미고 있다는 게 사실이냐?"
"그건 단지 풍문일 뿐이옵니다. 한쪽 귀로 흘려버리시옵소서.
이제 다시 역무의 일은 없을 것이옵니다."

김개시는 왕을 안심시켰다.
왕의 눈과 귀를 막은 김개시,
드라마 속 이야기는 사실일까?

## 광해군의 여인 김개시, 용모는 어땠을까?

그날 진짜 오랜만에 보는 드라마네요. 20년 전 드라마잖아요.

류근 그러게요. 이영애 씨가 김개시 역을 맡았다는 것도 정말 놀라워요. 저 정도 미모를 지닌 상궁이 얘기를 하면 믿을 수밖에 없죠.

신병주 저 부분은 고증이 잘못 됐어요. 기록에 의하면 김개시는 나이가 찬 뒤에도 용모가 피지 않았다고 하거든요. 예쁘지는 않았다는 말이죠.

류근 용모가 피지 않았다는 건 동안이었다는 뜻 아닐까요?

신병주 물론 아닙니다. 사실 드라마가 실제 역사하고 다른 경우가 굉장히 많죠. 대표적으로 장녹수도 용모가 중간 이하라고 하는데 박지영이라는 아주 예쁜 탤런트가 했고, 김개시도 용모가 피지 않았다는데 이영애 씨는 많이 피었잖아요.

류근 그렇죠. 저 정도면 만개예요, 만개.

신병주 사극을 고증에 충실하게 만들면 시청률은 포기해야 될 거예요.


## 상궁 개똥이, 조선의 모든 권력을 쥐다

그날 김개시, 김개똥이잖아요. 어떤 사람이었나요?

임윤선 왜 개시가 개똥이에요?

계승범 개똥이를 음차해서 표기하면 개시가 되거든요.

신병주 김개시 할 때 시(屎) 자는 한자로 시체 시(尸) 자에다가 쌀 미(米) 자를 써요. 그걸 읽을 때는 시가 아니라 똥으로 읽는 거예요.

임윤선 아니 그래도 여자 이름이 개똥이가 뭐예요.

계승범 당시 하층민들 사이에선 굉장히 흔한 이름이었어요. 이름이 그런 걸로 봐서 김개시는 출신 성분 자체가 양반 쪽은 아닌 것 같고 평민 혹은 천민이 아니었을까 추측됩니다.

임윤선 역모 고변을 잠재운 게 김개시라는 건 사실인가요?

신병주 그렇죠. 상당히 큰 역할을 하죠. 김개시는 선조 때 왕세자인 광해군을 모시는 궁녀로 들어와요. 그러다가 선조 눈에 들어서 상궁이 되죠. 어쨌든 김개시가 광해군과 선조 두 왕에게 모두 신임받았던 인물인 건 분명해요. 그리고 그 배경에는 김개시의 예민한 정치 감각이 있었어요. 본래 상궁은 궁궐 내부의 정보나 동향 같은 것을 알려 주는 역할도 하잖아요. 김개시는 이런 데 특출해서 선조와 광해군의 안테나 역할을 잘 수행했던 거죠.

임윤선 궁궐 내 민심을 전달하는 일종의 소통 창구 역할이었군요.

그날 어떻게 일개 궁녀가 정치인들과 교류를 하고 왕에게 정보를 줘서 환심을 살 수 있는지 궁금해요. 왕의 정치적 파트너가 궁녀일 수는 없는 거 아닙니까?

계승범 김개시는 드라마에서처럼 미모로 왕의 마음을 사지는 않았습니다. 오히려 보스의 의중을 정확히 파악하고 관련 정보를 제공하는 전문 비서였다고 볼 수 있어요.

신병주 광해군 때 정치 실세가 이이첨이라는 사람인데 김개시가 이이첨하고도 추문이 돌았어요. 그건 그만큼 둘이 가까웠다는 얘기겠죠. 『연려실기술』을 보면 궁중의 일들이 모두 그녀의 손에서 나왔다는 기록까지 있어요.

그날 남성 권력자들을 들었다 놨다 하는 요부 이미지도 있었네요. 어찌됐든 처세술이 뛰어난 거예요. 그런데 김개시는 왜 상궁으로 남았어요? 저 정도 권력이면 후궁 자리도 노려 볼 만한데 말이에요.

최태성 고도의 정치적 노림수 같은 게 있지 않나 싶어요.

그날 남자의 환심을 사기 위해서는 오히려 '저는 돈도 권력도 필요 없습니다. 마음만 주십시오.' 이러는 게 더 좋을 것 같다는 생각도 드네요.

계승범 후궁이 되면 지위가 올라가는 대신 행동에 상당한 제약을 받습니다. 그걸 피하고 싶었던 게 아닐까 싶어요.

신병주 용의 꼬리보다는 닭의 머리가 되자는 심리일 수도 있죠.

최태성 김개시는 왕과 궁녀들의 합방 순번까지 좌우했다고 해요. 궁녀들의 가장 큰 소망은 승은을 입고 후궁이 되는 거잖아요. 그래서 궁녀들이 김개시한테 뇌물을 씁니다.[†] 나중에는 그 뇌물의 가격이 천정부지로 솟았다고 해요.

> [†] 광해가 탐욕스럽고 음란하였으므로 개똥이가 안팎에서 제 마음대로 하며 이첨과 한 마음이 되어 어울렸다. 뇌물을 받고 벼슬을 팔아 기강이 전연 없었으니, 대궐 안의 모든 일이 그의 손에서 한결같이 결정되었다. 궁녀가 광해의 잠자리를 모시는 것도 광해가 개똥이의 허락을 얻어야 되었기 때문에 개똥이가 여러 계집에게서 뇌물을 받았는데, 그 값의 많고 적음에 따라 광해로 하여금 동침하게 하면 광해가 감히 거스르지 못하였다. 하루는 광해가 개똥이를 데리고 잠자리에 들려 하였는데, 박씨라는 옛 상궁이 땅에 꿇어앉아 간하니 광해가 부끄러운 빛이 있었다. 또 개똥이의 말을 어기는 일이 있을 때는 성내어 말하기를, "큰 덕을 감히 잊는단 말이오. 내 입에서 말이 나올 것 같으면, 임금이 자리를 보전하지 못할 것이오" 하니, 광해가 당황하고 부끄러운 빛이 있었다. 이 때문에 추한 소문이 바깥에 퍼져 나가게 되었다.
> ─ 『연려실기술』, 「일월록」

## 김개시가 광해군을 배신했다?

류근 김개시는 광해군 곁에서 많은 걸 누렸잖아요. 그런데도 고변이 올라왔을 때 엉뚱한 소리를 했는데, 이건 사태 파악을 못한 겁니까, 아니면 배신을 한 겁니까?

계승범 야사에는 반정 당일 연회를 주최한 김자점이 김개시에게 미리 뇌물을 주고 거사 때 잘 처신하라는 언질을 줬다고 해요. 그리고 반정 후에 훗날을 같이 도모하자는 식으로 거래를 했다는 기록이 있습니다. 어디까지 사실인지는 알 수 없지만 개연성은 있다고 봐야겠죠.

류근 세 명의 왕을 모셔 보겠다는 건데 너무 큰 야심이 아닐까 싶네요.

임윤선 그러면 반정 후에 김개시는 어떤 자리까지 올라가나요?

신병주 김개시는 반정 당일에 처형을 당해요.

류근 이용당하고 버려진 거네요. 이름이 김개시인데 인조 정권 개시
도 못하고 죽었어요. 이렇게 서운한 경우가 어디 있습니까.

신병주 김개시는 정치 감각이 워낙 뛰어난 사람이었잖아요. 때문에 분
위기가 반정 세력 쪽으로 기우는 걸 감지하고 서인 세력에 줄을
대려 했을 수 있죠. 그런데 서인 입장에서 김개시는 너무 위험
하거든요. 너무 많은 것을 알고 있으니까. 그런 이유로 김개시는
반정 당일에 바로 처형되는 비운을 겪습니다.

최태성 그 부분에서 정치 감각이 떨어졌네요.


## 집권 말기, 광해군이 역모에 둔감해진 이유

류근 광해군은 한 사람 말만 믿고 고변을 흘려들을 사람이 아니잖아
요. 광해군은 대단히 집요하고 왕권에 대한 의지가 강한 사람이
라고요. 친국도 200회 이상 했던 사람인데, 너무 허술하게 넘어
가 버렸어요. 도저히 있을 수 없는 일이 벌어진 것 같아요.

그날 맞아요. 그 동안의 행적들을 보면 광해군은 항상 역모에 굉장히
예민하게 반응했는데 당일 고변까지 흘려들었다? 뭔가 말이 안
되는 얘기죠.

임윤선 양치기 소년과 같은 심정이 된 게 아닐까요? 역모 고변이 끊임없
이 올라왔고 그때마다 사람들을 죽였잖아요. 마지막에는 좀 지
쳤을 것 같아요. 내가 왜 당파 싸움에 휘말려서 끊임없이 내 친
구들을 죽이고 핍박해야 하는 거지?

계승범 당시 광해군의 심리 상태를 알 필요가 있어요. 재위 마지막 해에
광해군은 외교 문제 때문에 조정 신료들로부터 완전히 고립되어
있었어요. 1622년 4월에 명의 특별 어사가 칙서를 가지고 조선

에 옵니다. 군대 보내라는 거죠. 그런데 광해군이 어사의 면전에서 그 요구를 거부합니다. 동시에 이이첨으로 하여금 누르하치에게 편지를 보내라고 재촉하죠. 그때 이이첨이 이렇게 말합니다. "붓은 잡았으나 써야 할 내용이 마음과 달라 붓이 나가지 않는다." 그런데도 광해군이 계속 강요하니까 이이첨이 끝내 고사하면서 다른 사람을 추천합니다. 그런데 그때 호명당한 사람들이 전부 사직을 해요. 그때부터 정청[3]이 시작된 겁니다. '전하, 그러시면 아니 되옵니다.' 이렇게 매일 파업하는 거죠.

류근　고립무원이에요. 신하들은 왕을 무서워하지 않잖아요. 그들이 두려워하는 건 오직 역사에 남을 자신의 이름과 명나라에 대한 사대 의리밖에 없어요.

임윤선　일종의 레임덕[4]이네요. 따르는 사람도 없고 믿을 사람도 없고 말이죠.

그날　도대체 어떤 일이 있었기에 당일 고변까지 무시할 지경에 이르렀을까요?

최태성　아까 드라마 보면서 '저거 내 생각하고 똑같다' 하는 생각이 들었거든요. 이날 고변이 올라왔지만 김자점이 주최한 연회가 있었단 말이에요. 술이 있고, 옆에 여자도 있잖아요. 그렇게 유흥을 즐기다가 방심한 게 아니었을까 싶어요. 특별한 이유가 있는 게 아니라 그날 상황이 그렇게 흘러간 거죠.

계승범　충분히 가능성 있는 이야기입니다. 역사를 연구하는 사람들의 직업병 중 하나가 모든 걸 합리적으로 설명하려고 하는 거예요. 사실 개인의 경험을 전부 논리 정연하게 도식화할 수는 없잖아요.

그날　왕위에 대한 불안감이 어느 정도 해소됐기 때문에 광해군이 그렇게 행동했다고 볼 수도 있지 않을까요?

계승범　그런 면도 분명 있습니다. 광해군이 세자 시절부터 갖고 있던 약점이 자기는 적자도 아니고 장자도 아니라는 거잖아요. 그래서 영창대군을 비롯해서 역모 사건에 연루된 왕자들을 전부 제거했죠. 또 인목대비를 폐위하고 생모인 공빈 김씨를 왕비의 반열에 올렸습니다. 그걸 완성한 때가 재위 10년째인 1618년이고요. 광해군은 자신이 선조와 공성왕후의 적통 왕자로서 왕위에 올랐음을 공식화한 겁니다. 자기가 할 수 있는 모든 것을 다 이룬 상태죠.

## 반정의 그날

1623년(광해군 15) 3월 12일,
인조반정의 막이 올랐다.

반정군은 북을 울리며 궁궐로 밀어닥쳤고,
미리 포섭된 훈련도감은 약속대로 아무런 반격도 하지 않았다.

"김류, 이귀 등이 대궐을 침범할 것인데,
훈련대장 이흥립이 안에서 호응할 것입니다."

호위 무사들은 흩어지고
피비린내 나는 숙청 작업이 이어졌다.

반정군은 기세를 몰아 곧장 왕의 침소로 들이닥쳤다.
놀란 광해군은 내시의 등에 업혀 후원으로 도망쳤다.

하룻밤 만에 조정을 장악한 인조반정 세력,
날이 밝자 빈 옥좌에는 서둘러 새로운 왕이 들어선다.

조선의 16대 임금 인조가 즉위한 것이다.

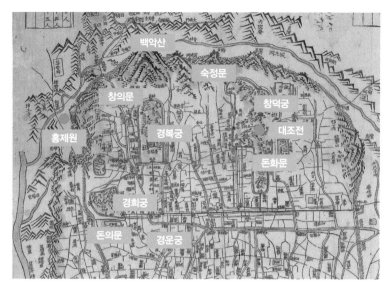

인조반정 당일 반정군의 이동 경로

**반정군은 어떻게 궁을 장악했을까?**

류근 이런 상황에 가장 적합한 말이 그거죠. '우째 이런 일이!' 술 먹고 자는데 이런 일이 생기면 정말 난감할 것 같아요. 대응할 방법이 없잖아요.

임윤선 안 믿겼을 것 같아요. 그런데 광해군이 업혀서 도망갔다는 게 좀 의아해요. 그 급한 와중에 말이죠. 취해서 그런가요?

류근 내시들이 이런 상황을 대비해서 평소에 사람을 업고 뛰는 훈련을 열심히 한대요.

그날 연산군 때는 곁에 아무도 없었잖아요. 그래도 광해군은 내시가 업고 뛰었으니 덜 외로웠겠네요. 사실 반정에서 가장 중요한 건 군사력 아니겠어요? 당시 반정 세력이 어떻게 궁궐을 장악했는지, 지도를 보면서 동선을 살펴보죠.

신병주 기록에 보면 최명길이 점을 쳐서 거사를 일으키기로 정한 날이

3월 13일이었어요. 그래서 3월 12일에 병사들이 모입니다. 3월 12일 밤 10시에 약속된 장소인 홍제원에 대략 1000여 명이 모였다고 해요. 이때 대장으로 임명되었던 김류가 약간 늦게 도착하는 바람에 반란군은 예정보다 늦은 12시경에 광해군이 있는 창덕궁을 향해 진격합니다. 출병에 앞서 세검정에서 칼을 씻으면서 전의를 다지고 당시 자하문이라고 불렸던 창의문을 거쳐 창덕궁의 정문인 돈화문으로 들어갑니다. 반정 세력은 이미 훈련대장 이흥립과 내통하고 있었기 때문에 별다른 저항 없이 돈화문을 통과할 수 있었죠. 그런 다음 사방에 불을 질러서 혼란을 야기하죠. 그 과정에서 광해군도 반란의 기미를 알고 도망을 갑니다. 담을 넘어서 의관 안국신이라는 사람의 집에 들어갔으나 정담수의 고변으로 바로 체포되어서 끌려나옵니다. 그날이 3월 13일 새벽이었고요. 어찌 보면 반정이 너무 허망하게 성공한 거죠.

최태성 이상하네요. 병력이 많은 것도 아니고, 충돌도 거의 없었고요.

신병주 그렇죠. 그래서 반정을 성공시킨 인조조차 '이게 정말 성공이 맞나?' 이렇게 의심할 정도로 순식간에 끝이 났죠.

임윤선 병력이 얼마나 된 거예요? 한 10만 대군 됐나요?

류근 기록에 의하면 오합지졸에다가 1000여 명도 안 됐다고 해요.

임윤선 1000명이라……. 제대로 싸웠다면 이길 수도 있었겠는데요.

계승범 그날 밤에 창의문을 통과해서 창덕궁까지 진입한 병력을 1300명 정도로 보는데요. 구성을 보면 그 가운데 600명 정도는 반정 주도자들의 노복이나 길거리에서 급하게 고용한 용병들이었어요. 군사 훈련 같은 건 한 번도 받아 본 적 없는 오합지졸이죠.

신병주 용병이라기보다는 용역이죠.

계승범 그렇죠. 600명의 오합지졸로는 반정을 성사시킬 수 없기 때문에 반정 주도 세력이 부랴부랴 병권을 쥔 장수들을 포섭합니다. 다행히 장단부사 이서가 반정군에 합류했고, 그가 이끄는 정규군 700명이 규율대로 착착 움직임으로써 반정이 성공할 수 있었죠.

최태성 당시 궁궐을 지키는 병사가 1000명에서 2000명 정도 있었거든요. 이 사람들은 정예병이고요. 그럼에도 불구하고 반정이 너무 쉽게 성공하니까 더 의아한 것 같아요.

임윤선 이때가 임진왜란 끝난 지 20년 정도 지난 시점이잖아요. 그런데도 오합지졸이 대다수인 1000여 명의 병사가 궁으로 진격하는데 아무도 눈치를 못 챘단 말예요. 외적이 쳐들어오기라도 했으면 어쩔 뻔 했어요. 정말 속상한 일이죠.

## 조선 중기 궁궐의 호위 체계

그날 이와 관련해서 당시 조선의 군사 체계에 대해 자세히 알아보는 시간 갖도록 하겠습니다. 만물각에 박금수 박사님 나와 계십니다. 어서 오세요.

박금수 예, 안녕하세요.

그날 반정 세력들이 훈련대장을 포섭해서 무혈입성을 했는데, 그럼 궁궐을 지키는 군대는 훈련도감밖에 없었던 건가요?

박금수 네, 좀 이상하죠. 굉장히 허술해 보이는데요. 사실은 여러 가지 안전장치가 있었습니다. 임진왜란 이전에는 전군을 다섯 개의 부대로 나눈 5위 체계가 있었는데요. 이 가운데 네 개의 부대가 도성을 지키도록 했습니다. 이 네 개의 부대를 지휘하는 장수도 매일 임금이 새로 임명하게 되어 있었죠. 또 궁궐을 지키는 금군도 하나가 아니라 세 개로 나뉘어 있었어요. 내금위, 우림위, 겸사복의 세 부대가 독립적으로 존재했죠. 어느 한 부대가 역모에 가담하더라도 전체 군 체계가 무너지지 않도록 하는 안전장치가 있었던 것이죠. 그런데 임진왜란을 거치면서 이러한 체계가 완

조선의 호랑이 사냥꾼들

전히 무너지게 됩니다. 도성 방어를 훈련도감이 전담하게 된 것
도 그 때문이고요. 그리고 임금을 지키는 무예청 병력도 훈련도
감 군사들 중에서 차출하기 때문에 실제적으로 도성과 궁궐의
호위는 모두 훈련도감에 집중돼 있었던 거죠.

그날　　반정 세력 중에는 이귀 등이 움직인 지방 병력도 있다고 들었는
데요. 전시도 아닌데 군대를 사사로이 움직일 수 있는 건가요?

박금수　아니죠. 조선은 위화도 회군으로 세워진 나라이기 때문에 사사
로이 군을 움직이는 것은 금지되었습니다. 그러면 이귀는 어떻
게 평산부사로 있으면서 경기도의 경계를 넘을 수 있었을까요?

그것은 호랑이를 잡겠다는 구실 때문이었습니다.

그날 호랑이요?

박금수 네, 당시 백성들의 큰 걱정거리가 바로 호환이었기 때문입니다. 실제로 조선군 내에 착호군(捉虎軍)[5] 즉 호랑이를 잡는 전문 부대가 있습니다. 이귀가 있던 평안도 지방에는 호환의 피해가 특히 심했고요. 그런데 이 호랑이라는 것이 한곳에 머무르는 게 아니라 산을 타고 이리저리 돌아다니잖아요. 그래서 호랑이를 잡으려면 배설물이나 발자국 등을 쫓아 계속 추적해 가야 하죠. 때문에 이귀의 군대가 도 경계를 넘어서 한양으로 들어올 수 있었던 겁니다. 그렇게 명분을 쌓은 이귀가 마지막에 잡은 가장 큰 호랑이가 바로 광해군이었던 거고요.

### 왕의 무사, 무예청 병사들은 어떻게 선발하나

그날 무예청 병사들은 어떻게 선발하나요?

박금수 무예청은 조선 후기에 가장 강력한 무사 집단이었는데요. 훈련도감 병사들 중에서 기량이 가장 뛰어난 자를 왕이 직접 골라 선발하는 것이 무예청의 무예별감입니다. 훈련도감의 운영 기록인 『훈국총요(訓局摠要)』를 보면 이들을 십팔기(十八技)로 훈련시킨다고 되어 있습니다. 그 열여덟 가지 무예 중에서도 무예청에서 특히 중시했던 무예가 바로 월도였습니다.

그날 월도면 관운장이 사용했던 무기 아닌가요?

박금수 네, 그런 것으로 유명하죠. 날의 모양이 초승달과 같은 칼을 월도라고 부릅니다. 여기에 청룡 장식이 들어가면 관우가 썼던 청룡언월도가 됩니다. 관우는 80근짜리 월도를 휘둘렀다고 하는데 아마 과장이 많이 섞이지 않았나 싶습니다. 실제로 조선군이 썼던 월도는 세 근 정도였다고 합니다.

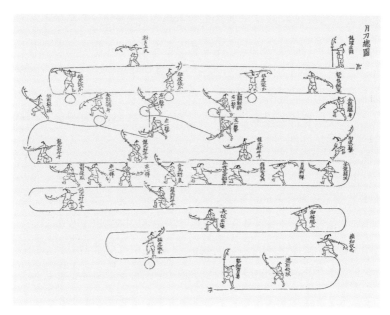

『무예도보통지(武藝圖譜通志)』, 「월도총도(月刀總圖)」

그날　그럼 월도를 직접 보는 기회를 가져 볼까요?

박금수　월도는 기본적으로 칼이고요, 그중에서도 손잡이가 긴 대도에
　　　　속합니다. 월도는 손이나 팔목 힘으로 쓰는 게 아니라 몸통 전체
　　　　의 힘으로 휘두르는 무기죠. 이것으로는 우선 찌르거나 벨 수 있
　　　　고요. 날의 뒷부분을 이용해서 적의 병장기를 걸어 젖힌 뒤 찌르
　　　　거나 거꾸로 잡고 찌르는 등 다양한 방식으로 사용할 수 있습니
　　　　다. 특히 월도를 잡고 돌리는 신월상천(新月上天)이라는 기술을
　　　　쓰면 그 모습이 꼭 달이 떠오르는 것 같아서, 월도가 왜 월도인
　　　　지 실감할 수 있습니다.

그날　실제로 누가 저런 무기를 휘두르면서 덤비면 무섭겠어요. 어쨌
　　　　든 무예별감의 임무는 끝까지 왕을 지키는 거잖아요. 실제로 반
　　　　정군과 싸움이 있었나요?

박금수 광해군에게 배정된 무예별감은 한 명 정도였던 것 같습니다. 역
사적으로 임오군란 때 명성왕후를 업고 뛴 사람, 또 아관파천 때
고종을 업고 뛴 사람이 모두 무예별감이었죠. 제아무리 무예별
감이라고 해도 혼자서 1000여 명의 반란군을 상대할 수는 없기
때문에 당시 무예별감은 왕을 도망시키는 데 집중하지 않았나
싶습니다.

## 반정이 끝나고 숙청이 시작되다

그날 광해군이 폐위되고 인조 정권이 가장 먼저 한 일이 뭐였어요?

신병주 대규모 숙청 작업이죠. 북인 정권의 핵심이었던 이이첨, 한창남
등이 대부분 저잣거리에서 처형을 당합니다. 김개시도 바로 처
형당했고요. 또 북인 정권의 상징적인 인물이 정인홍이잖아요.
대북의 영수이자 광해군의 남자로서 광해군 대 정치 실세였는
데, 당시 정인홍 이분이 89세였어요. 그냥 두셔도 2~3년 뒤에는
돌아가실 텐데 이 사람까지 처형해요. 북인 정권과 확실히 단절
하겠다는 강한 의지를 보여 준 거죠. 또 인목대비를 내세워서 반
정 교서를 반포하고 광해군을 폐위시킴으로써 성리학적인 강상
윤리와 명분의 회복을 천명했고, 외교 정책에서도 철저하게 친
명배금을 강조하죠.

임윤선 숙청 과정만 봐도 그들이 스스로 내세웠던 명분과 배치되는 지
점이 많은 것 같아요. 사람도 많이 죽이고, 심지어는 89세 노인
까지 죽이잖아요.

그날 이로써 북인 세력이 한꺼번에 몰락했네요. 이제 집권당에 반대
되는 의견을 개진할 토대 자체가 없어져 버린 거예요.

최태성 전쟁은 사실 큰 변화를 맞이할 수 있는 기회이기도 하거든요. 그
런데 인조반정을 통해 그 변화의 가능성이 원천 봉쇄됐어요. 같

은 맥락에서 조선 후기에 등장하는 유명한 말이 사문난적[6]이잖아요. 나와 생각이 다른 자는 무조건 적이 되는, 그런 무서운 사회로 진입하는 출발점이 바로 인조반정이 아니었을까, 그런 생각도 들더라고요.

## 광해군을 죽이지 않은 이유

임윤선  피의 숙청이 이어졌는데, 왜 광해군은 죽이지 않은 거예요?

계승범  야사에 이런 기록이 있어요. 원래는 광해군을 죽이려고 했는데, 인조의 비인 인열왕후가 말렸답니다. 당신도 어떻게 될지 모르니 만일을 대비해서 살려 두라고요.

신병주  결국 강화도에 유배를 가는데, 광해군의 아들인 세자가 땅굴을 파고 탈출하던 중에 체포되어서 결국 자결을 해요. 세자빈도 바로 따라 죽습니다. 그 상황을 지켜보던 광해군의 부인, 세자의 어머니죠. 이분도 얼마 후에 충격으로 돌아가십니다. 가족들이 다 죽고 강화도에 혼자 남겨진 상황인데도 광해군은 꿋꿋이 버텨요. 결국 제주도에 유배되었다가 1641년 67세의 나이로 생을 마감합니다. 그런 걸 보면 광해군은 심리적으로 굉장히 강한 사람 같아요. 광해군의 재위 기간이 15년이었는데 유배 생활은 무려 18년이나 했거든요. 3년이나 더 긴 거죠.

임윤선  정말 대단한 사람이에요. 광해군이 계속 왕으로 남아 있었으면 어땠을까 하는 생각을 하게 돼요. 보통 사람 같으면 화병 때문에라도 죽었을 것 같은데 그 모멸을 다 견디잖아요. 심지어 제주도로 유배됐을 때는 노복늘이 '영감' 하면서 안방까지 차지했다면서요.

그날  너무 모욕적인 일이에요.

임윤선  '그래도 내가 왕이었는데, 감히 나한테!' 그런데도 18년이나 꿋

꿋이 버틴 거 보면 '이분은 삶이나 실리가 가장 중요하다는 가치를 가진 의연한 사람이었구나' 하는 생각이 들어요.

**인조반정이 일어나지 않았다면?**

그날 　역사에 가정은 없다고 하지만 그래도 한 번 생각해 볼까요? 인조 반정이 일어나지 않고 광해군 시대가 쭉 이어졌다면 뭐가 달라졌을까요?

임윤선 　적어도 병자호란이나 정묘호란은 안 일어났겠죠.

계승범 　개인적으로는 국정 마비 상태가 지속됐을 가능성이 높다고 생각합니다. 아까 정청 얘기도 했지만 재위 마지막 1년 동안은 행정이 거의 마비 상태에 이르렀죠.

류근 　사대와 의리라는 명분이 조선이라는 사회를 얼마나 허약하게 만들었는가를 생각해 봐야 할 것 같아요. 툭하면 나오는 말이 '주자께서는, 혹은 성현께서는 이렇게 말씀하셨다' 아닙니까. 조선만의 정체성이란 걸 세웠어야 하는데, 그걸 못 하고 결국 청나라에 무릎을 꿇는 수모를 겪게 된 거죠.

최태성 　일단 명나라는 멸망했을 거 아니에요. 그럼 광해군 그늘 밑에서 친청 세력이 성장하지 않았을까 싶어요. 실제로 이로부터 100년 뒤에 북학파가 나와서 청의 문물을 수용하자고 주장하잖아요. 광해군이 계속 집권했다면 아마 그런 세력이 더 일찍 형성되었을 테고, 청의 문물을 빨리 수용하면서 근대 사회로 일찍 진입하지 않았을까? 그랬다면 일제강점기도 없었을 테고 산업화도 더 빨라졌겠죠.

그날 　듣기만 해도 즐거운 상상인데 그래서 더 씁쓸한 것 같네요.

신병주 　광해군은 국방이나 외교, 과학 이런 데는 상당히 뛰어난 왕이었어요. 실제로『화기도감의궤』를 제작한 바 있고, 과학 기구를 만드는 데 힘을 쏟았을 뿐 아니라 천문 기구를 보관하는 건물도 세워요. 광해군의 외교적 감각이야 익히 알려진 사실이고요. 인조반정으로 광해군 대의 긍정적인 부분마저 부정된 건 좀 아쉽다는 생각이 들어요.

그날 　역사는 묘하게 반복되잖아요. 적어도 실패한 역사가 반복되지 않도록 과거에서 지혜를 구해야겠다는 생각이 드네요.

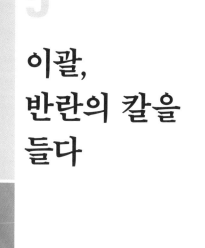

5

# 이괄,
# 반란의 칼을
# 들다

인조반정 당일 임시 대장에 추대될 만큼 핵심적인 역할을 했던 이괄은 김류, 이귀, 김자점 등 반정의 주모자들이 모두 일등 공신에 책봉되어 판서 자리에 앉았음에도 이등 공신에 머물러야 했다. 무신인 데다 왕실에 별다른 인맥이 없었기 때문이다. 1623년 5월 이괄은 부원수 겸 평안병사로 임명되어 북방을 경비하는 임무를 맡았다. 갑자기 흥기한 후금이 세를 키우는 상황에서 인조는 가장 신뢰하는 장수에게 후금과의 접경인 평안도 방어를 맡겨야 했다. 하지만 공신 책봉에 불만을 갖고 있던 이괄로서는 좌천이라고 느낄 수도 있는 조처였다.

1624년 인조는 이괄과 그의 아들 이전을 비롯하여 한명련, 기자헌 등이 변란을 준비하고 있다는 보고를 받았다. 추국청이 소집되어 고변을 당한 기자헌 등에 대한 문초가 이루어졌지만 단서는 없었다. 그러나 이귀 등은 이괄을 잡아들일 것을 건의하였다. '이괄의 반역 음모는 확실하지 않지만 아들 이전이 반역을 꾀하고 있는 만큼 이괄 또한 충분히 반역에 참여할 수 있다'는 것이 주된 이유였다. 결국 인조는 이전과 기자헌 등을 서울로 압송하라는 지시를 내렸다.

권력에서 소외된 것도 모자라 아들의 압송 명령까지 들은 이괄은 격하게 분노했고 1624년 1월 21일, 마침내 휘하 군관들을 소집했다. 평안도 토병과 진라도에서 올라온 부방군 1만 2000명, 항왜 130여 명이 그들이었다. 칼을 잘 쓰는 항왜가 반란군의 선봉이 되었다. 1월 22일 본거지인 평안도 영변을 출발한 이괄의 군대는 빠른 기동력을 발판으로 황주와 임진강 부근에서 관군을 격파했다. 도원수 장만이 '적이 교활하게도 샛길로 출몰하여 위치를 종잡을 수 없다'는 첩보까지 올렸을 만큼 이괄 부대는 기동력과 전투력이 뛰어났다. 그리고 2월 9일 이괄의 반란군은 마침내 한양에 입성하였다. 지방에서 반란을 일으킨 군대가 한양을 점령한 것은 유례없는 일이었다. 인조가 공주로 피란한 덕에 손쉽게 도성을 점령한 반란군은 선조의 열 번째 아들인 흥안군을 왕으로 추대하고 곳곳에 방을 붙여 민심을 수습했다. 수많은 백성이 이괄의 군대를 환영했다.

반란군을 뒤쫓던 관군은 인조의 피란과 반란군의 한양 점령 소식을 듣고 승부수를 던지지 않을 수 없었다. 도원수 장만을 중심으로 한 지휘관들은 기나긴 회의 끝에 도성이 내려다보이는 안현(安峴)을 기습 점령하고 병력을 전후좌우로 배치하여 결전을 준비하였다. 관군이 안현에 주둔하고 있다는 소식을 들은 이괄 역시 군대를 정비하여 대결에 나섰다. 하지만 계속된 승리로 과한 자신감을 얻은 반란군은 경계를 소홀히 하였고 수시간에 걸친 치열한 전투 끝에 관군에 패배하고 말았다. 이후 발생한 내분으로 이괄의 부하들은 이괄을 비롯한 반란군 주동자들의 머리를 베어 투항했다. 승전을 거듭하며 한양을 점령하고 왕까지 피란시킨 초반의 위세에 비하면 너무나 초라한 결말이었다. 이로써 20여 일에 걸쳐 진행되었던 이괄의 난은 종결되었으나 그 후에도 인조 정권의 정치적 불안은 계속되었다.

## 이괄, 반란의 칼을 들다

나는 평안도 부원수 이괄.

인조반정의 그날,
반정군을 지휘했으나 얼마 지나지 않아 이곳,
북풍이 몰아치는 변방으로 떠나와야만 했다.

한때 동지였던 이들이 거사에 큰 공을 세운 나를
일등이 아닌 이등 공신에 책봉했다는 소식이 들려왔다.
분노를 억누르고 군사를 훈련시키는 데 집중했다.

그러나 결국 그들은 내 목숨까지 위협해 왔다.
나와 내 아들이 역모를 꾀하고 있다는
고변이 올라왔다는 것이다.

한양에서 아들을 압송하기 위해
금부도사와 선전관이 오고 있다.

나는 다시 칼을 들기로 한다.
우리는 한양을 점령할 것이다.

최원정 오늘은 인조반정 직후 일어난 가장 큰 반란, 이괄의 난에 대해 얘기해 볼까 하는데요. 이괄의 난이 조선 역사에 굉장히 큰 영향을 미쳤다고 알고 있는데 정작 사건의 주동자인 이괄에 대해서는 다들 잘 모르는 것 같아요. 좀 생소하잖아요.

신병주 이괄은 인조반정의 그날 매우 중요한 역할을 했던 인물이에요. 당시 반정군 대장으로 추대됐던 인물이 김류인데, 반정 계획이 이미 광해군에게 알려진 상황이었기 때문에 김류가 눈치를 좀 봤어요. 그래서 합류하기로 한 장소에 늦게 나타납니다. 그때 당황한 반정군이 이괄을 임시 대장으로 추대한 거죠. 이괄이 잠시간 대장을 맡았는데, 얼마 안 가 김류가 와요. 그래서 다시 대장 자리가 김류에게 넘어갑니다. 이괄 입장에서는 좀 아쉬워진 거죠.

그날 정말 김샜겠네요.

이근호 어쨌든 이괄이 처음부터 반정 계획에 참여한 것은 아니었지만 반정 당일 굉장히 중요한 역할을 했어요.

류근 그러게요. 거사 당일 우왕좌왕 혼란에 빠진 오합지졸들을 일거에 정비하지 않았습니까. 놀라운 능력이죠. 그래서 반정 직후 '이괄이야말로 병조판서 감이다' 하는 평가가 뒤따랐다고 합니다.

그날 윤성은 평론가께서는 이괄이라는 인물에 대해 어떻게 생각하시나요?

윤성은 저는 이괄의 인생이 굉장히 드라마틱하기 때문에 이괄을 주인공으로 영화를 한 편 찍어 보면 어떨까 생각했어요.

그날 이괄을 주인공으로 한 영화가 여태 없었나요?

윤성은 인조반정까지는 있었지만 이괄 한 사람을 주인공으로 한 작품은 없었던 것 같아요. 요즘은 드라마 「정도전」처럼 역사의 주변 인물을 주인공으로 이야기를 전개하는 게 추세잖아요.

그날 이렇게 재미있는 소재가 아직 영상으로 만들어지지 않았다는 게

## 이괄 생활 기록부

| 이름 | 이괄(李适) | 생몰년 | 1587(추정, 선조 20)~1624(인조 2) |
|---|---|---|---|
| 본관 | 고성(固城) | 태어난 곳 | 경기도 여주군 여주읍 |
| 가족 관계 | 고조부: 이륙(대사헌) 『청파극담』의 저자로 유명.<br>조부: 이택(예조참판)<br>부친: 이제(현감)<br>형제: 이적, 이섬, 이규, 이수, 이운<br>아들: 이전 | | |
| 주요 관직 | 1599년 선전관<br>1599년 명천현감<br>1606년 형조좌랑<br>1607년 태안군수<br>1607년 경성판관<br>1616년 제주목사<br>1622년 북병사<br>1623년 한성부판윤<br>1623년 부원수 겸 평안병사 | | |
| 성격 | 어린 나이에 범람한 짓을 저지를 때가 있음. | | |

이괄의 생활 기록부

　　　　놀랍네요. 저는 이번 편 공부하면서 너무 재미있었거든요.

신병주　이괄이 반란 일으키고 얼마 못 가 죽기 때문에 영화로 만들어도
　　　　러닝타임 채우기에는 좀 부족할 거예요.


## 이괄의 생활 기록부

최태성　지난 시간에도 인조의 생활 기록부를 살펴봤잖아요. 오늘도 이
　　　　괄의 생활 기록부를 만들어 왔습니다. 다만 실제 학생들 생활 기
　　　　록부는 사생활 보호 차원에서 절대로 공개하지 않는다는 사실,

기억해 주셨으면 좋겠습니다. 내용을 보면 이름은 이괄이고, 본관은 고성입니다. 가족 관계에서 고조할아버지인 이륙이 대사헌까지 올랐고, 할아버지 이택은 예조참판까지 올랐습니다. 이괄 역시 상당한 명문가 출신이었던 거죠.

이근호   문과 출신으로 예조참판까지 올랐던 조부 이택은 무신들도 상대가 안 될 정도로 활을 잘 쏘았다고 합니다. 그런 영향인지 모르겠습니다만 이괄 또한 무과 출신임에도 불구하고 문장에도 뛰어났다는 기록이 있습니다.

최태성   집안 내력인가 보네요. 여러 가지로 좋은 핏줄을 타고난 인물이에요.

그날   명문가 자제에 문무까지 겸비했으니 부러울 게 없는 분이네요.

최태성   맞습니다. 이괄은 본인의 능력도 굉장히 출중해서 무과에 급제한 후 곧바로 요직인 선전관[1]에 배속됩니다. 반란 이전 기록이 많지 않아서 이괄의 젊은 시절이 어땠는지 확인할 수 없지만, 『실록』에 '나이 어린 무관 이괄'이라는 표현이 나옵니다. 아마도 이괄이 어린 나이에 빠르게 출세했다는 뜻이 아닐까 싶어요.

그날   그래도 선비 스타일은 아니셨나 봐요. 저기 생활 기록부에도 나오잖아요. 어린 나이에 범람한 짓을 할 때가 있음. 이름처럼 성격도 괄괄했던 거예요. 실제로 반정 당일에 김류가 늦게 도착해서 지휘권을 넘겨 달라고 하자 불같이 화를 내면서 김류의 목을 베려고까지 했대요. 배신자 아니냐? 뭐 그런 거죠.

이근호   옆에 있던 이귀가 겨우 말렸다고 합니다. 나중에 반정 성공 축하 연에서도 자기보다 상석에 앉은 김류와 이귀를 보고 화가 머리 끝까지 난 이괄이 대놓고 항의했다는 기록이 있어요.

신병주 인조반정 직후 정권 안정이라는 명목으로 반대파에 대한 대대적인 숙청 작업이 이루어집니다. 북인의 영수였던 정인홍을 비롯해서 광해군 때 요직을 차지했던 인물들 대부분이 숙청을 당하거나 유배를 가죠.

그날 반복된 피의 숙청으로 정국을 안정시킨다니 역설적이네요. 그래서 정국이 안정됐습니까?

이근호 그렇지 않습니다. 반정 후에도 계속 역모 사건들이 터지고, 심지어는 인조를 폐하고 광해군을 다시 앉히려는 시도도 있었습니다. 그 와중에 수많은 억울한 죽음이 생기죠. 대표적인 인물이 『어우야담』의 저자로 알려진 유몽인[2]입니다. 이분은 광해군 때 인목대비의 폐위를 반대했던 인물이에요. 그럼에도 불구하고 광해군에 대한 충절을 노래한 시를 지었다는 이유로 처형당합니다. 류근 시인님, 혹시 이 시에 대해 알고 계시나요?

류근 워낙 유명한 시여서 외우지는 못해도 알고는 있습니다. 「상부사(孀婦詞)」라는 시인데 제가 한 번 읽어 보겠습니다. "나이 일흔 가까운 늙은 홀어미, 안방 지키며 홀로 산다네. 여사(女史)의 시 구절도 늘 읽었고, 임사(姙姒)의 가르침도 자못 알고 있다네. 이웃 사람들 시집가라 권하며 사나이 얼굴이 꽃 같다 하는구나. 백발에 청춘같이 꾸미라니 연지와 분이 어찌 부끄럽지 않으리오." 결국 새로운 임에게 잘 보이려고 화장하지 않겠다. 민낯으로 정절을 지키겠다. 그런 뜻이죠.

신병주 연지와 분을 바르는 것은 인조 정권에 참여하겠다는 의미이고, 꾸미지 않겠다는 것은 광해군에 대한 충절을 지키겠다는 의미죠.

최태성 참으로 아까운 인재들이 반정을 계기로 죽어 나갔어요. 다른 한편으로는 반정 세력을 등에 업고 횡포를 부리는 무리도 있었고요. 그러니 민심이 흉흉할 수밖에 없죠.

이근호 　반정 공신들은 대개 상당한 규모의 사병을 거느리고 있었습니다. 그런데 거사가 성공한 뒤에도 정국이 불안하고 민심이 혼란스럽다는 이유로 사병을 혁파하지 않습니다. 이 사병들이 끼치는 폐해가 만만치 않았죠. 길거리에서 다른 사람 소유의 말을 약탈하거나 하는 일들이 비일비재했습니다.[†]

그날 　무법천지네요. 반정 이후에는 민심 수습이 가장 시급한데, 일이 잘못되도 한참 잘못되고 있어요. 인조반정 이후 반정 세력은 자기 권력 지키는 데 혈안이 돼서 기찰 정치를 시작했다는데요. 이괄 역시 인조 대 기찰 정치의 핵심 인물이었다고 합니다.

---

[†] 병조가 아뢰기를, "각 아문의 군관과 장교 중 사나운 무리가 지나는 길에서 조금도 거리낌 없이 공사(公私)의 말을 겁탈하므로, 인심이 소요하고 원망이 길에 찼습니다. 옛사람은 민가의 삿갓 하나를 가져다가 관가의 갑옷을 덮었다 하여 오히려 효시(梟示)하였는데 더구나 남의 마소를 빼앗은 자이겠습니까. 이후로 여전히 겁탈하는 자는 일체 군율로 논하여 군문에 효시하소서" 하니, 따랐다.
— 『인조실록』 2년(1624) 2월 12일

## 인조의 기찰 정치

인조반정 성공 후,
광해군 세력에 대한 대대적인 숙청으로
정국이 굉장히 뒤숭숭했다.

한 달에 한 번꼴로
역모가 일어났다는 고변이 올라왔다.

인조 정권은 역모 세력을 색출하기 위해 기찰을 강화한다.
의심 가는 인물들을 은밀하게 따로 감시했던 것.

당시 좌포도대장이었던 이괄은
인조가 가장 신뢰하는 장수로
기찰을 담당하는 핵심 인물이었다.

하지만 반정 공신들의 권력 싸움에서 밀려난 이괄,
결국 이괄 또한 기찰의 대상이 되고 만다.

## 인조 정권의 기찰 정치

그날 　기찰 정치라, 요즘으로 치면 사찰하고 비슷한 개념인가요?

신병주 　네, 그렇습니다. 반정 성공 이후 반정 주도 세력들은 계속 불안에 시달렸어요. 누군가 또 역모를 꾀할 수도 있으니까요. 그래서 의심 가는 인물들의 리스트를 만들어 놓고 주변인들을 계속 감시해요. 뿐만 아니라 함정도 팝니다. 의심스러운 사람들에게 접근해서 '나 세상에 불만이 많은데……' 혹은 '역모를 꾀할 생각이네' 이런 이야기를 흘리는 거예요. 그럴 때 여기 동조해서 '어, 그래? 그럼 우리 같이 하자' 이러면 걸려드는 거죠.

류근 　기찰이라는 게 공작 정치 더하기 함정수사 같은 건데, 그런 식이라면 부작용이 따르지 않았을까요? 말 그대로 음모와 불신의 겨울 공화국 같은 거 아닙니까?

그날 　오! 멋진 표현이네요. 겨울 공화국이라니.

류근 　사실 겨울 공화국은 양성우 시인의 시집 제목이에요. 유신 시절에 금서였던…….

최태성 　나라 분위기는 뒤숭숭하고, 기찰을 통한 인생 역전을 바라는 사람들이 많아지면서 사회에 불신이 팽배해집니다. 모두가 서로를 의심하는 각박한 세상이 되죠. 이게 점점 심해지다 보니 기찰 정치를 그만둬야 한다는 상소가 올라옵니다.[†] 그때 상소를 받아 본 인조는 어떤 반응을 보였을까요?

류근 　쿠데타를 일으킨 사람이 가장 두려워하는 게 뭐겠습니까? 또 다른 쿠데타 아니겠어요. 아무리 부작용이 커도 그렇게 할 수밖에 없었을 거예요. 그만큼 취약한 정권이었던 거죠. 나중 이야기지만 인조 대에 가장 큰 반란을 일으킨 이괄이 기찰 담당자였다는 게 얼마나 웃겨요.

신병주 　이괄은 인조반정 두 달 뒤인 1623년 5월에 좌포도대장으로 임명되어 기찰 정치의 핵심이 됩니다. 기록을 보면 이괄은 기찰 대상자의 노모를 폭행하거나 집을 때려 부술 정도로 철저하게 임무를 수행했던 것 같습니다.‡ 그러다가 중앙 정권에서 밀려나 평안도 부원수로 가게 되고, 거기서 이등 공신으로 책봉됐다는 소식을 듣죠. 그러고는 바로 이괄에게 감시가 들어옵니다. 순식간에 기찰의 주체에서 대상으로 바뀐 거예요.

> † 사경 임숙영이 아뢰기를, "요사이 대장이 기찰하는 일로 해서 민심이 동요되는 폐단이 있다고 합니다" 하니, 상이 이르기를, "이 일은 조정에서 한 것이 아니다" 하였다.
> ─『인조실록』 1년(1623) 9월 5일

> ‡ 좌포도대장 이괄이 기찰한다는 명목으로 군관을 사사로이 파견하여 군인을 다수 이끌고 가서 밤에 전 부사 박진장의 집에 난입, 박진장을 끌고 나오게 하였는데, 노모를 때리고 모욕을 가하는가 하면 집을 부수고 재물을 탈취하였으며, 또 이웃에 사는 관상감 판관 정승주를 포도청에 결박해 데려왔다.
> ─『인조실록』 1년(1623) 5월 27일

## 반정 직후 인조가 이괄을 평안도로 보낸 이유

그날  이괄은 반정 성공 두 달 만에 평안도로 발령되었어요. 반정 세력 내부의 권력 다툼에서 밀려났다고 봐야 하나요?

윤성은  그러게요. 반정 당일 지휘권을 빼앗긴 후로 계속 따돌림받는 느낌이 들어요.

최태성  국가 안보 차원에서 보면 얘기가 좀 달라집니다. 당시 후금이 세를 키우면서 조선에 큰 위협으로 다가왔어요. 후금과 국경을 맞댄 최전방이 바로 평안도잖아요. 인조 입장에서는 가장 신뢰할 수 있는 장수를 보낼 수밖에 없고, 그 장수가 바로 이괄이었던 겁니다. 그런 면에서 이괄의 평안도 발령은 그에 대한 인조의 신뢰를 보여 주는 조치라고 볼 수도 있죠.

1607년 경성판관
1622년 북병사
1599년 명천현감

1623년 부원수 겸 평안병사

1599년 선전관
1606년 형조좌랑
1623년 한성부 판윤

1607년 태안군수

1616년 제주목사

이괄의 주요 경력

신병주  반정이 있기 전 이괄의 경력을 보면 이괄은 형조좌랑 같은 중앙
요직을 거치기도 했지만, 주로 변방의 수령직을 맡았어요. 함경
도 경성판관부터 제주목사까지, 변방이라면 어디든 가는 전문가
였죠.

그날  인조 입장에서는 믿어서 보낸 건데, 본인은 그걸 유배로 받아들
였다는 게 문제죠.

이근호  어쨌든 이괄은 반정에 참여해서 공을 세웠잖아요. 그런 자신을
평안도로 보냈다는 데 서운함을 느낀 거죠.

윤성은  그렇죠. 아무래도 왕 가까이에 있어야 요직을 꿰찰 수 있을 테니
까요.

인조반정 직후 통아시아 국제 정세

이근호 이괄이 평안도로 떠나는 날, 인조가 직접 모화관³까지 나가서 배
웅을 했어요. 칼도 내려 주고 손수 수레도 밀어 주고 그랬죠. 그
런데도 본인은 그게 못마땅했던 것 같아요. 당시에 옆에 있던 신
경진⁴이 '다음에는 내가 갈 테니 너무 상심하지 마라.' 이렇게 위
로했다고 하는데, 그게 위로가 됐겠습니까.

그날 이괄이 평안도까지 가야 했던 이유가 후금 때문이라고 하셨는
데, 당시 중국의 상황이 어떻게 변하고 있었나요?

신병주 후금의 누르하치가 세운 첫 번째 도읍지가 혁도아랍이에요. 후
금이 협도아랍을 기반으로 계속 서진합니다. 궁극적인 목표는
명이죠. 만리장성 끝자락에 있는 산해관(山海關)이 북경을 공격
할 때 주요 관문이 되는 곳이거든요. 후금이 이 지역까지 진격해
들어가면서 명과 대치하는 국면이 돼요. 이런 상황은 당연히 조
선에도 큰 영향을 미치죠.

최태성 후금이 굉장히 빠른 속도로 서진하는데요. 후금의 군대가 바로
팔기군입니다. 누르하치가 직접 팔기군을 지휘하면서 대륙을 휘

젓고 다니는 거예요. 그리고 마지막으로 명을 치러 가려는데 후방이 좀 걱정되는 거죠. 조선이 명과 손을 잡고 후금을 공격할 수도 있잖아요. 때문에 후금은 무슨 수를 써서라도 조선과의 관계를 정리해야겠다고 생각하게 된 겁니다.

그날 　정리하자면 이괄이 평안도 부원수로 발령받은 건 권력 다툼의 결과가 아니라 나라를 지킬 가장 뛰어난 장수로 인정받은 거라는 말이군요.

윤성은 　제가 영화를 많이 봐서 그런지 여기에 분명 꼼수가 있을 거라는 생각이 들어요. 나머지 반정 세력이 이괄을 정권과 분리시키기 위해 일부러 이런 일을 꾸민 게 아닌가 싶단 말이죠. 몸에서 멀어지면 마음에서도 멀어지잖아요.

신병주 　사실 평안도로 발령받아 갈 때도 이괄은 도원수가 아니라 부원수였어요. 도원수는 장만이었거든요. 만약 이괄을 도원수로 임명했으면 어떨지 모르겠어요. 어쨌든 이때도 1등이 아니라 2등이었던 거죠.

그날 　이 양반이 2인자 콤플렉스가 있네요.

이근호 　반정 세력이 이괄을 견제한 것이 표면적으로 드러난 것은 공신 책봉 때입니다. 이괄의 공이 상당히 큰 데도 불구하고 이등 공신으로 책봉하죠. 이괄이 반정 초기부터 참여하지 않았다는 이유를 내세우는데, 그렇다 하더라도 결국 반정 날 임시 대장까지 했던 이괄로서는 인정하기 쉽지 않은 일이죠.

그날 　이괄이 논공행상에서 밀리는 게 무인이기 때문이 아닐까요? 조선에는 무인보다 문인을 더 우대해 주는 사회 분위기가 있었잖아요.

최태성 　일리 있는 추측이지만 꼭 그렇다고 볼 수는 없는 게 인조반정의 일등 공신 열 명 가운데 네 명이 무인이거든요. 그러니 무인이라서 차별받았다고 보기는 어려울 것 같아요. 오히려 일등 공신들의 면면을 살펴보면 이 사람들이 전부 친인척 관계로 묶여 있어요. 특히 무인 가운데 일등 공신에 오른 구굉, 이서, 신경진은 인조의 친인척이었습니다.

**이괄이 난을 일으키게 된 결정적 사건은?**

윤성은   평안도로 밀려났고 이등 공신에 책봉됐어요. 그 후로 이괄이 난을 일으키게 만든 결정적인 한 방이 있었을 것 같은데요.

신병주   네, 그런 상황에서 1624년 1월 17일에 조정에 고변이 들어와요. 이괄과 그의 아들이 군사를 일으켜 반란을 꾀한다는 내용으로요. 이괄 입장에서는 억울했던 게 이때까지 이괄은 구체적인 움직임이 없었어요. 변방에서 병기 보수하고 군사 훈련시켰을 뿐인데, 조정에서 자기를 의심한다니 억울한 거죠.

그날   그래도 인조는 반란 직전까지 이괄을 믿었다면서요.

최태성   그럼요. 수레까지 밀어 줬는데.

그날   조정에서는 고변이 들어온 즉시 이괄부터 끌어내려서 추국해야 한다고 주장합니다. 그런데 인조가 끝까지 반대하니까 그럼 아들이라도 불러서 취조하자 그렇게 된 거죠. 이런 악수가 어디 있어요. 눈앞에서 자기 자식을 끌고 가겠다는데 그걸 참을 아버지가 어디 있겠습니까.

이근호   게다가 이괄에게는 자식이 아들 이전밖에 없었어요. 외아들입니다. 기록에는 이괄이 '내게는 자식이 아들 하나뿐인데, 그 자식이 잡혀가서 죽게 되었다. 잡혀가서 죽으나 반역해서 죽으나 마찬가지다'† 이렇게 얘기하고 반란을 일으켰다고 돼 있어요.

윤성은   상황이 이괄을 반란으로 몰아가는 것 같아요.

신병주   그렇죠. 그와 관련해서 『연려실기술』에 주목할 만한 표현이 나와요. 여기서는 이괄의 난 대신 이괄의 변이라고 하거든요.

그날 난과 변, 뭐가 다르죠?

신병주 주모자가 구체적인 계획과 목적을 가지고 군사를 일으키는 게 난이라면, 변은 상대편 공격에 대응하다가 우발적으로 일어난 사건에 가깝죠.

그날 그래도 이괄을 편들어 주기는 어려울 것 같습니다. 어쨌든 자기 식구 살리자고 변방에 있는 군사들을 죄 끌어다가 반란을 일으킨 거잖아요. 중국 대륙이 일촉즉발의 상황인데 국경이 텅 비어 버렸어요.

윤성은 자신의 안위보다 나라를 더 걱정하는 사람이 아무도 없다는 게 정말 안타깝네요.

> † "나에게는 오직 아들 한 명밖에 없는데 그 애가 잡혀가서 장차 죽음을 당할 것이니 어찌 아비가 온전할 수가 있겠는가. 일이 이미 급해졌으니 남아가 죽지 않는다면 몰라도 잡혀 죽으나 반역하다 죽으나 죽기는 일반이니, 어찌 능히 머리를 숙이고 죽음을 받겠는가" 하였다.
> ― 『연려실기술』, 「서정록(西征錄)」

## 이괄군의 핵심 전력, 항왜

그날 이괄의 반란군은 국경을 지키던 군사들이었잖아요. 조선 최고의 정예군이었을 거 같은데, 어땠습니까?

최태성 그렇죠. 막강하죠. 이괄의 부대는 평안도 지역 토착 병사인 토병(土兵)과 부방군으로 이루어져 있었습니다. 부방군은 변경 수비를 목적으로 타 지역에서 차출된 군사예요. 토병하고 부방군을 합쳐서 1만 2000명 정도 됐다고 해요. 또 항왜군이 130명 정도 있었고요. 이 정도 병력이면 관군에 맞서 싸울 수 있겠다는 판단이 들었을 것 같아요. 특히 항왜는 검술이 굉장히 뛰어나서 반란군의 선봉에서 적진을 휘저을 만큼 막강한 병사들이었고요.

류근 　항왜군이요? 항왜라는 게 무슨 뜻이에요? 왜군에 저항하는 사람들이라는 뜻인가요? 아니면 거꾸로 항의하러 온 왜군이라는 뜻인가요?

그날 　전투에 대한 궁금증이 생기면 이분께 여쭤 봐야죠. 박금수 박사님께서 항왜에 대해 친절하게 알려 주신다고 합니다.

박금수 　예, 안녕하세요. 저를 부르신 걸 보니 또 싸움이 벌어졌군요.

그날 　항왜에 대해서 설명해 주세요.

박금수 　항왜는 항복한 왜군을 말합니다. 임진왜란 때 전쟁이 길어지면서 탈영하는 항왜군이 많이 생겼습니다. 특히 당시는 일본의 통일 전쟁이 끝난 지 오래되지 않은 시기였기 때문에 일본군 중에 도요토미 히데요시와 원한 관계에 있는 군사들이 많았습니다. 그래서 일부러 투항한 경우도 꽤 있었죠.

윤성은 　영화 「명량」에서 오타니 료헤이 씨가 맡았던 준사 역할이 항왜였던 거죠?

박금수 　네, 그렇습니다. 『난중일기』에 항왜에 대한 기록이 많이 나오는데요. 정보전을 중시했던 이순신 장군은 일본어에 능통한 항왜를 많이 활용했습니다.

그날 　결국 항왜란 조선군에 정식으로 편입되어서 싸웠던 일본군이라는 말인데, 벼슬을 받은 항왜도 있었나요?

박금수 　예, 물론입니다. 전쟁에서 일정한 역할을 수행하기 위해서는 직급이 필요하겠죠. 특히 특별한 기술을 갖고 있으면 크게 우대를 받았습니다. 실제로 항왜 가운데 사야가라는 인물은 조총 제조에 뛰어난 기술을 갖고 있었어요. 사야가가 전국시대에 활약했던 일본 조총 부대 출신이라는 얘기도 있고요. 어쨌든 조선에 충성을 다했던 사야가는 선조로부터 김해 김씨 본관과 함께 충성스럽고 착하다는 뜻에서 충선이라는 이름까지 하사받았습니다.

종2품 자헌대부까지 올랐고요. 실제로 사야가는 정유재란과 병
자호란에서도 맹활약했고, 이괄의 난에서도 여러 가지 군공을
세웠다고 합니다.

그날 　결국 이괄의 항왜 대 관군의 항왜의 싸움이군요. 일본인들이 조
선 땅에서 용병처럼 싸우고 있는 거예요.

박금수 　특히 항왜는 조총뿐 아니라 검술에도 굉장히 능했습니다. 명에
서는 병사들에게 왜적의 검술을 익히게 하여 그것으로 왜적에
대항한 경우도 있었습니다. 임진왜란 때 조선이 명으로부터 이
검술을 받아들였고요.

그날 　검술 이야기하니까 지난 시간에 살펴봤던 월도 생각나지 않으세
요? 박사님 뒤에 뭔가 있는 것 같은데요.

박금수 　몸으로 가리고 있었는데 벌써 눈치 채셨군요. 오늘 제가 갖고 온
무기는 쌍수도라는 칼입니다.

윤성은 　길이가 정말 긴데 저걸 직접 차고 다닐 수가 있나요?

박금수 　아마 그러지는 못했을 거예요. 쌍수도의 길이가 손잡이를 포함

해서 6척 5촌, 그러니까 140센티미터 가까이 되거든요. 당시 성인 남성의 키가 그보다 조금 큰 정도였기 때문에 허리에 차는 대신 등에 메고 다녔을 것으로 판단됩니다.

**그날** 조선 칼과 비교해 본다면 어떤가요?

**박금수** 조선에서는 비교적 짧은 칼인 환도를 썼습니다. 환도는 한 손으로 들고 크게 휘두르거나 다양한 각도에서 찌르게 되어 있죠. 반면 일본의 영향을 받은 쌍수도는 길이가 굉장히 길어서 몸 뒤에 칼을 숨기고 있다가 적이 빈틈을 보이면 안전거리를 확보한 뒤 갑자기 베어 올리는 검법을 썼습니다. 쌍수도는 양쪽에 날이 있는 검이 아니라 한쪽에만 날이 있는 도이기 때문에 날이 없는 쪽을 손으로 받치고 체중을 실어서 상대방을 동강낼 수도 있고, 작은 동작으로 정밀하게 방어할 수도 있는 우수한 무기입니다.

**그날** 지금 들고 계신 게 진검은 아니죠?

**박금수** 네, 시범용 모형입니다. 걱정하지 마십시오. 제가 사회에 불만이 있어서 난을 일으키거나 할 일은 없을 겁니다.

**그날** 박사님이 난을 일으키면 박금수의 난인가요?

**박금수** 금수의 난이라고 하면 역사에 길이 남을 것 같습니다.

**그날** 오늘 말씀 잘 들었습니다. 항왜라는 단어가 좀 낯설었는데 덕분에 잘 알게 되었어요.

## 이괄의 난은 어떻게 전개됐나

**그날** 항왜까지 투입됐으니 전력이 굉장히 막강했겠네요. 이괄은 반란군을 어떻게 이끌었나요?

**신병주** 우선 아들 이전을 압송하기 위해 내려온 선전관과 금부도사를 죽이고 그 시신을 불태웁니다. 그러고는 자기가 이끌던 병력을 규합해서 1월 22일에 평안도 영변에서 거병을 하죠. 『인조실록』

**이괄군의 이동 경로**

에는 이괄의 거사가 1월 24일에 있었다고 기록돼 있습니다.

이근호 영변에서 출발한 이괄의 반란군은 자산, 강동, 황주, 개성 등을 거쳐 한성까지 내려옵니다. 그런데 평안도의 요충지인 평양은 거치지 않습니다. 바로 이곳에 도원수 장만[5]이 머물고 있었기 때문이죠. 이괄 군을 놓친 장만이 후에 '적들이 굉장히 교활하다. 추적할 수 없도록 샛길로 진격하고 있다' 이렇게 보고를 합니다. 관군이 제대로 싸워 보지도 못하고 반란군을 뒤쫓아 가는 형세가 되죠.

윤성은 1월 22일에 출발해서 2월 9일에 도착했으니 18일 만에 내려 온 거네요. 엄청난 속도예요.

최태성 그 기세가 엄청났어요. 조선 역사상 반란군이 도성을 점령한 건 이때가 처음이거든요. 이괄의 난이 가진 전무후무한 기록이죠.

그날 이해가 잘 안 되는 게 인조반정도 말이 반정이지 사실 군사 쿠데타잖아요. 조선이라는 나라가 어쩌면 이렇게 허무하게 무너질 수 있을까요?

최태성    역사에서는 중요한 지점을 정확하게 치고 들어가는 게 중요한
경우가 많더라고요.

그날    하긴 이괄도 반정의 주역으로서 경험이 있으니까 이렇게 할 수
있는 거예요.

류근    이 지경이 되도록 인조는 뭘 하고 있었어요?

이근호    반란 소식이 전해지자 조정에서는 반란군 진압은 뒷전이고 반란
관련자들을 색출하는 데 주력합니다. 내부 공모자가 될 만한 사
람들을 찾는데, 이괄의 친인척이나 지인들이 주 대상이죠. 이들
은 즉결심판의 형태로 제거됩니다. 『인조실록』에서는 이때 끌려
간 사람이 서른여덟 명이라고 하는데 『연려실기술』에는 마흔아
홉 명이라고 기록되어 있습니다.

그날    반란이 일어났는데 가장 먼저 한 일이 의심 가는 사람들 제거하
는 거라니 뭔가 수상한데요. 이괄의 난을 빌미로 그때까지 처리
하지 못했던 반대파를 몰아낸 게 아닐까요?

신병주    맞아요. 조정에서는 남은 북인들을 제거하는 데 이괄의 난을 활
용했습니다. 이괄의 난을 계기로 정권을 안정시키려 했던 거죠.


**최태성의 붕당사 3분 정리**

윤성은    그러니까 광해군이 북인이고 또 인조 정권이 서인인 거죠. 제가
고등학교 졸업한 지 너무 오래 되어서 기억이 가물가물합니다.

그날    그건 저희도 계속 헷갈려요. 요즘 학생들도 이 부분을 한국사의
무덤이라고 하다잖아요. 다행히 오늘 최태성 선생님께서 조선
시대 붕당사를 정리해 주신다고 합니다.

최태성    네, 붕당사 어렵지 않습니다. 15세기 조선 건국 세력과 맥을 같
이 하는 이들이 바로 훈구예요. 세조가 단종을 몰아내고 왕위를
찬탈한 계유정난과 연결하면 기억이 나시죠? 이 훈구가 16세기

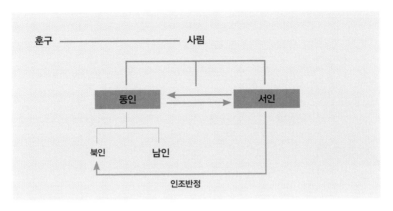

조선의 붕당 계보

에 사림의 탄핵을 받게 됩니다. 그러면서 훈구는 역사에서 소멸하는 것이고요. 사림이 권력을 장악했는데 문제가 하나 발생했어요. 사림은 훈구에 비해서 덩치가 커요. 인원이 많죠. 그런데 관직 수는 제한되어 있잖아요. 그 한정된 자리를 차지하기 위해서 다툼이 벌어집니다. 구체적으로 '삼사 관원의 인사권을 쥔 이조전랑 자리를 누가 차지할 것이냐?' 하고 '훈구·척신 세력을 어떻게 처리할 것이냐?', 이 두 가지 문제를 놓고 입장이 나뉩니다. 훈구·척신 세력 축출에 강경한 입장을 보인 것이 동인이고, 온건한 쪽이 서인입니다. 당시 동인의 영수가 김효원이라는 인물이었는데 이 사람이 한양의 동쪽 건천동에 살았어요. 그래서 동인이라는 이름이 붙었죠. 반대로 서인의 영수인 심의겸은 한양 서쪽의 정릉 근처에 살았고요. 이렇게 해서 동인과 서인이 성립됐는데요. 둘 중에 개혁적인 성향이 강했던 동인이 먼저 정권을 장악합니다. 그런데 서인에서 동인으로 입장을 바꾼 정여립이 모반 사건에 휘말리면서 서인에게 권력이 넘어가죠. 그때 서인의 중심에 있었던 인물이 바로 송강 정철입니다. 그런데 정철이 선조에게 광해군을 세자로 책봉하라고 주청을 올려요. 이때 선조는 광해군을 탐탁지 않게 여겼잖아요. 그래서 정철의 제안에 기분이 상합니다. 그 불똥이 서인 전체에 튀면서 동인이 다시 권력을 장악하게 되죠. 동인이 정여립 모반 사건 때 서인에게 호되게 당했잖아요. 그래서 '서인을 어떻게 처리할 것이냐' 하는 문제가 쟁점이 되고, 이 때문에 동인이 다시 강경파와 온건파로 나뉘게 됩니다. 강경파가 북인이고, 온건파가 남인입니다. 여기도 마찬가지로 북인을 이끌고 있던 이발, 이산해 등이 한양 북쪽에 살고 있어서 북인이 됐고, 남인을 이끌던 류성룡이 한양 남쪽에 살고 있어서 남인이라고 불리게 된 겁니다. 임진왜란이 터지면서 의병장을 많이 배출했던 북인이 권력을 장악하게 되는데, 임진왜란 끝나고 광해군을 지지하는 북인 그중에서도 대북파가 영창대군을 죽이고 인목대비를 폐위하게 됩니다. 서인과 남인이 폐모살제와 중립 외교를 비판하면서 일으킨 사건이 바로 인조반정이고 이때 북인들이 많이 숙청당하죠. 인조반정은 북인이 역사 속에서 완전히 소멸하는 계기를 제공해요. 결국 남은 세력은 서인과 남인뿐이죠. 서인과 남인이 이후 조선의 붕당사를 이끌고 갈 텐데요. 그 모습은 「역사저널 그날」에서 계속 확인하시면 되겠습니다.

**이괄에 난에 대한 백성들의 반응은?**

그날    인조반정을 통해서 서인의 시대가 열렸네요. 그런데 이괄의 난이 터지자 인조는 한양을 버리고 도망을 간단 말이죠. 선조 못지않게 나쁜 군주예요.

신병주    그래도 선조는 한양을 한 번만 버렸는데 인조는 세 번이나 버렸어요. 1624년 이괄의 난 때 공주로 도망을 가고요. 1627년 정묘호란 때는 강화도로 갑니다. 1636년 병자호란 때는 남한산성까지 가죠. 한양 버리기 3관왕이 바로 인조입니다.

이근호 이괄의 난 때 인조가 첫 몽진을 합니다. 반란군들이 한양 근처까지 왔다는 첩보를 접하고 바로 종친들과 주변 신하들을 데리고 남쪽으로 피란을 가는데요. 한겨울에 횃불도 장막도 없이 상당히 초라한 행렬이었다고 합니다.

최태성 선조 때처럼 이때도 굉장히 다급했던 것 같아요. 심지어는 왜관에 있던 왜병에게 구원까지 요청했다고 하거든요. 아니 임진왜란 끝난 지 얼마나 됐다고 왜병을 끌어들이느냐 말예요.

윤성은 당시 민심이 어땠을지 궁금한데요. 백성들에게 인조에 대한 애정이나 충심이 있었을지 의문이에요. 쿠데타로 권력을 잡기도 했고 왕이 된 지 얼마 되지도 않았고요.

신병주 당시 민심이 어땠는지를 보여 주는 일화가 있어요. 피란을 떠난 인조가 배로 한강을 건너려고 하는데 뱃사공들이 전부 숨어 버립니다. 다행히 이경직이라는 신하가 겨우 배 한 척을 끌고 오는데, 이때도 신하들이 왕은 뒷전이고 서로 먼저 타려고 아우성인 거예요. 보다 못한 이경직이 칼을 뽑아 들고 주변 사람들을 물러나게 한 다음 인조를 태웠다고 합니다.

**콩죽으로 벼슬 얻고 떡 해 바쳐 역사에 이름을 남기다**

이근호 우여곡절 끝에 한강을 건넌 인조가 피란을 계속하는데 중간에 양재역에 들러요. 여기서 김이라는 유생이 배고픈 인조에게 콩죽을 쑤어 준 거예요. 거기에 감동한 인조가 나중에 김이를 의금부 도사로 임명했다는 기록이 있습니다.[†]

신병주 어려운 시기에는 작은 투자로 큰 효과를 거둘 수 있죠.

윤성은 콩죽 이야기가 나와서 말인데, 제가 맛있는 인절미를 좀 준비해

역사가 만든 이름, 인절미와 도루묵

왔습니다.

그날 출연자 분께서 먹을 것을 가지고 오신 건 처음인데, 무슨 이유가 있겠죠?

윤성은 그렇죠. 이 인절미가 오늘 얘기하는 주제와 연이 깊은 음식이거 든요. 백성들이 피란 온 인조에게 인절미를 가져다 줬다고 해요. 그때 이 떡을 처음 먹어 본 인조가 너무 맛있어서 '누가 만든 떡 이냐?' 했더니, 답하기를 '이름은 정확히 모르나 임씨가 만든 떡 입니다' 해서 임절미, 임절미 하다가 인절미가 됐다는 거죠.

그날 그거 재밌네요. 일찍이 선조께서는 도루묵을 만드셨잖아요. 다 른 건 몰라도 이렇게 아름다운 음식 이름을 남겨 주신 건 참 감 사한 일이네요.

†유학(幼學) 김이를 의금부 도사로 삼았다. 이는 일찍이 상이 도성을 버리고 피 란할 때 상을 맞이하여 뵙고 콩죽을 올렸으므로 이러한 명이 있었다.
— 『인조실록』 2년(1624) 2월 12일

## 반란군을 환영한 한양 사람들

최태성 이괄의 반란군이 도성에 진입할 당시의 기록을 보면 백성들의 마음을 더 확실하게 알 수 있어요. 당시 "이괄이 선봉대를 앞세우고 입성하자 군청의 서리와 하인들이 의관을 갖추고 나와 영접하였고, 백성들은 길을 닦고 황토를 깔고 맞이하였다"라고 되어 있어요.

그날 레드카펫 깔고 환영한 거네요.

윤성은 인조에게 보였던 것과 사뭇 다른 태도인데, 그럴 만한 특별한 이유가 있었을까요?

이근호 백성들이 특별히 이괄을 지지했다고 보기는 어렵습니다. 광해군에서 인조로, 인조에서 이괄로 도성의 주인이 바뀐 것뿐이지 백성들 삶에는 변화가 없어요. 그러므로 백성들은 일단 세력이 강한 쪽을 지지했던 게 아닌가 싶습니다.

그날 당시 백성들의 마음을 담은 노래가 곡조 없이 가사만 전해진다고 하는데요. 그 내용을 한 번 살펴볼까요? "아! 훈신들이여 잘난 척 하지마라. 그들의 집에 살고 그들의 토지를 차지하고, 그들의 말을 타며 또 다시 그들의 일을 행하니 당신들과 그들이 돌아보건대 무엇이 다른가?" 누가 왕이 되든 백성들 입장에선 똑같다는 거예요.

신병주 당시 인조는 아직 명의 정식 책봉을 받지 못한 상태였어요. 광해군 때도 그랬지만 명에서 조선 왕 길들이기 식으로 일부러 책봉을 늦추거든요. 그런데 백성들 사이에 이런 노래까지 유행했다는 것은 당시 인조 정권이 얼마나 취약했는지를 여실히 보여 줍니다. 어쨌든 이괄은 스스로 왕이 되겠다는 생각은 하지 않았어요. 왕족 가운데 왕이 될 만한 사람을 추대하는데, 그 사람이 바로 흥안군입니다. 흥안군은 선조와 온빈 한씨 사이에서 태어난 아들이에요. 이로써 일시적이지만 조선의 임금이 두 사람이 됐습니다.

최태성 　홍안군은 이괄의 난 때 인조를 따라 피란을 갔어요. 그러다 중간에 돌아와서 이괄 세력에 합류합니다. 아마 이괄로부터 어떤 언질을 받은 것 같아요.

신병주 　인조도 썩 뛰어난 인물은 아니지만 홍안군도 왕재는 아니었어요. 여기저기 눈치나 보는 나약한 인물이었거든요.

최태성 　『연려실기술』에서 이괄의 난 실패의 원인을 여러 가지로 설명하는데, 그중에 하나가 홍안군을 추대한 것이라고 하더라고요.†

신병주 　왕이 될 그릇은 아니었던 거죠.

이근호 　이괄 역시 홍안군에 대한 신망은 크지 않았던 것 같아요. 적당한 인물을 물색하지 못했던 거죠.

----

† 이때에 왕자 홍안군 이제(李瑅)가 임금을 따라 한강을 건너다가 중도에서 도망쳐 이괄에게로 오니 이괄이 속으로는 그 사람됨이 시원치 않다고 여기었으나 당분간 세워서 임금을 삼았다. 경기 방어사 이흥립이 이괄에게 통하여 항복하니 이괄이 대장을 삼아 이제를 호위하게 하였다. 이제가 술과 고기로 군사들을 먹였다. 도성 백성들이 말하기를, "이괄이 추대한 것이 이제이고 보니 사세가 오래 못 가겠구나" 하였다.
── 『연려실기술』, 「일월록」

## 안현 전투

이괄이 한양을 점령하자
관군은 안현에서 마지막 승부수를 띄운다.
반란군과의 일전에 대비해 유리한 고지를 차지한 것.

백성들은 이 모든 상황을 지켜보고 있었다.

어느 한쪽 물러설 수 없는 최후의 싸움이 시작됐다.
위에서 맹공격을 퍼붓는 정부군에게
반란군의 화살과 포탄은 미처 닿지 못했다.

전세가 관군으로 기울어 가는 찰나
바람의 방향까지 바뀌어 반란군은 모래바람을 뒤집어쓴다.

결국 수시간에 걸친 치열한 전투 끝에
반란군은 처참히 패했다.

이괄의 천하는 도성을 차지한 지
3일 만에 허무하게 끝나고 만 것이다.

## 반란의 승패를 결정지은 안현 전투

그날 결전의 장소로 안현을 택한 것이 관군과 반란군의 운명을 갈랐
네요. 안현, 즉 지금의 안산(鞍山)이 인왕산에서 무악재 넘어가
는 곳이죠. 그 뒤가 바로 신촌이고요.

최태성 관군에게는 두 가지 전략이 있었다고 해요. 첫 번째는 곧장 한양
으로 치고 들어가서 싸우자는 것이었고, 두 번째가 반란군의 보
급로를 차단하고 남쪽에서 지원군이 올 때까지 기다리자는 거였
어요. 당시 정충신[6]이라는 사람이 강력하게 첫 번째 안을 주장해
요. 안현을 선점해서 고지전을 벌이면 관군에게 훨씬 유리하고,
또 안현 양쪽에 산이 있어서 백성들이 전투의 과정을 지켜볼 수
있거든요. 정충신은 이 전투에서 승리할 경우 민심까지 잡을 수
있다고 주장했어요. 그래서 첫 번째 안이 채택됩니다.

윤성은 이괄 위에 정충신이 있었네요. 이름도 귀에 쏙쏙 들어오고요.

이근호 실제로 안현에서 전투가 벌어진다는 소문을 들은 백성들이 주변
산으로 올라가 구경을 했답니다. 그 모습이 흰 빨래를 널어 놓은
것 같았다는 기록이 있어요. 어쨌든 양측 모두 백성들에게 승리
하는 모습을 보임으로써 민심을 잡고자 했던 것 같습니다.

그날 굉장히 재미있는 상황이네요. 개인적으로 제가 안산에 자주 가
거든요. 거기 봉수대에서 보면 서울이 한눈에 들어와요. 그만큼
지형적으로 싸우기 유리한 곳이죠. 이해가 안 되는 게 이괄 같은
명장이 도대체 왜 저런 초보적인 전술에 당했을까요?

이근호 반란군이 한양으로 진격하면서 20일 가까이 승승장구했잖아요.
그 과정에서 생긴 자신감 때문에 방심한 측면도 있죠. 반면 관군
은 한양을 반란군에게 넘겨 주었다는 죄책감 때문에 죽도록 싸
웠다고 해요. 어쨌든 한양이 반란군에게 점령당한 것은 처음 있
는 일이었거든요.

신병주 정충신을 중심으로 하는 관군이 지형을 제대로 활용한 거죠. 거기다가 바람까지 도와주는데 이때 마침 서북풍이 불어요. 모래바람이 강하게 불어서 그걸 뒤집어쓴 반란군은 활이나 여러 무기들을 제대로 활용할 수가 없었죠. 반란군 열 명이 관군 한 명을 상대하기에도 버거웠다고 해요.

윤성은 전쟁에서 그런 천재지변이 생기면 이유야 어찌 됐건 하늘이 도와주는 느낌이 들잖아요.

그날 이괄에게 황토를 깔아 줬던 백성들은 안현 전투 후에 바로 관군 쪽으로 돌아서나요?

최태성 네, 그렇습니다. 전세가 관군 쪽으로 기우는 것을 확인한 백성들은 미련 없이 반란군의 퇴로를 막습니다. 돈의문과 서소문을 닫아 버려요. 결국 반란군은 마포, 서강 방면으로 난 숭례문 쪽으로 갈 수 밖에 없었죠. 가다가 급하면 여염집에 숨기도 하고요.


## 이괄의 난, 그 후

그날 피란 갔던 인조가 기세등등하게 돌아왔겠네요?

신병주 인조는 안현 전투의 승리 소식을 듣고도 불안해요. 혹시라도 전황이 바뀔 수도 있다면서 본래의 목적지였던 공주로 계속 길을 갑니다.

윤성은 인조도 정말 답이 없네요. 어쨌든 이괄의 최후가 궁금해요.

이근호 이괄은 남은 병사들을 이끌고 도망을 갑니다. 광희문을 거쳐서 서울을 탈출한 뒤 경기도 광주까지 갑니다. 그런데 반란군 안에서 내분이 생기기 시작하죠. 거기다가 조정에서 포상금까지 건 거예요. '이괄의 목을 베어 오는 자는 부원군으로 봉해 주고 천금을 주겠다.'⁺ 이런 식으로요. 결국 이수백, 기익헌 등이 이괄의 목을 베어 가지고 공주에 있는 인조에게 투항을 하죠.

그날     아, 부하들이 목을 벤 거예요?

류근     한양까지 점령하며 기세를 과시했던 반란군 수괴의 최후 치고는 참 허무하네요. 그만큼 준비 없이 행해진 반란이었다는 방증이 겠죠?

신병주     아까도 이야기했지만 반란이 아니라 변란이라고 해야 맞죠.

최태성     이런 상황에서 인조는 어떤 반응을 보였을지 궁금하지 않나요? 반란이 수습되고 궁으로 돌아가는데 창경궁은 백성들이 불태워 버려서 경덕궁으로 가거든요. 그 다음에 바로 피의 복수가 시작 됩니다. 이괄의 친인척들을 귀양 보내거나 처형하는데, 그게 너무 잔인하게 집행되다 보니 나중에는 신하들이 인조를 말릴 정도였다고 하죠.‡ 인조 성격도 보통이 아니죠.

류근     인조가 본래 굉장히 과묵한 사람이라고 했잖아요. 속에 뭐가 있는지 모르는 분이에요. 무서운 분입니다.

신병주     이괄이 고성 이씨인데, 고성 이씨 가문 전체에 대한 탄압도 컸던 것 같아요. 15~16세기에는 이 집안 출신 문과 급제자들이 상당 히 많았는데, 17세기 이후로 뚝 떨어져서 18~19세기 가면 거의 찾아볼 수가 없어요. 이것도 이괄의 난의 여파를 보여 주죠.

최태성     이괄의 난이 한 집안의 몰락 정도에서 끝났다면 그리 큰 문제는 아니었을 거예요. 하지만 임진왜란 직후에 인조반정 벌어지고 여기에 이괄의 난까지, 인심이 흉흉해질 수밖에 없는 상황이에 요. 게다가 후금이 굉장한 기세로 성장하고 있는데, 서북 변방을 지키던 이괄 군대가 밀고 내려오면서 국경이 텅 비어 버렸잖아 요. 이게 얼마나 큰 후환을 몰고 왔는지 우리는 알잖아요.

류근     차라리 이때 인조가 정신을 차리고 민생과 국방을 정비했다면 오히려 전화위복의 계기가 되지 않았을까요?

이근호     그렇죠. 하지만 이괄의 난 진압 이후 정권 위기가 더 심화됩니다. 그래서 기찰 정치를 더 강화하죠. 결국은 복수가 꼬리를 이으면서 상당히 혼란스러운 상황이 됩니다.

윤성은 기찰이 심화되면 군사력이 약해질 수밖에 없지 않나요? 괜히 오해를 받을 수 있으니 군사 훈련 같은 것도 잘 안 했을 테고요.

이근호 그렇죠. 그런데다가 인조 정권은 반정의 명분을 세우기 위해 친명배금 정책을 강화하면서 한참 성장하는 후금에 적대적인 정책들을 취합니다.

신병주 이괄의 난이 후금을 자극한 측면도 있는데요. 반란 주동자 가운데 한 명이었던 한명련의 아들 한윤이 후금으로 도망을 칩니다. 이 사람이 조선에 인조 정권이 들어선 후로 후금을 배척하는 경향이 강해졌다고 전했고, 이걸로 조선과 후금의 관계가 더 악화되죠. 이후 한윤은 1627년 정묘호란 때 후금의 앞잡이가 되어서 조선에 쳐들어옵니다.

그날 어떡해요. 중요한 정보들이 다 새어 나갔겠네요.

류근 실제로 정묘호란 때도 후금이 너무 쉽게 남하하잖아요. 이괄의 반란군이 샛길을 통해서 한양으로 진격한 것처럼 말이죠. 이때 한윤이 조선의 지리 정보를 상세하게 흘렸을 수 있죠.

윤성은 결국 이괄의 난은 정묘호란과 병자호란의 단초가 된 사건이군요. 아주 중요한 사건으로 기억해야겠어요.

† 역적 이괄의 군중에서 역적을 베어 바치는 자가 있으면 직의 유무와 공천, 사천을 막론하고 1등에 녹공하고, 1품에 제직하겠다.
— 『인조실록』 2년(1624) 1월 24일

‡ "역적 이괄과 한명련의 족속 중 삼촌까지는 그대로 가두어 두고 사촌은 모두 극변에 정배하라" 하자, 영의정 이원익이 "처첩의 친속까지 논죄하는 것은 국법에 어긋나는 것인 듯합니다" 하였다.
— 『인조실록』 2년(1624) 2월 28일

# 6

정묘호란 —
후금, 압록강을
건너다

광해군 정권을 무너뜨린 인조반정은 조선의 외교정책에도 큰 전환점이 되었다. 반정의 주역이었던 서인들은 신흥 강국 후금과 전통의 맹방 명과의 사이에서 중립을 취하고자 했던 광해군의 외교 정책을 신랄하게 비판했다. 이제 친명배금이 외교의 기본으로 떠올랐다. 후금은 광해군 대에 맺어진 우호와 협력이 뒤집히는 현실을 좌시하지 않았다. 그들은 더 이상 예전의 허약한 여진족이 아니었다. 강한 군사력을 갖춘 신흥 강국 후금은 조선의 적대적 외교 노선에 대응하여 조선 침공에 나섰다. 1627년 1월 정묘호란의 시작이었다.

1626년 후금에서는 태조 누르하치가 사망하고 태종 홍타이지가 그 뒤를 이었다. 젊은 시절부터 아버지를 따라 전장을 누볐던 홍타이지는 조선에 대해 강경한 입장을 지니고 있었다. 1627년 1월 홍타이지는 아민에게 조선 침공을 명한다. 기병과 보병으로 구성된 후금의 3만 6000여 병력이 1월 13일 압록강을 넘었다. 선봉에는 강홍립, 박난영 등 조선 출신 장수들과 통역관도 함께했다. 이괄의 난에 참여했다가 후금으로 도망친 한윤도 그 대열에 가담했다. 후금은 출병의 이유로 조선이 명을 도와 후금을 공격했다는 것, 명 장수 모문룡에 대한 지원을 계속한다는 것, 후금의 황제(태조)가 사망했을 때 조문 사절을 보내지 않은 것 등을 들었다.

하루당 110킬로미터 정도의 빠른 속도로 진격한 후금의 군대는 순식간에 의주를 점령하고 청천강을 건너 안주로 내려왔다. 후금군은 '옛 임금(광해군)을 위해 복수하려는 것이다. 우리가 승리하면 10년 간 세금을 면제해 주겠다'며 민심을 흔들었다.

후금의 빠른 진격에 인조 일행은 강화도로 피란을 서둘렀다. 백성들은 크게 동요했지만 임진왜란 때처럼 궁궐과 관아를 불태우지는 않았다. 강화부 관아에 차린 행재소에서 대신들과 대책 회의를 거듭하던 인조에게 마침 후금의 협상 제의가 들어왔다. 명과의 관계를 끊고 후금과 형제 관계를 맺자는 것이 핵심이었다. 격론 끝에 조선은 명과의 관계를 유지하는 대신 후금과 형제 관계를 맺는 데 동의했다. 당시 후금은 명을 정복하는 데 주력하고 있던 터라 조선 측의 도발을 막는 것이 주목적이었고, 형세가 불리했던 조선 역시 크게 자존심 상하는 조처가 아니라고 판단하여 타협한 것이다.

맹약에는 흰말과 검은 소를 잡아 하늘에 맹세하는 의식이 따랐다. 당시 현장에 있었던 정온은 치욕적인 상황을 기록으로 남겼다. 화의가 성립된 후 후금 군대는 철수하였지만 그 과정에서 숱한 약탈이 자행됐다. "산골과 해안 지대에서 아들딸과 재물을 마음대로 쓸어갔습니다. 지금의 화친은 백성을 살리려는 계책에서 나온 것인데 백성들이 어육으로 돌아가는 지경이 되었습니다"라는 기록에서 당시 상황을 추측할 수 있다.

현실적인 힘의 관계를 무시하고 의리와 명분만을 고집한 조선 집권층이 국방력에 대한 철저한 점검 없이 후금에 맞서는 길을 택함으로써 벌어졌던 정묘호란. 형제 관계를 맺는 것으로 전란은 어느 정도 수습되었지만 조선의 백성들은 또 다시 전쟁의 고통으로 신음해야 했다.

## 정묘호란 — 후금, 압록강을 건너다

1627년 1월, 압록강이 얼었다.

얼어붙은 강 위로 모습을 드러낸 건
후금의 병사들이었다.

후금의 장수, 아민을 필두로
3만 6000여 병사들이 조선을 향해 내달렸다.

거침없이 진격하는 후금군의 말발굽 아래
의주성이 하루 만에 무너졌다.

예상치 못한 적의 기습에 조선군은
속절없이 패할 뿐이었다.

임진왜란을 겪은 지 30년도 지나지 않아
조선은 또 다시 전쟁에 휘말리게 되었다.

최원정 1627년 새해 벽두에 후금의 기습 공격을 받은 조선, 정묘호란이 시작됐습니다. 당시 백성들은 임진왜란 7년 전쟁 후에 또 전쟁을 맞게 될 거라곤 상상도 못했을 텐데 다시 전쟁이 터졌어요.

최태성 전쟁이 터졌을 때 인조 정권의 반응이 참 재밌어요. '뭐지? 왜 쳐들어 온 거야? 우리가 뭘 잘못했지?' 이렇게 황당해했대요.

그날 '뭘 잘못했기에'라니 인조 정권에서 할 말은 아니죠. 그들이 친명배금 정책을 편 건 분명하잖아요.

신병주 그렇죠. 반정 후에 인조 정권에서 대외 정책으로 표방한 게 친명배금이에요. 물론 이게 후금을 자극한 건 맞아요. 그런데 정작 인조 정권이 친명은 철저히 하지만 배금을 실천하기 위한 군사행동을 한 적은 없어요. 그럴 만한 능력이 안 됐으니까요. 그런데 후금이 갑자기 처들어오니까 조선 조정에선 황당한 거죠. '쟤들 우리한테 왜 왔지?'

최태성 후금의 통치자가 바뀐 것도 침략의 한 원인이 아닐까 싶어요. 이때 누르하치가 68세의 나이로 죽거든요. 누르하치의 아들이 총 열여섯 명 있는데 그중에 여덟 번째 아들이 황위를 잇습니다. 이 사람이 나중에 청 태종이 되는 홍타이지[1]예요. 홍타이지는 매우 야심찬 인물이고 대외 정책에 있어서는 굉장한 강경론자였습니다. 누르하치가 살아 있을 때에도 줄곧 조선을 쳐야 한다고 주장했던 사람이죠. 그 홍타이지가 정권을 잡았기 때문에 상황이 이렇게까지 왔다고 볼 수도 있죠.

신병주 그렇죠. 그리고 이괄의 난 때 도망쳐 나온 한윤과 정매 등이 '인조 정권은 철저하게 명나라만 섬기고 후금을 배척한다'고 고자질했잖아요. 전쟁의 명분을 만들고 싶어 안달했던 홍타이지에게는 이게 호재가 됐죠. 또 하나 침략의 근거가 된 게 누르하치가 죽었을 때 조선에서 조문단을 보내지 않았다는 거예요.

청 태종 홍타이지

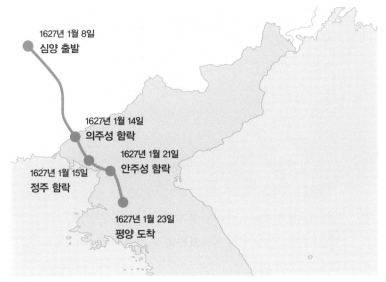

정묘호란의 전개 과정

1627년 1월 8일
심양 출발

1627년 1월 14일
의주성 함락

1627년 1월 21일
안주성 함락

1627년 1월 15일
정주 함락

1627년 1월 23일
평양 도착

그날    사절을 안 보냈어요? 하긴 조선에서는 후금을 오랑캐 나라라고
       생각했으니까 그랬을 법도 하네요.
신병주  그렇죠. 그런 게 쌓이면서 결국 홍타이지가 전쟁을 선포한 거죠.

**후금군의 조선 침공 어떻게 시작됐나**

그날    어쨌든 전쟁이 시작됐어요. 후금은 어떤 식으로 공격을 진행했
       나요?
정명섭  전투가 굉장히 빠르게 전개됐어요. 후금군이 1월 8일에 심양을
       출발해서 13일에 압록강을 건너고, 공격을 시작한 지 하루 만에
       의주를 손에 넣습니다. 다음 날은 정주의 능한산성을 손에 넣고
       요. 그러고는 21일에 안주성 전투가 벌어졌는데 이때 조선군이
       최선을 다해 방어하지만 결국 후금군에게 패배합니다. 후금군이
       평양에 도착한 게 23일이니까 심양에서 평양까지 오는 데 보름

정도밖에 안 걸린 거예요.

신병주  기록에 보면 철기(鐵騎), 즉 무장한 기병이 하루에 8~9식을 달려온다고 적혀 있어요. 여기서 식(息) 자가 숨 쉴 식 자거든요. 대략 30리 정도 되는 거리예요. 30 곱하기 8, 9하면 240에서 270리가 되고, 킬로미터로 환산하면 대략 100~110킬로미터쯤 되는 거죠.

정명섭  조선 입장에선 '쟤들이 축지법을 쓰나?' 이렇게 생각할 수도 있었겠어요.

그날  임진왜란 때 왜군이 부산진성 함락시키고 한성까지 올라온 속도가 하루에 25킬로미터 정도였는데, 이때는 네 배나 더 빠르네요.

신병주  그렇죠. 말을 타고 오니까요.

그날  후금에서는 압록강이 얼기를 기다렸던 모양이에요.

정명섭  네, 강물이 얼어붙으면 별도의 도강 장비 없이도 강을 건널 수 있으니까요. 그래서 이때도 1월에 쳐들어왔고, 나중에 병자호란 때도 12월에 쳐들어오죠.


**파죽지세로 진격하는 후금군, 조선 관군의 대응은?**

그날  백성들은 후금군의 말발굽 소리가 정말 무서웠을 것 같아요. 속도가 정말 무시무시한데 조선군은 대응을 전혀 못 했나요?

방기철  첫 접전은 의주성에서 벌어졌습니다. 낮에 시작된 전투가 밤까지 이어졌는데요. 후금군이 수로를 통해 몰래 의주성에 잠입한 뒤 무기고와 민가에 불을 질렀죠. 성내에 불이 나니까 조선 군사들이 많이 당황했고 성 밖에 있던 후금군은 큰 용기를 얻었던 것 같아요. 그러다가 결국 의주성은 함락되고 말죠.

신병주  의주성 함락에 공을 세운 인물이 이괄의 난 때 후금에 투항했던 한윤이에요. 이 사람이 길잡이가 돼서 내려오는데, 성안으로 들어 올 때 중국옷으로 변복을 하고 사냥꾼을 따라왔다고 해요. 사냥하는 사람처럼. 그런 뒤에 적을 성안에 들이고 무기고에 불을 지릅니다. 조선군의 방어 체계를 완전히 무력화시킨 거죠.

그날 　한윤이 이괄의 난 때 처형당했던 한명련의 아들 아닙니까. 아버지를 죽인 조선이니까 개인적인 원한을 가질 수 있어요. 그래도 이건 조국과 민족의 운명이 달린 문제 아닙니까. 그런데 후금의 앞잡이 노릇을 하다니요. 정말 납득하기 어렵네요.

최태성 　당시 의주부윤이 이순신 장군의 조카 이완이었어요. 노량해전에서 이순신을 대신해 싸웠던 인물이죠. 그 이완이 후금이 쏜 화살에 맞아 여기서 전사합니다.

정명섭 　이완은 노량해전에서 이순신이 탄환에 맞아 쓰러졌을 때, 대신 북을 쳐서 전투를 독려했던 사람이죠.

그날 　이완 장군처럼 애국심의 DNA를 물려받은 분도 계신데, 한윤 이분은 좀 안타깝네요.

방기철 　의주성을 장악한 후금군은 8일 만에 안주성에 이르게 됩니다. 안주성의 방어를 맡은 사람은 평안병사 남이흥[2]인데요. 남이흥이 거느린 군사는 3000여 명 정도였습니다. 남이흥은 수적 열세를 극복하기 위해 백성들 힘까지 합쳐서 후금에 맞서 싸웠지만 안주성 역시 함락되고 맙니다.

신병주 　안주성이 함락되는 마지막 순간에도 남이흥은 적을 화약고 옆으로 유인해서 함께 폭사합니다. 화약고에 불을 질러서 주변의 적들을 죽이고 자기도 장렬한 최후를 맞은 거죠.

그날 　수적 열세가 얼마나 심했으면 자살 공격을 택했을까 싶은 게 참 안타깝습니다.

## 속수무책의 조선 관군, 대응할 실력이 없었나

그날 완전히 속수무책으로 당하고 있는데, 후금이 너무 강했던 건가요, 아니면 조선이 약했던 건가요?

정명섭 본래 이괄의 군대가 외적이 쳐들어오면 야전을 벌이도록 육성된 부대였는데, 이괄의 난으로 부대 전체가 와해되면서 야전으로 시간을 벌거나 전황을 모색할 만한 수단이 없어져 버렸어요. 상당히 아쉬운 일이죠.

신병주 또 이괄의 난 이후에 인조 정권의 기찰이 심해지니까 장군들도 제대로 군사 훈련을 못하는 거예요. 훈련하고 있으면 '역모를 꾸미는 게 아니냐?' 이러니까요. 그래서 남이흥 장군도 최후의 순간에 이렇게 말했대요. "내가 정말 안타까운 것은 습진(習陣)해 보지 못한 것이다."†

그날 습진이 뭔가요?

신병주 진법을 연습하는 거죠. 제대로 준비하지 못한 상황에서 전쟁을 맞이하니까 더 속수무책으로 당한 거죠.

류근 변변찮은 정권 유지하자고 나라를 망하게 하는 꼴이에요.

정명섭 당시 조선군의 주력 무기가 조총이었기 때문에 습진이 굉장히 중요했습니다. 당시의 조총은 지금 총과 달리 장전 시간도 길고 사정거리도 짧기 때문에 교대로 사격을 하거나 최대한 가까워졌을 때 한꺼번에 사격을 해야 돼요. 전장에서 이게 제대로 되려면 병사들이 진법을 몸에 익혀야 하는데 훈련이 거의 안 된 거죠. 그래서 한 번 사격하고 다음 번 사격 준비하는 틈에 후금군이 돌격해 오면 조선군이 흩어지는 상황이 계속 반복됐어요.

신병주 임진왜란 때도 이순신 장군이 전쟁 하루 전에 거북선에서 총포 연습을 했다고 하거든요. 그런 걸 보면 철저한 준비만이 전쟁을 승리로 이끌 수 있는 것 같아요.

† 남이흥이 죽음에 임박하여 말하기를, "내가 곤수(閫帥)가 되어 한 번도 습진 (習陣)을 해 보지 못하고 죽는 것이 애통하다" 하였는데, 이것은 아마 그 당시에 기찰하는 사람의 왕래가 빈번하였기 때문에 연병(鍊兵)이나 습진과 같은 군사 훈련을 실시할 수 없어서 이런 말을 하였던 것이니, 어찌 비통한 말이 아니겠습 니까. 이러한 상황에서 장사(將士)가 온몸을 바쳐 적을 섬멸시키는 공을 세우기 를 바랄 수 있겠습니까.
— 정온, 「동계집」

## 의병, 후금이 이기지 못한 유일한 부대

류근    상황이 그랬으면 의병이 일어날 법도 한데, 이때 의병의 활약은 없었나요?

방기철    정묘호란 당시 의병장 하면 정봉수[3]가 유명하죠. 정봉수는 관군 의 지휘부가 와해된 걸 보고 백성들을 이끌고 용골산성으로 들 어갑니다. 여기서 백성들이 자발적으로 의병 부대를 결성하고 정봉수를 의병장으로 추대합니다. 그때까지 후금군은 관군과 싸 워서 연전연승했거든요. 그런데 정봉수가 지휘한 평안도 의병만 은 이기지 못합니다. 덕분에 용골산성은 끝까지 지켜낼 수 있었 습니다.

신병주    자발적인 의병 봉기는 임진왜란 때보다 덜했던 것 같습니다. 임 진왜란 때 의병이 가장 많이 일어난 지역이 경상우도잖아요. 이 지역에서 의병을 일으킨 정인홍이나 곽재우 등이 전부 북인 계 열이었거든요.

그날    인조반정 때 북인이 모두 숙청당했잖아요.

신병주    그렇죠. 경상도에서는 인조반정을 일으킨 서인 세력에 대한 반 감도 있고 해서 인조 정권에 그리 호의적이지 않았습니다. 이런 것도 의병 봉기를 주춤하게 한 원인이 됐죠.

류근    제 생각에는 임진왜란 때 봉기했던 의병장들이 대부분 역적으로 몰려 숙청당한 게 결정적이었던 것 같아요. 백성들이 그걸 똑똑히 기억하고 있는데 무슨 충심이 남아서 의병을 조직하고 싶겠어요.

그날    누구는 적진에 들어가서 적군의 앞잡이가 되고, 백성들은 전쟁이 일어났는데 팔짱 끼고 지켜보고, 나라 꼴이 말이 아니네요.

류근    그만큼 민심이 나빴다는 거죠.

## 파죽지세의 후금군, 조정의 대책은?

그날    후금군이 한양 문턱까지 왔어요. 여기에 대한 대책이 있어야 할 텐데 조정에서는 뭘 하고 있었나요?

신병주    후금 침입 후에도 조정에 제대로 된 보고가 안 올라와요. 조정에서는 후금군의 침략 사실을 나흘 만에 알았다고 해요. 그 정도로 보고 체계가 엉성했던 거죠.

류근    임진왜란을 겪고도 배운 바가 없는 거예요.

정명섭    한마디로 총체적 난국입니다.

그날    민생을 챙겨야 할 중요한 시기에 전쟁까지 났어요. 민심 수습에 전력해야 할 때인데 인조가 내린 결정은 몽진입니다.

방기철    인조는 평양성이 함락됐다는 소식을 듣고 1월 27일에 강화도로 피란을 갑니다. 아시다시피 인조는 이괄의 난 때 공주 공산성으로 피란 간 적이 있죠. 인조도 두 번이나 궁궐을 비우고 피란 간다는 것이 못내 미안했던 거 같아요. 그래서 백성들에게 교서를 내려서 미안한 마음을 전합니다.

그날    대국민 사과 성명을 한 거예요?

방기철    비슷하다고 볼 수 있죠.

신병주    『연려실기술』에서는 이 교서 이름을 죄기교서(罪己敎書), 즉 '나를 죄주는 교서'라고 표현해요.

류근 　과실이 있다면 백성들에게 100번이라도 사과를 해야죠. 그보다 그 사과에 진정성이 있는지 또 어떤 대안을 갖고 있는지가 중요한 거잖아요.

그날 　집안 다 망하게 해 놓고 도망가는 아버지랑 뭐가 달라요? 아무 의미 없는 말일 뿐이에요.

신병주 　그렇죠. 결국 강화도로 피란 간 인조는 자기 몸 지키는 데만 열을 올립니다. 삼남 지방에 만여 명의 병력을 차출해서 자기를 호위하라고 지시해요. 물론 이괄의 난 때 받은 충격도 있었겠죠. 어쨌든 이때 임진강 방어를 맡은 장만이 서북 지역 방어가 중요하니까 포수 100명만 차출해 달라고 하는데 인조가 이걸 거절합니다. 자기가 더 중요하다 이거죠.

그날 　항상 그랬듯이 국방보다는 정권 안보네요.

류근 　이괄의 난 때 등장했던 그 장만 장군이죠?

신병주 　네, 장만은 대표적인 국방 전문가였죠. 이괄의 난 진압에도 공을 세웠고 호란을 예견해서 국방 대책 마련을 주장했습니다. 장만은 광해군 때부터 요직에 있었기 때문에 인조 정권에 들어서는 숙청될 수도 있었는데, 군사적인 경험이 워낙 풍부해서 인조 정권 때도 계속 요직에 있었어요.

정명섭 　이분에게 병력이 있었다면 전쟁에 큰 공을 세웠을 거예요. 하지만 마음대로 병력을 운용할 수 있는 상황이 아니었기 때문에 능력에 비해 많이 조명받지 못했죠.

방기철 　북방 민족의 침략 역사를 보면 그 양상이 대개 비슷합니다. 우선 겨울에 쳐들어와요. 그러면 우리는 적이 수전에 약하니까 섬으로 피하죠. 그러다가 상황이 불리해지면 우리 쪽에서 먼저 화친을 제안합니다. 그러고서는 적이 돌아갈 때 공격하고요.

최태성 　계속 얘기하다 보니 답답함만 쌓이네요. 조선 조정에서는 의리

외교에만 집중해서 국제 정세 파악을 하나도 못 하고 있잖아요.

## 270여 년간 중국을 통치한 만주족

그날　후금의 세력이 점점 강해지고 있는데요. 한족을 멸망시키고 중원을 지배한 만주족에 대해 자세히 알아볼까 합니다. 고려대학교 만주학센터 이선애 박사님 모셨습니다. 안녕하세요, 박사님.

이선애　네, 안녕하세요.

그날　만주족이라는 이름은 언제부터 사용하기 시작했나요?

이선애　만주라는 족명은 1635년, 제2대 칸이었던 홍타이지에 의해 만들어진 이름입니다. 그 이전에는 스스로를 주선(諸申)이라고 불렀고요. 만주족의 조상들은 춘추전국시대에 숙신, 한나라 때는 읍루, 남북조시대에는 물길이라고 불렸고, 당 대에는 말갈이라고 불렸습니다. 송 이후에는 여진이라고 불렀고요. 같은 민족이 시기에 따라 여러 가지 명칭으로 불렸다고 할 수도 있고, 계통은 비슷하지만 서로 다른 민족이 요, 금, 원 대를 거치면서 여진이라는 하나의 족명으로 융합됐다고 볼 수도 있습니다.

최태성　학생들은 후금이 12세기에 고려를 침입했던 금을 계승한 나라라는 사실도 잘 몰라요. 여진족과 만주족은 다른 민족이라고 생각하는 친구들도 굉장히 많고요. 어쨌든 만주족이 중원을 정복하고 티베트, 신강, 몽골까지 지배했단 말이죠. 이토록 빠르게 팽창할 수 있었던 저력은 어디서 비롯됐다고 볼 수 있을까요?

이선애　일찍이 북방에서는 "여진족이 1만 명 이상 뭉치면 대적하지 말라"는 말이 있었어요. 그만큼 여진족은 대대로 군사력이 강했던 것 같습니다. 요나라를 세웠던 거란족도 여진족이 뭉치는 걸 상당히 경계했다고 합니다. 후금 팽창의 주요 원인으로 꼽는 게 바로 이 군사력이라고 할 수 있는데요. 만주족의 독자적인 군사 조

청나라 전사와 팔기군

직이었던 팔기제[4], 이것이 굉장히 특징적인 제도라고 할 수 있
죠. 이 팔기 조직은 군사 조직일 뿐만 아니라 사회·정치 조직으
로서 이후 청나라의 근간을 이루는 핵심 조직으로 성장하게 됩
니다. 팔기에는 만주족뿐 아니라 몽골인과 한인까지 포함되어
있었고, 이들은 별도의 호적으로 편입되어서 특수한 신분 계층,
즉 지배 계층이 되었습니다. 그래서 이들은 일반 한인과는 엄격
하게 구분이 되었고, 국가로부터 여러 혜택을 받았습니다. 또 후
금은 한족을 포섭하기 위해 한족의 제도를 차용하고 여러 가지
융통성 있는 정책들을 추진했습니다.

그날　사실 만주족은 한족에 비하면 소수잖아요.

이선애　당시 한족과 만주족의 인구 비율이 350대 1이었다고 합니다. 그
래서 중국의 유명한 역사가인 궈모러(郭沫若)는 만주족이 세운
청나라가 200년 이상 한족을 통치한 것은 기적이라고 얘기하기
도 했습니다.

중국의 전통문화로 자리 잡은 치파오와 변발

## 현대 중국에 남은 만주족의 자취

그날　현재까지 남아 있는 만주족의 자취나 유산 같은 게 있을까요?

이선애　제가 몇 가지 이미지를 준비해 봤는데요. 오늘날 중국 하면 떠오르는 상징들이죠. 이 예들은 청이 흥경, 요양, 성경을 거쳐 북경으로 천도한 후 신해혁명으로 중화민국이 성립되기까지 중화 세계에 군림했던 청 제국과 직간접적으로 연결된 것들이라고 할 수 있습니다. 그러므로 후금, 즉 청나라를 세운 여진족, 만주족이 현대 중국의 원형을 제공했다고 얘기할 수 있을 것 같습니다.

그날　치파오가 만주족의 옷이라는 얘기인가요?

이선애　네, 치파오는 원래 만주 귀족의 부인들이 입었던 전통의 의상이었습니다. 청나라는 기본적으로 기인(旗人) 조직과 일반 한인을 엄격하게 구분했기 때문에 일반 한인들은 치파오를 입을 수 없었죠. 그런 제약들이 한족 여성들에게 일종의 동경심을 유발했는지 청이 망하고 중화민국이 성립된 후에 치파오가 대중적인 인기를 끌게 됐습니다. 또 하나 들 수 있는 게 황비홍의 헤어스타일, 즉 변발입니다. 변발은 북아시아 여러 민족에서 볼 수 있는 풍습인데요. 정수리 앞부분의 머리카락을 전부 밀어버리는 형태죠. 1644년에 청이 북경으로 천도한 이후 한족 남성들에게 변발을 강요하는 변발령을 내렸습니다. 치발령이라고도 하죠. 처음에는 한인들의 강한 반발을 샀지만 이후에 청나라의 통치가 이어지면서 변발 또한 중국 사회의 일반적인 풍속으로 굳어졌습니다.

류근 사람들 심리는 어디나 다 비슷한 모양인가 봐요. 치파오를 못 입게 하니까 입으려고 하고, 억지로 머리를 깎으라고 하니까 반항하고요. 이게 역사의 아이러니 아니겠습니까.

그날 저는 개인적으로 치파오가 굉장히 매력적이라고 생각해요. 그 특별한 아름다움이 중국의 의상을 통일할 수 있었던 요인이 아니었나 싶어요.

신병주 만주족 중에는 미인도 많아요. 영화 「황비홍」에 출연했던 관즈린이라는 여배우도 굉장한 미녀잖아요.

이선애 관즈린은 만주족의 팔대 성씨 족의 하나인 과얼자〔瓜爾佳〕의 후손이라고 합니다.


**동아시아는 그때!**

류근 후금은 현대 중국의 토대를 마련할 만큼 대단한 세력이었음에도 조선은 그런 현실을 직시하지 못하고 아직까지도 명과의 사대 의리에만 빠져 있네요.

최태성 당시 동아시아 국제 정세가 어땠는지 인조 대 위정자들에게 좀 설명해 줘야 할 거 같아요. 당시 후금이 서진하던 중에 명나라와 결정적 전투를 벌입니다. 그 전투가 바로 1619년에 있었던 싸얼후 전투예요. 이 전투에서 명이 10만 대군을 동원했는데, 그 병

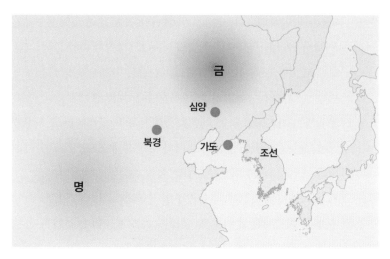

정묘호란 당시 국제 정세

력의 반을 잃을 정도로 크게 패하거든요. 그런 상황에서 후금이 심양 지역을 확보하게 된 거죠. 그러면 후금의 다음 목표는 어디 겠습니까? 물론 중원으로 치고 들어가는 거겠죠. 하지만 후금에 서는 조선과의 관계를 먼저 해결하지 않고는 중원으로 진격하기 어렵다고 판단했습니다. 그래서 조선을 손보려고 한 거고요.

류근  사전 정지 작업이군요.

최태성  그렇죠. 마침 조선은 친명 정책을 표방하고 있었고, 또 평안도 가도에 명나라 군대가 주둔하고 있었거든요. 이게 1626년 상황 이었고, 이듬해 정묘호란이 발생한 국제적 배경이었다고 이해하 시면 됩니다.

## 가도의 모문룡

평안도의 작은 섬 가도,
그곳에 명나라의 장수 모문룡이 있었다.


그는 요동 수복을 표방하며
명나라 패잔병과 요동 난민들을 규합해
주둔하고 있었던 것이다.


그러나 모문룡은 조선과 국경을 오가는
배를 막아 통행세를 걷고
사신을 막아 명에 보내는 서신까지 가로챘다.


조선으로부터 군량을 지원받으면서도
약탈을 일삼고 갖은 횡포를 부렸다.


뿐만 아니라 툭하면 요동으로 진격할 듯한
분위기를 연출해 후금의 신경을 건드렸다.


모문룡의 존재는 후금을 도발한 불씨였다.

## 희대의 사기꾼 모문룡

그날 　참 특이해요. 남의 나라 섬에서 통행세를 받다니 이건 거의 해적 질이잖아요.

신병주 　모문룡은 원래 요양성 장수였는데 1621년에 후금이 명나라를 공격해서 요양을 함락시켰을 때 조선에 들어와요. 명나라 잔당을 이끌고 평안도 가도에 교두보를 확보한 거죠.

방기철 　모문룡은 조선 영토인 가도에 동강진을 설치합니다. 여기서 명과 조선 양측으로부터 군사와 무기, 식량까지 제공받았어요. 그러면서 요동 수복을 외칩니다. 명 조정에는 굉장히 고무적인 일이죠. 그래서 모문룡에게 총병좌도독이라는 관직을 주고 배후에서 후금을 공격하도록 명령을 내립니다.

신병주 　가도는 압록강 아래 평안도 철산 앞바다에 있는 섬인데 조선에서 명나라로 갈 때 반드시 통과해야 하는 해상의 요충지입니다. 명나라 입장에서는 모문룡을 통해 조선과 후금의 동향을 살필 수 있기 때문에 그의 존재가 꽤 도움이 됐어요. 조선이 후금 쪽으로 기울지 않도록 모문룡에게 조선을 견제하는 역할을 맡긴 거죠.

그날 　위치 잘 잡았는데요. 한마디로 주한 명군 아니 주조 명군이네요. 후금 입장에서는 당연히 신경 쓰일 수밖에 없겠어요. 조선 정부가 모문룡을 감싸고돈다고 보였을 테니까요. 실제로 모문룡이 후금을 칠만한 힘이 있었나요? 그냥 패잔병들이잖아요.

방기철 　실제로 모문룡은 후금을 공격할 능력도, 그런 의지도 없습니다. 모문룡은 후금, 조선, 명 사이에서 중계 무역을 하면서 개인적인 이익만 추구했을 뿐입니다. 그런 의미에서 모문룡은 국제적인 사기꾼이라고 할 수 있죠.

신병주 　전쟁 브로커죠.

최태성 모문룡은 무역에 한눈팔다가도 명나라 사신이 오면 '요동을 치러 가야 한다'며 긴박한 상황을 연출했어요. 참 독특한 존재가 자리 하나는 끝내주게 잡고 있는 거예요.

정명섭 이때 모문룡의 별명이 해외천자(海外天子), 즉 바다에 있는 천자였어요. 조선은 이미 휘어잡았고 후금은 수군이 없으니 건너오지 못하고 명나라에는 환관에게 뇌물을 바쳐서 걱정할 게 없는, 삼국을 아우르는 진정한 사기꾼이라고 볼 수 있죠.

신병주 모문룡은 명나라의 후광을 업고 조선에도 계속 식량을 요구했어요. 가까운 평안도부터 멀리는 하삼도 지역까지, 자기가 나라를 지켜 주니까 자기에게 세금 바쳐야 한다는 논리죠. 이걸 모량이라고 했는데요. 모문룡에게 바치는 양곡이라는 뜻이죠. 이 모량이 당시 백성들에게 큰 부담이 됐다고 합니다.

최태성 모문룡 휘하의 병사들을 모병이라고 해요. 당시 소문에 의하면 평안도에 그득한 모병들 때문에 개와 닭에게까지 화가 미쳤다고 해요. 이런 얘기가 나올 정도라니 웃어야 할지 말아야 할지 모르겠어요.

정명섭 문제가 또 있습니다. 요동 지역에 있던 한족 가운데 상당수가 가도와 조선으로 망명을 해요. 이들 중에는 후금에 포로로 잡혔던 사람도 있고, 그냥 조선 쪽으로 피란 온 사람들도 있었어요. 이들을 요민이라고 불렀는데 이들의 존재가 후금 입장에서는 꽤 거슬렸던 거죠. 조선 땅에 자기네 포로였던 명나라 군사와 백성들이 있기 때문에 이들을 잡기 위해서도 조선에 와야 했어요. 여러모로 가도 문제가 전쟁을 부른 중요한 요인이 됐던 거죠.

방기철 실제로 후금이 조선을 침략한 이유 중 하나가 경제적 요인이었어요. 싸얼후 전투 후에 명, 조선과의 교역이 막혔거든요. 그나마 다행인 게 요동이 농경지잖아요. 그런데 이곳 주민들이 지역을 대거 이탈해서 모문룡에게 간 거죠. 여기다 그해에 대기근까지 돌았습니다. 교역이 끊겨 굉장히 궁핍한 상황에서 어찌어찌 농경지는 확보했는데 농사지을 백성이 없어요. 이런 문제를 타개하기 위해서 조선과의 협상이 필요했던 거죠.

## 조선은 왜 모문룡을 내치지 못했나

류근 후금 입장에서는 조선과의 교역이 시급한 상황이었는데 조선이 응해 주지 않으니 결국 전쟁이라는 수단에 호소하게 된 거예요. 조선은 잃을 것도 없는데 왜 모문룡을 내치지 못한 겁니까?

신병주 모문룡 나름대로 믿는 구석이 있었어요. 인조가 반정을 일으킨 후에 명으로부터 계속 책봉을 못 받았거든요. 그런데 모문룡이 브로커 역할을 해서 인조가 책봉을 받는 데 공을 세워요. 당시 명 황제의 최측근이던 환관 위충현[5]에게 뇌물을 주고 황제를 움직인 거죠. 상황이 그러니까 조선에서도 모문룡을 완전히 무시할 수는 없었던 거죠.

정명섭 한마디로 갑질이죠. 모문룡이 인조에게는 고마운 사람이었을지 몰라도 일반 백성들에게는 아주 나쁜 영향을 미쳤잖아요. 그럼에도 불구하고 조선 조정에서는 모문룡을 은인으로 생각합니다. 심지어는 안주에 모문룡의 덕을 기리는 송덕비까지 세워 줘요. 안주가 명나라 사신이 한양으로 갈 때 반드시 거치는 곳이었거든요.

그날 송덕비까지 세워요? 정말 대단하네요.

## 후금의 화친 요구

후금의 기마병은 무인지경을 달리는 듯했다.
의주를 지나 평양까지 점령한 후금군의 공격에
조선은 맥없이 무너졌다.

마침내 후금의 주력군은
강화도에서 100여 리 떨어진 평산까지 다다랐다.
조선의 운명은 바람 앞의 등불처럼 위태로웠다.

그때, 조선은 후금으로부터 뜻밖의 제안을 받는다.
후금군은 진격을 멈추고 사신을 보내 화친할 것을 요구했다.

후금은 왜 갑자기 조선에 화친을 요구한 것일까?

**전쟁 발발 이틀 만에 화친을 요구한 후금**

그날     정묘호란에서 후금이 화의를 일찍 제기했다면서요?

신병주    네, 전쟁 발발 이틀째인 1월 15일에 정주에 도착한 후금이 먼저
            화의를 제안합니다. 이때 총사령관에 해당하는 인물이 누르하치
            의 조카이자 홍타이지의 사촌이었던 아민이에요. 22일에 아민이
            개전의 이유를 밝히면서 구체적인 화의 조건을 내거는데 그 첫
            번째가 명나라와 국교를 단절하라는 거죠.

류근      명과의 사대 의리를 최고 가치로 치는 인조 정권에서는 받아들
            일 수 없는 조건이네요.

그날     화의 문제를 두고 두 나라의 입장 차이가 굉장히 컸다면서요. 요
            즘 '조선왕조실톡'이 SNS를 통해서 젊은 사람들 사이에서 큰 화
            제가 되고 있다고 해요. 후금이 조선에 화의를 제의하면서 오고
            간 대화들, 조선왕조실톡으로 재미있게 정리해 봤습니다.

**진퇴양난에 빠진 인조**

그날  인조가 심리적으로 굉장한 압박을 느꼈겠네요. 명과의 국교 단
절까지 요구하니 인조 입장에서는 이럴 수도 없고 저럴 수도 없
잖아요.

최태성 조선 조정에서는 명과의 국교를 단절하라는 후금의 요구에 대해 '나라가 망하더라도 안 되는 일이다' 이렇게 반응했다고 해요.

류근 백성을 살리고 나라를 살리는 이데올로기여야지 나라가 망하는 한이 있더라도 명을 섬기겠다는 건 주객이 전도된 거 아닌가요?

그날 당시 인조는 무슨 생각을 했을까요?

방기철 인조에게는 선택의 여지가 없죠. 화친을 해서라도 위기를 벗어날 수밖에 없습니다. 역사적으로 계속 있어 왔던 일이에요. 고구려가 수와의 전쟁에서 어려움에 처했을 때 화친을 받아들였고, 고려도 거란, 몽골과 화친을 맺어서 위기 국면을 타개했습니다. 그러고는 퇴각하는 적을 쳐서 승리를 거둔 적도 많죠. 아마 인조도 이런 점을 염두에 두지 않았을까 싶습니다.

류근 광해군 정권이 오랑캐와 화친했다는 명분을 내세워서 들어선 게 인조 정권이잖아요. 후금과 화의를 맺는 건 반정의 명분을 스스로 거스르는 거란 말이에요. 결국 자기모순에 빠졌어요. 진퇴양난이에요.

그날 어찌하지 못하고 속을 끓이고 있던 인조에게 후금으로부터 메시지가 옵니다.

## 후금이 거듭 화친을 제의한 까닭은?

그날     오! 후금이 한 발짝 물러섰네요. 명나라와 절교하지 않아도 된다는 파격적인 조건을 내세웠어요.

신병주     조선으로서는 다행한 일입니다. 위기에 빠진 종사를 구하기 위해 어쩔 수 없이 후금과 화친을 하지만 친명 노선을 바꾼 것은 아니라는 식으로 명분을 세울 수도 있고요.

그날     후금과 형제 관계를 맺는 데 대해서도 굉장히 반발이 있었을 것 같은데요?

신병주     그렇죠. 특히 성균관 유생들이 강하게 원칙론을 주장합니다. 일례로 성균관 유생 윤명은은 후금의 사신을 목 베어 명에 보내지 않으면 명을 배신하는 결과를 면치 못할 거라고까지 얘기합니다.

그날     후금이 곧장 도성을 향해 진격하지 않고 연거푸 화의를 재촉한단 말이에요. 이건 왜 그런 거예요?

방기철     후금의 최종 목표는 조선의 완전 점령은 아니었습니다. 주적은 명이고 명을 치러 가기 전에 배후를 안정시키기 위해서 조선을 침략한 것이죠. 거꾸로 보면 조선과의 전쟁이 길어질 경우 반대로 명이 후금의 배후를 공격할 위험성도 있죠. 또 군수품 보급 문제나 조선의 반격 같은 것도 있을 수 있고요. 따라서 후금 입장에서는 가능한 빨리 조선과 화의하고 명과의 전쟁에 전력을 기울여야 했습니다.

최태성 3만 6000명의 병력으로 조선을 정벌한다는 건 어림도 없는 일이죠. 병자호란 때 병력의 4분의 1밖에 안 되거든요. 후금으로서는 이 정도 병력으로 조선을 제압했다는 것만으로도 굉장히 큰 성과를 거두었다고 판단했을 거예요.

정명섭 서로 합의점을 찾았으면 진정성을 가지고 얘기를 해야 되는데 인조와 조정 신료들은 사소한 문제에 집착을 해요. 예를 들어 후금 사신이 큰길로 오면 민심이 동요할 것이므로 샛길로 오라고 하고요. 오랑캐와 직접 대면할 수 없으니 중간에 다른 사람들과 얘기하고 빨리 돌아가라고 합니다. 이런 실무적인 문제에서 잡음이 생기는데, 후금 입장에서는 화의도 먼저 제의했고 조선이 내건 조건도 다 들어줬는데, 앞에서는 알았다고 해놓고 뒤로 우물쭈물하니까 조선의 진정성을 의심할 수밖에 없죠.

**조선, 가짜 인질을 보내 후금을 속이다**

그날 후금과의 화의는 순탄하게 진행이 되나요?

방기철 조선에서는 강홍립의 숙부인 강인을 형조판서로 임명해서 후금 진영에 회답사로 보내요. 그런데 문제가 있죠. 답서에 명과의 관계를 끊을 수 없다고 했을 뿐 아니라 명의 연호까지 써서 보낸 거예요. 후금으로서는 기분이 좋을 리가 없죠.

류근 끝까지 오기는 있었네요. 아무리 그래도 국가가 존망의 위기에 처해 있는데 저런 식으로 상대를 자극하면 어쩌자는 겁니까?

신병주 공교롭게도 후금의 연호가 천총이에요. 명의 연호가 천계잖아요. 그래서 아민이 '한 글자만 바꿔라. 계 자를 총 자로만 바꾸면 되는데 이걸 왜 못 바꾸냐' 하면서 이거 안 바꾸면 철군하지 않겠다고 협박을 합니다. 그래서 인조가 그럼 천계, 천총 둘 다 쓰지 말자고 해서 결국 타협이 이루어집니다.

그날 우여곡절 끝에 이뤄진 정묘화약, 주요 내용을 한번 살펴볼까요? (1) 조선과 후금은 형제가 될 것을 맹세한다. (2) 후금은 화약이 성립되면 군사를 철수시킨다. (3) 양국은 서로 영토를 지켜 압록강을 넘지 않는다. (4) 조선은 명과 단교하지 않는다. (5) 조선 임금의 동생을 후금 인질로 보낸다. (6) 매년 사신을 교환하고 개시하여 무역을 한다. 4번 조항은 굉장히 민감한 내용인데, 이 조항도 받아들여졌나요?

방기철 네, 저게 받아들여지기는 하죠. 후금이 조선을 침략한 것은 명과의 전쟁에 집중하기 위해서입니다. 그러기 위해 확실한 보증수표가 필요했던 거죠. 그래서 왕자를 인질로 삼으려 했던 거고, 조선 정부에서도 그 정도 상황은 알고 있었어요. 그래서 종실인 원창령을 원창군으로 둔갑시킵니다.

그날 둔갑이요?

방기철 군이 아닌데 군, 즉 왕자로 만든 거죠. 또 원창령을 인조의 동생이라고 다시 한 번 둔갑시켜서 후금에 인질로 보냅니다.

그날 그래도 되는 거예요? 발각될 수도 있는 거잖아요?

방기철 나중에 외교 문제가 생길 가능성도 있죠.

정명섭 당장 어려운 문제를 넘기려고 꼼수로 상대방을 속이는데 상대가 바보가 아닌 이상 시간이 가면 전부 다 밝혀지게 마련이거든요. 이에 대한 대책도 안 세워 놓고 눈앞의 문제만 해결하겠다고 무리수를 뒀던 게 나중에 엄청난 비극을 불러온 거죠.

## 조선, 후금과 형제의 나라가 되다

검은 옷을 입은 인조가 대청으로 나섰다.
후금이 제의한 회맹에
조정 신료들과는 달리 인조는 덤덤했다.

인조는 친히 향을 피우고
하늘에 맹세하는 예를 행한 후
서둘러 행궁으로 돌아갔다.

후금은 서로의 신의를 확인하는 의미에서
흰말과 검은 소로 희생을 잡아
하늘에 맹세하기를 원했다.

조선의 신료와 후금의 사신들은 서단에 서서
서로 배신하지 않을 것을 다짐하는 맹세문을 낭독한 뒤
희생된 제물의 피를 마시며
두 나라가 형제가 되었음을 굳게 맹세했다.

이 의식과 함께 전쟁도 종결됐다.

## 후금의 아우가 된 조선

류근  오랑캐라고 업신여기다가 결국 아우의 나라까지 됐어요. 얕잡아
보다가 맞으면 더 아프거든요. 많이 아팠을 것 같아요.

최태성  흰말과 검은 소는 당시에도 굉장히 귀한 동물이었을 텐데 독특
하네요.

신병주  사실 조선에서는 소나 말, 양 중에 한 마리만 잡아서 의식을 하
는데, 이 경우는 아주 특이하죠. 이때 조선 신료들이 '우리처럼
존엄한 천승지국의 나라에서 개나 돼지로 여겼던 오랑캐 나라하
고 회맹 의식을 할 수 없다'면서 격렬하게 반대를 합니다.

그날  맹세문을 보니 동물의 피를 마시는 게 이런 의미라고 나와 있더
라고요. "조선이 만약 후금을 적대시해 조금이라도 나쁜 마음을
품으면 피와 골이 나와 하늘 아래서 죽게 될 것이다." 대단한 각
오를 다지는 맹세 의식이었던 거예요.

신병주  마시기로 맹약한다고 기록되어 있지만 실제로 마시지는 않고 입
술에 바르는 정도에서 그쳤던 것 같아요.

류근  당시 그 현장에 있던 정온이라는 분이 참혹했던 상황을 시로 남
겼어요. "검은 소에 흰말을 겸했다. 비린내 나는 피 쟁반에 가득.
상국은 배알이 뒤틀리지도 않는지 모신의 얼굴에는 기쁨이어라.
망나니들이 예식을 말하고 짐승들 속에 사람이 섞였어라. 동해
에 빠져 죽는 것이 어렵지 않다만 조정을 바라보는 눈이 썰렁하
여라." 항복하면서도 끝까지 후금을 짐승 취급하고 있어요.

그날  상황이 얼마나 참혹했으면 저렇게까지 표현했겠어요.

신병주  저는 "짐승들 속에 사람이 섞였어라" 하는 표현이 굴욕적인 당
시의 상황을 가장 강하게 나타냈다고 생각해요.

## 피로 맹세한 후금군, 철수하지 않았는데

그날 　피로 굳게 맹세를 했는데, 후금이 조선에서 바로 철수하지 않죠?

방기철 　후금이 조선에 쳐들어올 때 명분으로 삼은 것 중 하나가 가도에 있는 모문룡을 제거하겠다는 거였는데 결국 모문룡을 제거하지 못했죠. 이게 조선에 군대를 주둔시킬 명분이 된 거죠. 그래서 의주에 4000명의 군사를 두고 '모문룡을 제거하겠다' 이렇게 나온 겁니다.

그날 　후금이 모문룡을 잡겠다고 들어왔다면서 왜 못 잡고 있나요?

방기철 　모문룡이 아주 빨랐어요. 후금이 쳐들어오니까 가도에서 신미도로 옮겨 가요. 그리고 후금이 물러난 다음에 모문룡은 평안도 백성들을 무참하게 학살합니다. 후금이 모문룡을 공격할 때 평안도 백성들 가운데 일부가 후금군에 가세했거든요. 이에 대한 보복으로 무고한 양민들을 무참하게 학살한 거죠.

정명섭 　나중에 전쟁이 끝나고 모문룡이 명 황제에게 이렇게 얘기를 해요. '후금 군대가 30만 정도 쳐들어왔는데 제가 한칼에 베어 없앴습니다. 또 조선이 딴 생각을 품었기에 제가 가서 호통을 쳐서 정신을 차리게 했습니다.' 더 안타까운 사실은 모문룡이 조선 백성들을 죽이고는 변발을 시킨 거예요. 그리고 그게 후금 군사들의 목이라고 거짓 보고를 해서 포상을 받습니다.

그날 　명나라 황제가 그 말을 믿어요?

신병주 　명나라에서도 말기적인 증상들이 보이니까요.

그날 　여기도 나라 꼴이 말이 아니네요.

류근 　개화기에 단발령을 내렸을 때 '신체발부수지부모'라고 해서 자결하는 사람이 속출했다고 하잖아요. 그만큼 우리는 머리카락에 남다른 의미를 두는 민족인데 모문룡에게 약탈당하고 도륙당한 데다가 심지어 머리까지 깎였어요. 무능한 정권, 리더십의 부재가 백성들의 고통을 키운 거예요. 밟히고 또 밟히고.

신병주 사실 후금군도 철수하면서 우리 백성들에게 많은 피해를 줍니다. 특히 황해도 지역 백성들의 피해가 극심했는데요. 마음대로 죽이고 약탈하면서 재물까지 남김 없이 쓸어 갔다고 해요. 그래서 당시 사람들이 "화친을 맺은 것이 백성을 살리려는 계책에서 나온 것인데 오히려 백성을 어육으로 만드는구나!" 하고 한탄했다는 기록도 있어요.

방기철 사실 정묘·병자호란 당시 후금군이 조선 백성들을 많이 끌고 갔어요. 나중에 속량[6]이라고 해서 이 사람들을 조선에 다시 팔았거든요. 그게 사회 문제가 돼서 환향녀 같은 얘기가 생겼잖아요. 죽인 사람도 많았지만 그보다 훨씬 많은 사람을 끌고 갔어요. 임진왜란 때와 마찬가지로 그런 사람들은 포로가 아니라 피로인[7]이라고 표현합니다.

최태성 들을수록 울화가 치밀어 오르는데, 이때 압록강에 투신하는 사람들이 그렇게 많았다고 해요. 끌려가서 괴롭힘 당하다가 죽느니 조국에서 죽겠다는 거죠. 후금에서 조선인들의 자살을 막으려고 배에 울타리까지 쳤는데도 압록강이 조선 사람들의 시신으로 뒤덮였다고 합니다. 너무 가슴 아픈 얘기죠.

정명섭 국가가 국민을 저버릴 때 어떤 일이 벌어지는지 적나라하게 보여 주는 전쟁이네요.

신병주 정묘호란이 임진왜란 끝난 지 약 30년 뒤에 벌어진 전쟁이니까 시대를 잘못 만난 백성은 전쟁을 두 번 겪는 거예요. 20대에 임진왜란 겪었으면 50대에 또 정묘호란 겪는 거죠. 정말 기구한 운명입니다.

## 정묘호란을 어떻게 평가할 수 있을까?

**그날** 정묘호란, 피하려면 피할 수 있었는데 그러지 못했다는 게 정말 아쉽네요. 정묘호란, 어떻게 평가할 수 있을까요?

**신병주** 후금에서 홍타이지라는 호전적인 인물이 등장했을 때, 우리는 자주 국방에 힘을 쏟았어야 해요. 그러려면 내부부터 안정이 되고 단결돼야 하는데 불행하게도 인조 정권 초반의 어수선한 정치 국면은 자주 국방을 할 수 있는 여건을 제공하지 못했어요. 그런 상황에서 후금의 강경파에게 빌미를 제공한 것이 쓰라린 전쟁으로 이어졌다. 저는 그것이 정묘호란이라고 생각합니다.

**방기철** 개인적으로 저는 정묘호란은 피할 수 있었을지 몰라도 청과의 전쟁 자체는 피할 수 없었다고 생각합니다. 이민족이 중원을 장악한 경우에는 반드시 한반도를 침입했거든요. 고려 시대의 몽골이나 거란도 마찬가지고요. 그렇다면 인조는 실리 외교를 통해서 시간을 벌었어야 해요. 아마 청은 명을 완전히 멸망시킨 다음에 조선에 쳐들어왔을 거예요. 그러니 일단은 시간을 벌고 그 사이에 자주 국방, 즉 청과 대항할 수 있는 실력을 키웠어야 합니다. 그랬다면 일국의 국왕인 자신이 머리를 땅에 찧으면서 항복하는 그런 수모는 당하지 않았겠죠.

**신병주** 인조 입장에서 훗날을 얘기한다면 정묘호란은 아주 양호한 상황이었어요. 정묘화약 당시 인조는 행사 조금 지켜보다가 퇴장했거든요. 바로 이때 뼈 아픈 상황에 대한 반성 내지는 대책이 있었어야 합니다. 그게 없어서 결국은 땅에 머리를 찧는 치욕까지 당하게 된 거죠.

# 7

## 병자호란 1 —
## 인조,
## 남한산성에
## 고립되다

1636년 4월 국세를 확장한 후금은 국호를 청으로 바꾸고 심양을 도읍으로 삼았다. 홍타이지는 스스로 황제를 칭하며 중원 지배의 야망을 현실화시켜 나갔다. 1636년 12월 9일 청군의 선봉대가 얼어붙은 압록강을 건넜다. 병자호란의 시작이었다. 만주족, 몽골족, 한족이 포함된 12만 8000명의 대군이었다. 기마병을 중심으로 질풍같이 쳐들어 온 청군은 압록강을 넘은 지 5일 만에 한양을 점령하였다. 정묘호란을 겪은 후에도 조선이 별다른 대책을 세우지 않았고, 인조의 생부인 정원군의 추숭 문제로 아까운 시간을 소모해 버린 탓이었다. 인조의 원비인 인열왕후의 승하와 홍타이지의 즉위 등 외교적인 행사가 많았던 것도 조선에 불운으로 작용했다. 본래 조선에 강경한 입장을 취했던 청 태종은 직접 참전하는 강수를 두면서 조선이 명의 배후가 되는 것을 막고자 했다. 청군의 침략 소식에 인조와 조정 대신들은 서둘러 강화도로 피란을 떠났으나 청군 선발대가 양화진 방면으로 진출하여 강화도로 통하는 길을 차단하고 말았다. 다급해진 인조는 정문인 숭례문 대신 시신이 드나드는 시구문(광희문)을 통과하여 남한산성으로 피란했다.

청군에 포위당한 조선 조정은 임진왜란 때 활약했던 의병들의 참전을 기대했지만 그것도 용이하지 않았다. 찬바람이 매서웠던 1636년 12월 15일 남한산성은 청군에 완전히 포위됐다. 남한산성에 머물던 인조는 다시 강화도로 향하고자 했지만 이마저 여의치 않았다. "대가(大駕)가 새벽에 산성을 출발하여 강화도로 향하려 하였다. 이때 눈보라가 심하게 몰아쳐서 산길이 얼어붙었고, 길이 미끄러워 말이 발을 디디지 못하였으므로 상이 말에서 내려 걸었다"는 기록에서는 가마도 없이 눈길을 헤맸던 인조의 안타까운 모습을 엿볼 수 있다.

남한산성을 둘러싼 청군은 포위망을 구축하고 장기전으로 들어갔다. 1637년 1월 8일 남한산성 고립 24일째, 식량 담당관 나만갑은 식량이 20여 일 분밖에 남지 않았다고 보고했다. 1월 17일 청은 인조에게 귀순을 요구하는 최후통첩을 보내며 더욱 압박을 가했다. 이후 조선과 청군 사이에 여러 차례 협상이 오고 갔지만 쉽게 타협점을 찾지 못했다. 1월 22일 원손과 봉림대군을 비롯한 왕족과 신하들이 피란 가 있던 강화도가 함락되면서 조선 조정에서는 앞으로의 거취를 두고 격론이 오갔다. 김상헌 등은 척화론을 주장하면서 결사 항전을 주장했으나 주화파 대신 최명길이 결국 항복 문서를 작성했다. 나라를 향한 충정은 같았지만 위기를 극복할 방식이 달랐던 두 사람이었다. 우리 역사상 가장 치욕스러운 전쟁으로 기억되는 병자호란은 의리와 명분에만 매몰되지 않고 국제 정세의 변화에 능동적으로 대처해야 함을 일깨우는 좋은 반면교사다.

1636년(인조 14) 12월 9일,
청나라 군대가 다시 압록강을 건넌다.

무려 12만 8000여 대군,
조선을 향해 질풍처럼 달려온 그들은
불과 닷새 만에 한양을 점령한다.

인조는 가까스로 광희문을 통해
한양을 탈출하여 남한산성으로 피신하지만
순식간에 쫓아온 청군에 의해 완전히 포위된다.

한 나라의 왕이 험준한 산성에 고립된 것이다.

## 병자호란 발발과 닷새 만의 도성 점령

최원정  9년 만에 다시 조선에 쳐들어온 청군이 압록강을 건넌 지 닷새 만에 한양을 점령합니다. 그 사이에 청군과 제대로 된 전투 한 번 없었다면서요.

류근  이괄의 난 때도 그렇고 정묘호란 때도 그렇고 똑같은 방식으로 급습을 당하지 않습니까. 그 사이에 변방이든 중앙이든 방비 시스템이 전혀 정비되지 않았다는 게 놀랍네요.

그날  전쟁이라는 게 사실 시간 싸움이잖아요. 그런데 조선에서는 왜 청군이 산성을 하나하나 점령하고 내려올 거라고 생각했을까요?

신병주  임진왜란의 경험이 영향을 미쳤던 거죠. 조선이 성 중심으로 방어책을 세우면 농성전에 능한 일본군이 자꾸 기어 올라오거든요. 그래서 청군도 그럴 거라고 생각했던 거죠. 하지만 청군은 속도전에 능한 기마병이고, 또 청군의 목표는 한양부터 확실하게 점령해서 조선을 압박하는 거였어요. 이런 전략에 전혀 대비가 안 됐던 거죠.

박금수  세계적으로도 자국 영토를 방위하는 데는 주로 산성 중심 전술을 썼는데요. 산성 중심 전술이 효과를 발휘하기 위해서는 성안에 정예 병력이 있어야 해요. 그게 전제 조건입니다. 만약 청군이 성을 지나가 버릴 경우 후방을 교란하거나 군수품 보급선을 끊을 수 있잖습니까. 그렇기 때문에 침략군이 안전하게 전쟁을 수행하려면 반드시 성을 점령하고 지나가야 하죠.

김문식  또 하나 결정적인 실책이 있는데요. 당시 평안도 지역 방어를 책임지던 도원수가 김자점이었거든요. 사실 김자점이 청군이 압록강으로 진격하는 것을 의주에서 발견해요. 강을 건너기 사흘 전부터 적이 나타났음을 알리는 봉화가 계속 올라왔거든요. 그런데 이걸 내내 무시하고 있다가 결국 적이 강을 넘어 진격하자 비

**광희문** 사소문(四小門)의 하나로 시체를 내보내던 문이라 하여 시구문이라고도 불렸다.

로소 장계를 올린 거죠. 그런데 그때는 청군이 이미 평안도 지역
을 무인지경으로 통과하고 있던 시점이었거든요. 초기 대응이
굉장히 미흡했던 거죠.

그날  보고 체계마저 허술했군요.

류근  요즘 군대에서는 위급 상황에서 선 조치 후 보고라는 매뉴얼이
있어요. 그런데 이건 보고도 하지 않고 조치도 취하지 않은 거잖
아요. 도원수라면 당대의 지휘관 중에 최고 높은 직책의 장수 아
닙니까. 야전 경험도 적지 않을 그가 어떻게 그렇게 대처할 수
있었는지 이해가 안 가요.

최태성  엄청난 오판을 한 거죠. 김자점은 이렇게 생각한 거예요. '12월
이면 한 겨울이다. 이렇게 추운 겨울에 군대를 이동해서 쳐들어
올 리는 없다. 괜히 불안한 보고 올려서 한양 뒤숭숭하게 하지
말자.' 그래서 부하들이 '적이 쳐들어옵니다' 하고 보고를 했는
데, 쓸데없는 소리하지 말라고 목을 베려고까지 했답니다.

그날    북방 민족은 주로 추운 겨울에 군사를 움직인다는 건 누구나 아는 사실 아닌가요?

류근    한 지휘관의 근거 없는 안일한 판단이 나라에 큰 재앙을 몰고 온 거네요. 하여튼 이때 상황이 얼마나 급박했던지 인조가 평소에 사용하는 대문 대신 수구문(水口門)으로 탈출했다고 들었어요. 수구문이 지금의 광희문에 해당하는 곳인데, 말이 좋아서 물이 나가는 문이지 보통은 시체가 나가는 시구문(屍口門)이라고 하잖아요. 이괄이 반란에 실패하고 도망할 때도 수구문을 통해서 탈출하지 않습니까. 한 나라의 왕이 그런 문으로 탈출했다는 것 자체가 치욕이에요.

신병주    그렇죠. 사실 왕가에서는 수구문을 꺼렸거든요. 시신이 나가는 문이기도 하니까요. 현재 광희문 옆 동네 이름이 신당동인데요.

그날    떡볶이로 유명한 그 신당동이요?

신병주    네, 그 신당이라는 이름도 여기서 유래됐어요. 광희문으로 시신들이 드나드니까 굿 할 일이 많은 거예요. 그래서 새로울 신(新) 자에 신당할 때 당(堂) 자를 써서 당집이 새로 생긴 마을이라는 이름이 붙은 거예요.

## 인조는 왜 남한산성으로 갔을까?

그날    인조가 처음부터 남한산성에 가려고 했던 것은 아니라면서요?

신병주    원래는 강화도로 가려고 했어요. 정묘호란 때도 강화도에 피란 갔었잖아요. 그때는 형제 맹약을 맺는 정도로 끝났으니 조선 입장에서는 괜찮은 소득이었죠. 게다가 정묘호란 후에 강화도에 방어 시설들을 갖추어 뒀어요. 언제 또 갈지 모르니까. 그런데 문제는 청군이 너무 빨리 내려오는 바람에 강화도로 가는 길마저 차단된 거예요. 그래서 어쩔 수 없이 남한산성으로 간 거죠.

김문식　남한산성에 도착하자마자 다시 강화도로 가자는 논의가 제기됩니다. 그 논의를 주도한 사람이 반정공신으로 유명한 김류인데, 그는 이미 가족들을 강화도로 다 대피시킨 상태였어요. 이 사람 아들인 김경징[1]도 문제가 많아요. 당시 강화도 방어를 책임지는 검찰사가 바로 김경징이었는데요. 지금은 강화도가 육지하고 다리로 이어져 있지만 당시에는 배를 타야만 섬으로 들어갈 수 있었어요. 그런데 김경징이 병자호란 터지자마자 섬으로 가는 배를 차출해서 자기 가족들부터 실어 날랐던 거죠. 이 일로 김경징은 백성들의 원성을 많이 샀고요.

최태성　실제 병자호란 내용을 적은 『양구기사(陽九記事)』라는 책을 보면 김경징이 자기 어머니하고 아내를 가마에 태워서 먼저 보내고, 그 다음에 집안 재물을 옮기는데, 그 재물이 무지하게 많았나 봐요. 50궤짝이나 됐답니다. 그걸 옮기기 위해서 경기도에 있는 마부들을 거의 다 동원했다는 기록이 있어요. 재밌는 게 뭐냐면 그러다 보니 왕세자빈이 우선순위에서 밀린 거예요. 김경징네 식솔과 재물을 실은 배가 떠나고 왕세자빈은 다음 배를 기다린 거죠.

그날　성리학적 명분이 그렇게 중요한 나라에서 어떻게 이런 일이 생겼을까요? 군신유의(君臣有義)[2] 이런 거 안 배웠을까요?

류근　세자빈이 자기 재물만 못하다는 거죠.

그날　너무하네요. 기강이 얼마나 해이해졌으면 이런 일이 생기는지……. 그런데 인조는 남한산성으로 피신하자마자 바로 강화도로 가려고 했다면서요.

신병주　네, 아무래도 남한산성은 왕이 오래 머물기에는 적당하지 않은 곳이니까요. 반면 강화도는 예전에도 피란을 했던 곳이고 물자 보급도 용이했습니다. 그래서 계속 강화도로 가려고 시도를 하는데 땅이 얼어붙어서 행군 진도가 안 나는 거예요. 길도 좁고 그러니까 나중에는 인조가 말에서 내려서 걸어 내려가는데 계속 미끄러집니다. 신하들도 그렇고요. 그래서 결국 강화도로 가는 것을 포기하고 다시 남한산성으로 들어갑니다.

류근 위급할 때마다 내시가 왕을 업고 뛰잖아요. 그런데 그것조차 안 됐던 모양이에요. 기록에 보면 거의 혼자 넘어지시거든요.

김문식 결국 인조가 산성으로 되돌아오는데 이때 털방석으로 몸을 감싸고 문을 통과할 때는 가마에 태워서 들어왔다고 합니다.[†]

류근 발에 동상까지 걸리셨대요.

최태성 날씨가 좋았어도 강화도까지 가기는 힘들었을 거 같아요. 청군의 전술은 빠르게 내려가서 왕을 사로잡는 진격전이거든요. 정묘호란 때 비슷한 일이 있었기 때문에 청에서는 인조가 강화도로 갈 것을 알고 있었어요. 그래서 미리 길을 다 끊어 놓았고요.

신병주 남한산성에 들어 간 날이 음력 12월 15일이라는 걸 주목해야 해요. 양력으로 치면 1월 20일경인데 이때가 1년 중에서 가장 추울 때예요. 요즘에도 군대 혹한기 훈련은 꼭 이 시기에 하거든요.

그날 하늘이 도와서 인조가 강화도로 들어가는 데 성공했다면 조선에 어느 정도 승산이 있었을까요?

박금수 조선은 임진왜란 이후에 수군에 상당한 자신감을 갖고 있었습니다. 때문에 바다로 둘러싸인 강화도에 들어가면 오랜 기간 항전할 수 있을 거라고 판단했던 것 같습니다. 하지만 청군은 거기에도 미리 대비를 했습니다. 전쟁에서 사로잡은 한족들을 이용해 수군 전력을 보강한 거죠. 당시 조선을 침략한 청나라 군대는 조선이 알던 여진족 오랑캐 부대가 아니었던 겁니다.

[†] 산성으로 돌아올 때 임금의 발이 동상에 걸려 걸을 수 없어 마침내 털방석으로 받들고 돌아와 남문에 도착하니, 가마가 비로소 왔다.
   ─ 『연려실기술』, 『일월록』

## 청의 조문 사절단을 푸대접한 조선

중국 대륙의 패권을 노리며 힘을 키워 가던 후금,
인조의 원비인 인열왕후가 승하하자 사절단을 보낸다.


그들의 또 다른 목적은
홍타이지의 황제 추대를 알리고 조선의 동의를 얻는 것.


하지만 조선은 명나라와의 대의를 내세워
그들이 가져온 국서를 받지 않는다.


게다가 빈전이 좁다는 이유를 들어
대신 허술한 장막을 쳐 주는데
이마저 바람이 불어 날아가고 만다.


장막 뒤에는 군사들이 있었고,
이는 조선 조정에서 잠복시킨 것으로 오해하기에 충분한 상황.


결국 조문 사절단은 푸대접에 화를 내며
궁을 박차고 나가 후금으로 돌아가는데,
조선의 아이들은 그 뒤를 따르며 욕설을 퍼붓고 돌을 던진다.

그날    아이들이 청나라 사신에게 돌을 던졌다는 건 그만큼 집에서 청을 무시하고 욕하는 얘기를 많이 들었다는 뜻이잖아요. 오랑캐라고 하면서 얼마나 깔봤을까요.

류근    어른들의 시선이 그대로 투사된 거죠. 어쨌든 청 사신은 한 나라를 대표해서 조문하러 온 건데 긁어 부스럼 만드는 꼴이 됐어요.

신병주    이때가 병자호란이 일어나기 10개월쯤 전인데 이때까지만 해도 조선에는 후금을 낮게 보는 정서가 있었어요. 그 때문에 청에서 조문 사절단이 왔음에도 왕비의 관을 모신 빈전으로 안내하지 않고 임시 빈소에서 맞이한 거죠. 그러니까 저쪽에서도 불쾌감을 느꼈던 거고요.

그날    그럴 거면 장막이라도 제대로 지어서 바람에 날아가지 않게 제대로 방비를 하든지 해야죠. 너무 허술해요. 조선이 국제 정세를 전혀 파악하지 못 하고 있었던 걸까요? 청나라 사신을 무시할 상황이 아닌데 말예요.

류근    당시 청나라는 남아 있던 몽골 세력까지 전부 굴복시키고 중국 대륙의 패권을 장악했잖아요.

박금수    네, 당시 청나라는 팔기군 제도를 통해서 세력을 넓히고 있었습니다. 팔기 조직에는 강력한 유목 민족 몽골과 중원의 한족까지 포함되어 있었어요. 따라서 조선이 이런 행동을 했다는 건 동북아시아의 패권 국가로 성장해 가던 청의 실체를 전혀 몰랐다고밖에 생각이 안 되네요.

신병주    그렇죠. 몇 세기 전에 세계 제국을 건설했던 몽골마저 청에 옥새를 바치거든요. 그만큼 청이 강한 나라였는데 조선에서는 이런 상황을 몰랐던 거죠.

**임시 빈소 뒤에는 왜 군사들이 있었나**

그날　장막 뒤에 군사들을 배치한 목적은 뭔가요?

김문식　빈소가 궁 안에 차려졌고, 또 외국 사신단의 규모가 굉장히 컸어
　　　요. 게다가 청나라 사신만 온 게 아니고 몽골의 베이러(貝勒)[3]들
　　　이 77명이나 오거든요. 굉장히 많은 사람이 이동하기 때문에 조
　　　선에서는 경호 차원에서 배치했던 것인데, 청 사신들은 '혹시 우
　　　리를 죽이려고 하는 게 아닌가?' 이렇게 오해했던 거죠. 워낙 푸
　　　대접을 받았으니까요.

신병주　스스로를 중원의 패자라고 생각하는 청나라 입장에서는 '감히
　　　조선이 우리를 이렇게 막 대해?' 이렇게 생각할 수 있죠. 그래서
　　　조문 사절단이 자리를 박차고 나가요. 양국 관계에 엄청난 문제
　　　가 초래된 거죠.

최태성　나중에 홍타이지가 병자호란을 일으킨 이유로 이런 내용을 이야
　　　기하잖아요. '도망쳐 온 한인들을 명에 넘긴 것', '정묘년의 맹약
　　　을 누차 어긴 것', '병선을 빌려달라는 요구를 거부한 것', 그리
　　　고 '자신들과의 관계를 단절한 것'. 그러니까 요지는 이거예요.
　　　우리는 힘을 과시하지도 않았고 조선을 괴롭히지도 않았는데 조
　　　선이 대든 거다.


**고개를 들고 홍타이지를 능멸한 조선 사신들**

그날　홍타이지의 즉위식에서도 큰 사건이 하나 벌어졌다면서요.

김문식　그렇죠. 조선도 홍타이지 즉위식에 사신을 파견합니다. 나덕헌
　　　과 이확, 두 분이 가셨는데요. 황제 즉위식에서는 하늘 신에게
　　　제사를 지낸 후 황제가 황금 의자에 앉아서 황제의 옷을 입게 되
　　　어 있어요. 이때 단 아래에 있는 신하들은 전부 엎드려 절을 해
　　　야 합니다. 그런데 이 두 분은 꼿꼿이 서 있었어요. 홍타이지를

**청 황제 즉위식** 모든 신하는 황제에게 엎드려 절을 해야 한다.

황제로 인정할 수 없음을 온몸으로 보여 준 거죠.

신병주　지금도 대통령 취임식 하는데 다른 나라 사람들이 와서 딴짓하
　　　는 모습을 보이면 큰 결례잖아요. 그래서 청에서도 이 사람들을
　　　어떻게 처벌해야 하나 고민을 합니다. 그래도 사신으로 참석한
　　　사람이라 좀 봐줬어요. 죽지 않을 만큼 때려서 조선으로 돌려보
　　　냈죠. 어찌 보면 조선에 대한 경고예요. 외교적인 도발을 계속하
　　　면 가만두지 않겠다는 의미로요. 그런데 이 사람들이 또 홍타이
　　　지에게 받은 국서를 몰래 버리고 와요.

그날　　왜 버렸어요, 그건?

신병주　청에서 국서를 받아왔다는 게 알려지면 명에서 트집잡을까봐 그
　　　런 거죠. 당시 명은 완전히 기울어 가는 나라임에도 불구하고 조
　　　선은 여전히 명을 두려워했던 겁니다.

그날　　진짜 화가 나네요. 명은 그토록 두려워하면서 청에는 상남자처
　　　럼 꼿꼿하게 행동하다니요. 그럴 거면 차라리 가지를 말지 뭐하
　　　는 거예요? 양국 간에 갈등만 조장한 꼴이잖아요.

김문식 홍타이지는 자신의 큰 배포를 보여 주기 위해서 사신들을 살려서 보냅니다. 대신 조선에 보낸 국서에 조선이 어떤 잘못을 했는지 열거하고, 국왕의 자제를 볼모로 보내지 않으면 전쟁이 일어날 거라고 선언을 하죠.[†] 그러니 이 국서를 가져가면 당연히 인조에게 벌을 받겠지요.

신병주 청 황제가 준 국서는 버렸지만 그 내용은 베껴 옵니다. 내용을 알리긴 해야 하니까요. 원본을 가져온 것은 아니니 괜찮다는 식이죠.

그날 그래도 저는 두 사신은 죄가 없다고 생각해요. 거기 가서 어떤 자세를 취해야 될지 위에서 노선을 안 정해 줬는데 어떻게 해요.

김문식 노선을 정해 줬습니다. 다만 홍타이지를 황제로 인정하지 말라는 노선을 정해 준 거죠.

그날 그럼 가지 말았어야죠.

신병주 조선이 운이 나빴던 게 병자호란이 일어나기 직전에 나라 안팎으로 양국 간의 갈등을 유발할 만한 행사가 많았어요. 인열왕후의 승하도 그렇고, 홍타이지 즉위도 그렇죠. 그 바람에 양국 관계가 더 악화된 거예요.

그날 오히려 그런 행사들이 양국 관계를 회복하는 기회가 될 수도 있는데, 그걸 잘 이용하지 못한 거예요.

[†] 전쟁을 통해 강약과 승부를 겨룰 뿐 사신을 죽이는 비겁한 짓은 하지 않겠다. 스스로 죄를 깨우쳤다면 자제(왕자)를 볼모로 보내라.
— 「홍타이지가 보낸 국서」

## 원종의 추숭 문제

반정으로 왕위에 오른 조선의 16대 왕 인조,
연이은 전쟁으로 피폐해진 나라를 돌보는 것보다
더욱 관심을 쏟는 일이 있었다.
바로 아버지 정원군을 원종으로 추숭하는 것.

이는 즉위 직후부터 고집해 온 숙원이었다.
혼란스러운 정국, 강한 왕권을 유지하려면
왕의 아들이라는 정통성이 필요하다고 생각했기 때문이다.

그러나 명분과 종통을 중시하던 신하들은
원종 추숭을 강력히 반대했다.

1635년 마침내 인조는
10여 년의 논쟁 끝에 명의 승인을 얻고
원종의 신주를 종묘에 모시는 데 성공한다.

병자호란이 일어나기 불과 1년 전의 일이었다.

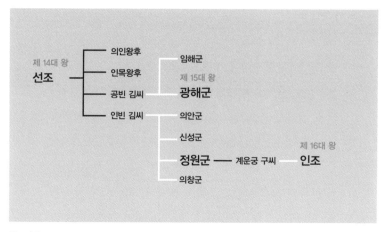

인조 가계도

## 인조는 왜 원종 추숭에 집착했나

그날 　전쟁 직전까지 온 조정이 원종 추숭에 몰두했어요. 이게 그럴 만
　　　큼 중요한 일이었나요?

김문식 　인조는 쿠데타, 즉 반정으로 왕이 됐잖아요. 그러니까 정통성에
　　　대한 콤플렉스가 있죠. 인조의 가계도를 보면 선조와 공빈 김씨
　　　사이에서 광해군이 태어났죠. 그 광해군이 인조반정으로 쫓겨난
　　　거고요. 인조는 선조가 인빈 김씨와의 사이에서 낳은 네 아들 가
　　　운데 정원군이라는 분의 아들입니다. 그런데 광해군이 쫓겨났으
　　　니까 왕위에서 사라지는 거거든요. 그러면 왕통이 선조에서 인
　　　조로 바로 내려오는 거예요. 손자가 할아버지에게서 왕위를 물
　　　려받은 셈인데, 왕통으로 보면 선조 다음이 인조니까 아버지와
　　　아들 관계가 되고, 가통으로 보면 할아버지와 손자 관계가 되죠.
　　　그러면 아버지인 정원군과 형제 관계가 되는 거잖아요. 이게 문
　　　제가 됩니다. 그런데 부친을 왕으로 옹립하면 서열도 맞고 종묘
　　　에서 순서도 맞다. 인조는 이렇게 판단했던 겁니다.

그날   인조를 왕위에 올린 반정 공신들은 뜻밖에 원종 추숭을 격렬하게 반대했다면서요. 논리적으로 인조의 생각이 아주 틀린 말은 아닌 것 같은데, 왜 그런 거죠?

최태성   성종의 아버지를 덕종으로 추숭한 선례가 있는데 덕종은 세자였다가 세상을 떠났거든요. 근거가 있는 거죠. 그런데 인조의 아버지는 세자가 아니라 일개 왕자일 뿐이었어요. 그렇기 때문에 원종 추숭에는 명분이 없는 거죠.

신병주   인조 입장에서는 원종 추숭이 왕권을 강화할 논리지만 사대부 입장에서 보면 세자 자리에 있지도 않았던 사람을 갑자기 왕으로 추숭한다는 건 이치에 맞지 않은 일이죠. 그래서 강하게 비판합니다. 사실 인조가 말이 많은 왕은 아니었잖아요.

그날   하루 종일 한마디도 안 한 적도 있었잖아요.

신병주   그런데 이때는 말이 많습니다. '왕이 이렇게 하고 싶어 하는데 왜 이걸 못하게 하느냐?' 그 과정에서 인조를 지지하는 친왕파 세력이 형성되고, 이들이 결국 원종 추숭을 성사시킵니다.

최태성   인조가 즉위 직후부터 무려 10년 동안 원종 추숭 문제를 밀어붙이거든요. 실록을 보면 추숭 논쟁이 총 14회 나와요. 그러니까 한 해도 거르지 않고 추숭 논쟁을 전개한 거죠. 여기서 우리는 그동안 인조가 민생을 어떻게 돌봤는지를 한번 살펴봐야 할 거 같아요. 인조 5년, 그러니까 정묘호란이 일어난 해예요. 굶어 죽은 시신이 나라 곳곳에 널려 있는 상황인데 인조는 추숭 논쟁을 전개합니다. 또 인조 6년으로 가 보죠. 인조 6년에는 돌림병이 있어요. 그런데도 추숭 논쟁을 두 번이나 일으키죠. 그 다음 인조 7년에는 용골대가 쳐들어오고, 공신들도 백성들 재산을 빼앗습니다. 백성들의 괴로움이 상당했을 텐데 또 추숭 논쟁을 전개합니다. 인조 8년에도 마찬가지로 2회의 추숭 논쟁이 있고요. 9년에

| 추숭 논란 | 이 시간 백성들은 |
|---|---|
| **인조 5년(1~3월 정묘호란)** | |
| 8월  정원군의 묘에 참배 시도 | 5월  가차도 사람들이 굶어 죽음 |
| | 8월  후금군이 의주의 남녀노약을 잡아감 |
| | 12월  재해가 심해 세금도 내기 어려움 |
| **인조 6년** | |
| | 2월  돌림병으로 많은 백성이 죽음 |
| 3월  정원군의 묘에 제사 친행<br>계운궁의 신주를 옮기는 제사 친행 | |
| | 5월  가뭄이 심해 굶어 죽은 시체가 많음 |
| **인조 7년** | |
| | 1월  용골대가 약탈해 백성들의 원성이 심함<br>공신들이 백성들의 재산을 빼앗음 |
| 6월  정원군의 신주를 종묘로 옮기자는 상소 | |
| **인조 8년** | |
| 8월  정원군의 추숭을 촉구하는 상소 | |
| 12월  명에 추숭 주청을 하겠다고 하교 | |
| **인조 9년** | |
| 12월  승정원에 추숭하는 일을 하교 | 12월  지진이 일어남 |
| **인조 10년** | |
| 3월  정원군 추숭 신주 논의 시작 | |

원종 추숭 논란과 당시의 민생


는 12월에 지진까지 일어나는데 그 달에 또 추숭 논쟁을 전개합
니다. 정말 끈질기죠.

그날  집요하네. 저 부분에서는 집념이 대단한 왕이네요.

## 인조는 정말 민생에 관심이 없었나

류근  인재에 천재까지 겹쳐서 백성들이 어육이 되고 있는 지경인데

오로지 자신의 왕권 수호를 위해 명분 없는 이념 투쟁을 하고 있는 것 아닙니까. 인조는 정말 민생에는 아무 관심도 없었나요?

그날 실제로 인조가 큰소리는 많이 친다면서요. '백성들을 굶어 죽게 하면 큰 벌로 다스릴 것이다' 이런 얘기는 하는데 구체적인 대안이나 정책은 전혀 없었던 거죠.

신병주 사관들의 평에 이런 얘기가 나와요. '예전에 요 임금이 어진 마음과 어진 들음이 있는데도 백성들에게 그 혜택을 주지 않으면 그것은 제대로 된 정치가 아니라 말씀하셨다. 인조 또한 요순의 마음을 가지긴 하였으나 백성에게 혜택 주는 것은 없다.' 이런 식으로 사관들이 인조를 아주 냉정하게 평가합니다.

그날 약간 기시감이 들지 않나요? 입으로만 하는 정치가 이때부터 있었네요. 당시 명과 후금에 바치는 조공의 양도 굉장히 늘어났다고 하는데, 이것도 다 백성의 고혈인 거잖아요.

김문식 그렇죠. 정묘호란 이후에는 후금 쪽에 바치는 세폐가 늘어났죠. 또 명과 후금의 자존심 싸움 같은 게 있어서 서로 더 많이 받으려고 했고요. 또 명은 이때 국력이 많이 약해져 있었거든요. 그러니까 조선에 칙사로 온 사람들은 한 재산 챙겨갈 궁리만 하는 거죠. 명 사신이 한 번 왔다 가면 나라 경제가 흔들릴 정도였어요. 이와 관련해서 이런 에피소드도 있어요. 명에 바치는 세폐 때문에 파산한 상인이 귀국하는 명 사신의 길을 막고 하소연을 했답니다. 그런데 인조는 이 가엾은 백성을 안타깝게 여기지 않고 사신에게 결례가 됐다면서 주동자를 잡아서 처벌하라는 명을 내리죠.[†] 인조는 자기 백성보다 명과의 관계를 더 중요하게 여긴 거예요.

류근 요순의 마음은 실천하지 않으면서 요상한 마음은 신속하게 실천하는 분이에요.

최태성 　나라 사정이 점점 혼란해지니까 가평군수 유백증[5]이라는 사람이 아주 직설적인 상소를 올립니다. 그 내용을 보면 "국가의 흥망은 전적으로 군덕의 잘잘못에 있다. 인심은 흉흉하고 뇌물 꾸러미가 조정에 횡행하고 있다. 국가가 마치 끊어지려는 실 끈처럼 위험한데 광해가 죽기 전에 종사가 먼저 망해 천고의 웃음거리가 될까 두렵다." 다시 말해 '왕 바꾼 거 잘한 거냐?' 이렇게 묻는 거예요.

김문식 　광해군이 아직 살아 있죠.

그날 　"광해가 죽기 전에 종사가 먼저 망해 웃음거리가 될까 두렵다." 아니 인조가 이걸 가만 뒀어요? 유백증이라는 사람 처형당했나요? 유배 갔나요?

김문식 　조선 시대에는 문관의 발언이 굉장히 세죠. 군수인데도 저 정도 발언을 할 만큼 말이에요.

그날 　정묘호란 일어나고 병자호란까지 9년이라는 기간을 이렇게 살펴보니 굉장히 안타깝네요.

† 명나라 사신이 돌아갈 때 백성들이 길가에서 통곡하여 답답한 상황을 표했다. 이에 왕이 주동한 자를 옥에 가두고 평시서의 관원을 잡아다 추고하라고 명하였다.
— 『인조실록』 13년(1635) 7월 29일

## 남한산성 이모저모

그날 　남한산성에 고립된 인조, 이 시점에서 남한산성이라는 공간에 대한 얘기를 한번 해 보죠. 2014년에 유네스코 세계유산으로 등재됐죠?

박금수 　네, 그렇습니다. 사적 제57호인 남한산성은 통일신라 때 문무왕이 쌓은 주장성 터에 세운 산성입니다.

**남한산성** 천혜의 요새로 병자호란 때도 함락되지 않았다.

| | |
|---|---|
| 그날 | 생각보다 연혁이 오래된 성이네요. |
| 박금수 | 인조 2년부터 축성을 시작해서 인조 4년인 1626년에 완공이 됩니다. 평균 해발고도가 480미터예요. 바로 옆이 한강이기 때문에 적이 쳐들어오면 500미터 정도를 한번에 올라가야 하죠. 이런 천연 경사를 이용해서 굉장히 강한 방어력을 유지하는 게 바로 남한산성입니다. 게다가 성 둘레가 12킬로미터 정도로 굉장히 넓고, 성안에는 분지까지 형성된 천연의 요새입니다. 왕은 주로 성안 행궁[6]에 거둥하고, 군사 훈련을 할 때에는 연무대를 이용하죠. 성의 사방, 즉 동서남북 면에 각 장대가 있습니다. 그중에서도 수어장대가 특히 상징적인 건물입니다. 장대 건물 중에서 가장 높은 건물로 경기도 유형문화재 제1호입니다. |
| 신병주 | 남한산성에도 궁궐처럼 사방에 문을 만들고 이름을 붙여요. 동문, 서문, 남문, 북문 이렇게요. 그중 서문에 네 개의 장대가 다 있었어요. 그래서 본래는 이곳을 서문 수어장대라고 했는데, 영 |

**수어장대** 남한산성 축성과 함께 축조된 동서남북의 4장대 중 유일하게 남아 있는 장대이다.

조 때 수어장대로 이름을 바꿉니다. 또 본래 단층이었던 건물에 2층 누각을 세워요. 그 누각 이름을 효종 때 무망루(無忘樓)[7]라고 했어요. 근심을 잊지 말자는 뜻이죠.

김문식 　조선 후기 국왕들 중에는 남한산성에 행차한 왕들이 많습니다. 숙종, 영조, 정조 세 분이 여주에 있는 효종릉을 방문할 때 다 여기를 거쳐서 갑니다. 성 곳곳을 다니면서 군사 훈련도 하고, 전쟁을 상기하는 거죠. '과거에 우리가 얼마나 부끄러운 일을 당했는가? 그런 것들을 잊지 말자. 부강한 나라를 만들자.' 이렇게 부국강병을 다짐하는 행차를 하지요.

최태성 　남한산성 안에는 마을이 있고 또 좌묘우사[8]의 형태로 배치되어 있어요. 종묘에 해당하는 좌전과 사직에 해당하는 우실이 있습니다. 유사시에는 임시 수도의 역할도 할 수 있게 말이죠.

그날 　그러고 보면 인조가 항복을 하긴 했지만 남한산성이 함락당한

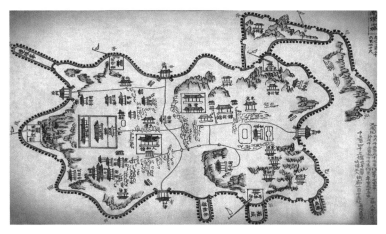

**남한산성 지도** 남한산성 안에는 10개의 사찰이 있었다.

건 아니잖아요. 그만큼 이곳이 천연 요새 역할을 톡톡히 했던 것 같아요.

박금수 그만큼 험한 지형이기 때문에 성곽을 수축하는 것도 굉장히 힘들었을 겁니다. 한 가지 흥미로운 점은 남한산성 안에 사찰이 열 개나 있다는 거예요. 왜 그럴까요? 그냥 사찰 많은 곳에 산성을 두른 걸까요?

그날 이 지역이 불심이 특히 강한가요? 왜 그렇죠?

박금수 팔도의 승병들을 모아 도총섭[9]의 지휘 하에 남한산성을 수축했기 때문입니다.

그날 스님들이 지었다고요?

박금수 네, 연이은 전쟁으로 백성들을 동원하기가 쉽지 않았던 것 같아요. 대신 승병을 동원해서 산성을 짓고, 성안에 그분들이 머물 사찰을 세운 거죠.

김문식 임진왜란이나 병자호란에 참전해서 공을 세운 민간인을 의병이라고 하잖아요. 승병에게도 이 의(義) 자를 붙여서 의승 또는 의

승장이라고 표현합니다.

그날  서산대사, 사명대사, 영규대사 등 임진왜란 때 스님들의 활약이
    컸다는 건 알고 있는데, 병자호란에도 스님들이 등장할 거라곤
    생각 못 했어요.


## 남한산성을 지킨 조선의 승려들

그날  병자호란 때 활약하셨던 승병들의 이야기를 좀 들어 볼까 해요.
    도움 말씀 주실 일감 스님 모셨습니다. 안녕하세요?

일감  네, 안녕하세요.

그날  의병 활동에 참여하신 스님들의 이야기를 좀 들려주세요.

일감  네, 임진왜란 때 서산대사, 사명대사, 영규대사, 처영뇌묵대사 등
    을 중심으로 승병이 전투에 참여해서 나라를 구한 것은 다들 잘
    알고 계실 텐데요. 의승군의 역사는 고구려 때로 거슬러 올라갑
    니다. 고구려를 침입한 수나라 군대를 살수로 유인했던 일곱 명
    의 스님들이 있었다는 기록이 전해지고 있죠. 정묘·병자호란 때
    에도 3000~4000여 명의 승군이 전투에 참여한 것으로 기록되어
    있습니다.

그날  그렇군요. 당시 남한산성 안에 있던 승군의 규모는 어느 정도였
    습니까?

일감  『중정남한지(重訂南漢志)』에 보면 총사령관 격인 승군도총섭 한
    분을 중심으로 교련관 1인, 승중군 1인, 초관 3인, 기패관 1인, 입
    번승 365인, 원거승 138인 등 총 500여 명의 스님들이 남한산성
    에 주둔했던 것으로 보입니다.

박금수  방금 스님께서 말씀하신 중군, 교련관, 초관, 기패관 이런 것들
    은 조선 관군의 편재와 정확히 일치합니다. 실제로 남한산성에
    가 보면 사찰들이 성곽과 굉장히 가까운 곳에 있어요. 스님들이

계속해서 남한산성의 수비와 관리를 맡으셨던 것 같아요.

그날　남한산성 안에 있는 열 개 사찰 중에서 당시 모습을 유지하고 있는 건 장경사뿐이라고 들었어요. 그럼 다른 사찰들은 어떻게 된 건가요?

일감　1907년 일제가 경내에 무기와 화약, 화포 등이 보관되어 있다는 것을 이유로 남한산성 내 사찰들을 전부 파괴했습니다. 하지만 다행히도 최근에 장경사가 복원되어서 호국 의승군을 기리는 사업을 펼치고 있습니다.

그날　스님, 이건 좀 조심스러운 질문인데요. 원래 불교가 살생을 금지하는 종교 아닙니까. 그렇다면 의승군의 존재는 어떻게 이해할 수 있을까요?

일감　본래 불교에서는 살생을 금합니다만 우리나라 대승불교에서는 한걸음 더 나아가 살생을 방지하는 것을 더 중요한 덕목으로 생각합니다. 내 목숨을 버려서 무고한 백성을 살리는 것, 그것이 더 귀한 뜻이고 그렇게 함으로써 더 많은 살생을 종식할 수 있다고 생각한 거죠. 그것이 의승군이 일어난 이유입니다. 저는 이런 정신이야말로 우리 후손들이 본받아야 할 정신이라고 생각합니다.

### 또다시 반복된 조선의 외교 실책

그날　남한산성 고립 47일 간의 기록에 대해 이야기 나눠 볼까요?

최태성　인조가 남한산성에 고립된 이튿날 청에서 요구를 해요. 왕의 아우와 대신을 보내라고 하는데, 이때 또 조정에서 황망한 결정을 합니다. 또 가짜 아우와 가짜 대신을 보낸 거예요. 어떻게 보면 일관성은 있죠.

그날　정묘호란 때도 그랬잖아요. 관행입니다, 관행.

최태성　종친인 능봉수를 능봉군으로 품계를 올려서 가짜 아우를 만들고, 형조판서인 신집을 정승급 대신으로 둔갑시켜서 적진에 보내죠.

그날 그렇게 성공한 예가 없잖아요. 계속 들키는 거 아닙니까. 또 들키면 혹 때려다 혹 붙이는 격인데 정말 일관성 있는 관행이군요.

신병주 조선에서는 청이 속아 주면 좋고 안 되면 우리는 성의 표시했으니 그걸로 된 거 아니냐. 이렇게 안일하게 생각했던 것 같아요. 그런데 저쪽은 그렇지 않았던 거죠. 청은 격식을 상당히 중시했어요. 여기서 문제는 형조판서로 갔던 가짜 대신 신집이 너무 진실한 사람이었다는 거예요. 거짓말 안 하는 걸 신조로 삼았던 사람이라 결국은 청 진영에 가서도 '저는 실제 대신이 아닙니다'라고 밝히고, 심지어는 '능봉수 이 사람도 가짜다' 이런 식으로 얘기해요. 그 바람에 문제가 커지죠.

그날 누구를 위한 소신입니까. 형조판서는 지금으로 따지면 뭐예요?

신병주 법무부 장관이죠.

그날 조국과 백성을 위해 선의의 거짓말조차 할 줄 모르는, 대단히 훌륭한 분이셨네요.

김문식 그것 때문에 청군 지휘부에서 격분합니다.

그날 그쪽은 다큐를 원했는데, 우리는 예능을 한 거예요.

김문식 이날 아까운 분이 한분 돌아가셨는데 박난영[10]이라는 분이에요. 후금 시절부터 양국 간의 교류를 담당했던 역관인데요. 이분이 이때 마침 청 진영에 있었어요. 청 장수가 묻죠. '지금 신집이 하는 이야기가 사실이냐?' 그런데 박난영은 애국자라 진짜 왕의 아우이고 진짜 대신이 맞다고 거짓말을 합니다.

신병주 능봉수도 자기가 능봉군이라고 이야기하거든요.

김문식 이 일로 박난영이 그 자리에서 죽습니다. 사실 전시에는 역관이 굉장히 중요한 역할을 하거든요. 통역을 잘 해서 사태를 원만하게 처리해야 되는데 아깝죠. 다행히 나중에 그 공로를 인정받아서 이분이 고종 때 영의정으로 추증돼요.

신병주 사실 청은 어느 정도 사실을 알았던 거예요. 그런데 진실을 말할 줄 알았던 역관 박난영이 조선 편을 드니까 괘씸했던 거죠.

그날 그럼 조선에서는 어떻게 대응해야 하는 거예요?

김문식 조건이 강화되죠. 세자를 보내라고 합니다. 왕의 아우나 대신이 아니라 세자가 와야 화친할 수 있다는 거죠.

최태성 상황이 이렇게 되니까 조정 대신들 사이에서도 논란이 격해질 수밖에 없죠. 그 와중에 김류는 내내 주화를 주장했던 최명길을 앞세워 세자를 보내고 홍타이지를 황제로 부르자는 여론을 조성해요. 그때 척화파 김상헌이 '그런 말 하는 사람 내가 다 죽여 버릴거야!'라고 호통을 치면서 자살까지 시도합니다.

신병주 사실 사람 많은 곳에서 시도하는 자살은 자살이 아니죠. 다 말려줍니다.

그날 인조는 이에 대해 어떤 반응을 보이나요?

신병주 이때가 남한산성에 들어간 지 사흘쯤 됐을 땐데, 이때까지는 인조도 나름대로 결전의 의지를 밝혀요. 산성도 직접 순시하면서 방어 태세도 점검하고, 공을 세우는 자는 확실하게 승진시켜 주겠다고 약속도 하고요.

김문식 승산이 아예 없었던 건 아니었어요. 어쨌거나 남한산성이 천혜의 요새인 건 사실이거든요. 또 한겨울에 남한산성을 공격하는 것은 청군에게도 상당한 부담이었죠. 그래서 초반에 남한산성 외곽을 봉쇄하는 작전을 썼던 거죠. 또 12월 19일부터 23일까지 큰 전과는 아니지만 조선군이 청군과 싸워서 소소한 승리를 거두기도 했습니다.

"화친해도 좋고, 싸워도 좋은 날입니다."

그날  남한산성은 고립됐지만 조선 팔도에 다른 군사들이 있을 거 아니에요. 그 군사들이 청군의 후방을 치면 상황을 반전시킬 수 있지 않았을까요?

박금수  조선에서도 당연히 그런 계획을 세웠죠. 인조가 남한산성에 들어가서 농성할 때, 삼남 지방의 근왕병[11]이 청군의 후방을 교란하면 굉장히 큰 타격을 줄 수 있거든요. 실제로 청나라의 침입 봉수를 늦게 올렸던 김자점은 뒤늦게 청군의 후방을 치려다가 매복 기습을 받아서 5000명의 병력을 잃고 도주합니다.

그날  근왕병이 있었는데 계속 실패를 거듭하는군요. 남한산성 고립 14일째입니다. 또 어떤 일이 벌어졌을까요?

신병주  고립 14일째에 조선이 기습 공격을 시도합니다. 재밌는 것은 이때 김류가 점술가들에게 물어봐요. '어떤 날 공격하면 좋겠느냐?' 그런데 점괘가 이상하게 나온 거예요. '29일은 화친을 해도 좋고 싸워도 좋은 날이다.' 이렇게요.

김문식  김류의 군사들이 북문 근처에 있었는데, 여기에 한강변으로 이어지는 굉장히 가파른 길이 있어요. 김류가 북문에 서서 바깥을 보니까 청군이 조선 포로들을 잡아 두고 있는 게 보였던 거죠. 지키는 군사도 몇 안 되고, 가축들도 몇 마리 있었어요. 일진이 좋다는 점괘에 자신감을 얻은 김류가 군사들을 보냅니다. 그때 청군이 기습을 한 거죠. 안타깝게도 이때 조선 병사들이 화약을 많이 갖고 가지 않았어요. 그래서 중견 지휘관 여덟 명과 군사 300명이 성안으로 들어오지도 못하고 북문 밖에서 죽게 되죠.

그날  전략이 뒷받침돼야 점괘를 믿고 공격을 하든 말든 할 텐데 문제네요. 싸우든 화해하든 모두 길한 날, 이렇게 애매한 날이 어딨어요?

최태성  12월 30일, 새해 전날이잖아요. 이때 행궁 근처에 까치들이 모여

들어서 집을 지어요.

류근　흔히 말하는 까치설날이네요.

최태성　네, 그러니까 이게 길조라고 본 거죠. '좋은 일이 있을 것 같다. 혹시 청군을 물리치는 거 아닐까?' 이런 기대감을 갖고 있었는데 이날 조선에 아주 치명적인 사건이 벌어집니다. 어떤 사건일까요?

신병주　홍타이지가 직접 출병을 합니다. 남한산성 턱밑까지 치고 들어오는 거죠. 이때 30만 대군이 왔다는 소문까지 돌아요. 실제로는 12만 명 정도였는데 말이죠. 청군 입장에서도 황제가 직접 출병을 했으니 압박의 강도가 더 세졌죠.

그날　점점 궁지에 몰리고 있네요. 이때 인조의 심정은 어땠을까요? 여기서 잠깐 류근 시인께 문제를 하나 드려 볼까 하는데요. 당시 인조는 어떤 마음이었을까요? 힌트를 드리자면 숫자 4와 관련이 있습니다.

류근　죽을 지경이겠네요. 아, 사면초가군요. 화친도 전쟁도 여의치 않은 상황에서 홍타이지까지 왔다. 이쯤 되면 죽을 지경에 사면초가네요.

신병주　정확히 말하면 사면청가죠.

최태성　사실 4는 인조가 남한산성에서 통곡한 숫자예요.

신병주　그렇습니다. 12월 17일 하루에만 네 번 우셨다는 기록이 있어요.

최태성　그리고 항복할 때까지 네 번 더 우세요.

김문식　인조가 울면서 하신 말씀이 있습니다. "중국을 섬겨 받은 은혜가 많은데, 하루아침에 원수인 오랑캐의 신첩이 됐다. 윤리를 바로 잡기 위해 반정을 일으켰는데, 끝내 견양(犬羊)과 금수(禽獸)와 같은 결과가 되고 말았다."

그날　인조반정 직후에 금수의 땅에서 사람의 세상이 됐다고 기뻐했었는데, 본인이 이런 지경에 이르렀으니 가슴이 먹먹했겠어요.

## 추위와 굶주림에 무너지는 남한산성

임시 피란지로 택했던 남한산성,
항전이 길어지자 모든 것이 부족했다.

성안의 사람과 짐승이 모두 굶주려
말과 소들이 서로의 꼬리를 뜯어 먹었다는
소문이 있을 정도였다.

군사들은 방한복 대신 빈 가마니를 쓰고 버티다가
제대로 싸워 보지도 못한 채 얼어 죽었다.

왕인 인조조차 침구가 없어 옷을 입은 채
잠자리에 드는 처참한 나날들.

차츰 조정에서는 강화를 원하는 목소리가 높아 갔다.

혹독한 추위가 찾아오는 남한산성의 겨울

## 추위와 배고픔으로 고통받는 나날들

그날    얼어 죽고 굶어 죽고 정말 비참한 상황이 연출되고 있습니다.

박금수  제가 무예 시범이나 관련 이미지 촬영 때문에 남한산성에 자주
가는데요. 사실 여기가 겨울에 굉장히 춥거든요. 올 9월에도 역
사저널 팀하고 영상 찍으러 갔었는데 해가 지니까 한겨울처럼
춥더라고요. 그때 검집을 목도리 삼아 두르고 버텼는데 한겨울
에는 아마 상상할 수 없을 만큼 혹독한 추위가 몰아칠 거예요.

류근    남한산성도 옛날로 따지면 병영이잖아요. 동서고금을 불문하고
군대는 추워요.

신병주  추위도 추위려니와 물자 보급도 거의 안 되는 상황이었죠. 이것
과 관련해서 이런 일화도 있어요. 어느 날 인조 밥상에 닭다리가
하나 올라왔어요. 인조가 이걸 받아 드는데 느낌이 이상한 거예

요. 그래서 이렇게 얘기합니다. "처음 남한산성에 온 날부터 닭
울음소리가 들렸는데, 이제 닭 울음소리가 들리지 않는다. 혹시
그 닭이 아니냐? 앞으로 내 밥상에 닭을 올리지 마라." 왕이 흔
하디흔한 닭다리 하나 못 먹을 만큼 처참한 상황이었던 거죠.

## 충격적인 패배, 쌍령 전투

그날　　남한산성 고립 19일째입니다.

최태성　이 힘든 와중에 밖에서는 충격적인 패전 소식이 들어옵니다. 경
　　　　기도 이천 지역에서 벌어졌던 쌍령 전투의 패배 소식인데요. 『연
　　　　려실기술』에 의하면 쌍령 전투에 투입되었던 조선군이 4만 명
　　　　정도 됐다고 해요. 대개는 경상도 지역 병사들이었다고 하고요.
　　　　그에 맞서는 청의 기병은 300명이었습니다. 수가 이 정도로 차이
　　　　나면 조선군이 당연히 가볍게 승리해야 되거든요. 그런데 조선
　　　　군이 이 전투에서 궤멸당합니다.

그날　　청의 기마병이 아무리 우수하다고 해도 4만 대 300인데, 어떻게
　　　　그럴 수가 있나요?

박금수　경상도 지역 군인들은 임진왜란으로 보병과의 전투에 대한 훈련
　　　　은 받았지만 기병과의 전투는 처음이었어요. 그래서 적의 기병
　　　　이 돌격하는 데는 당황할 수밖에 없었던 거죠. 전투에서 병사들
　　　　의 조직력이 흐트러지면 숫자는 의미가 없습니다. 적의 돌격에
　　　　당황한 군사들이 도망가다 압사하는 경우도 있었고요. 화약을
　　　　모아 둔 상자에 실수로 화승을 떨어트려서 폭사당하기도 하는,
　　　　웃지 못할 상황들이 펼쳐졌던 것 같아요.

최태성　자중지란이네요. 우리끼리 압사당하고 폭탄 터지고.

그날　　경기도 이천 쌍령이면 남한산성에서 15킬로미터 정도 떨어진 곳
　　　　이거든요. 거기서 승리했다면 남한산성을 지원할 수 있었을 텐

데 안타깝네요.

신병주　쌍령 전투가 근왕병이 크게 패한 대표적인 전투예요. 근왕병이
　　　　남한산성으로 일부 집결을 하긴 해요. 경상도, 충청도, 경기도
　　　　병력 할 것 없이 집결하는데, 대부분이 청군에게 패하면서 결국
　　　　남한산성은 더더욱 고립된 것이죠.

그날　　조선의 도원수는 김자점 아닙니까? 이 사람은 패퇴한 뒤에 뭘 한
　　　　거예요?

신병주　김자점도 흩어진 병력을 모아서 남한산성에 들어오려고 시도는
　　　　해요. 1만 7000여 명의 군사를 모아서 지금의 경기도 양평 지역
　　　　인 미원에 도착했는데, 쌍령 전투에서 대패했다는 소식을 듣고
　　　　는 오지 않습니다.

그날　　미원(迷園)이라는 지명이 헤매는 들판이라는 뜻이라면서요. 김
　　　　자점 이분은 거기서 계속 헤매신 거예요.

## 식량을 구할 수 있는 방법이 전혀 없었나

그날　　1월 8일, 고립 24일째입니다. 남한산성 식량 담당관이 급하게 인
　　　　조를 찾아 왔어요. 어떤 보고를 했을까요?

김문식　당시 식량 담당관이었던 나만갑[12]이 인조에게 보고를 하는데, 처
　　　　음 남한산성에 들어올 때 군량이 6000석 정도 있었다고 해요. 그
　　　　런데 이때는 2800석 정도 남은 거예요. 3200석가량 소비를 했는
　　　　데, 날짜별로 계산하면 하루에 130석 정도를 먹은 거거든요. 앞
　　　　으로 20일 정도밖에 못 버티는 거예요. 결국 식량 사정 때문에라
　　　　도 1월 말까지는 결론이 나야 하는 거죠.

최태성　그럼에도 불구하고 인조는 지구전을 주문해요. 군량이 부족하다
　　　　는 얘기는 그만하고 어떻게 하면 지구전을 펼칠 수 있을지 대책
　　　　을 마련해 오라고 이야기합니다.

그날     어떻게든 정신력으로 버텨보라는 건데, 혹시 성 밖에서 식량을
        구해올 여지가 있었나요? 설마 사방을 다 막았으려고요.

박금수   실제로는 암문[13]이라고 해서 보이지 않는 문이 있었어요. 이 문
        을 통해 밖으로 나가서 사냥을 하면 식량을 조달할 수 있었죠.
        하지만 조선 병사가 성을 나가는 즉시 청군에게 발각됩니다. 그
        렇기 때문에 성 밖에서의 식량 보급 활동은 거의 다 차단됐다고
        봐야 합니다.

그날     저는 궁금한 게 청야(淸野) 전술이라고 해서 적이 오기 전에 들
        판의 곡식 같은 것들을 전부 다 불태우고 그러잖아요. 그렇다면
        성 밖의 청군도 분명 식량 보급에 문제가 있었을 거란 말이죠.
        그런데 어떻게 성 안에 있는 사람들은 계속 굶주리고 청군은 편
        안하게 포위하는 상황이 된 건가요?

김문식   조선 쪽에서 청군의 동태를 파악하기 위해서 술이나 고기 같은
        걸 가져가서 대접하려고 하거든요. 그때 청 장수가 "조선 천지가
        이미 우리 땅이고 여기 있는 술과 고기가 다 우리 것인데 무슨
        걱정이냐? 너희 형편이 더 어려울 테니 가져가라" 이렇게 대답
        합니다.

최태성   민가를 약탈했던 거죠.


**운명의 그날, 청의 최후통첩**

그날     시간은 흘러 흘러 남한산성 고립 33일째입니다.

최태성   1월 17일, 정말 운명적인 날인데요. 청이 최후통첩을 하죠. 인조
        에게 살고 싶으면 나와서 귀순하라는 의사를 전합니다. 이때 유
        명한 장면이 나오죠. 인조를 밖으로 내보내지 않기 위해서 최명
        길이 화친 답서를 쓰는데요. 척화파의 대명사인 김상헌이 그 화
        친 답서를 찢습니다. 그리고 최명길이 찢어진 답서를 다시 붙이

면서 이런 상황에서는 자기 같은 사람도 필요하다고 울죠. 정말 유명한 장면이잖아요.

박금수 「역사의 라이벌」에 나왔던 장면이죠. 그런데 찢어진 국서를 다시 붙여요? 찢어진 국서를 붙여서 보내도 되는 거예요?

신병주 찢어진 국서를 붙인 건 상징적인 행동이고, 나중에 다시 썼겠죠. 찢은 걸 붙여서 보내면 또 트집 잡히잖아요. 당시 상황에서 화친을 요구하는 문서란 건 결국 항복 문서거든요. 이렇게 어렵게 작성한 국서를 청 진영에 보내는데, 청에서 또 여러 가지 문구를 문제 삼아서 트집을 잡습니다. 예를 들어 '조선 국왕' 대신에 '신(臣) 이종'이라고 써야 된다고 해요.

그날 이종이 인조의 이름이죠?

신병주 그렇죠. 또 명 황제의 연호인 숭정이 아니라 청나라 연호인 숭덕을 쓰라고 합니다. 희한하게 명과 청의 연호 앞 글자가 같았어요. 어쨌든 조선은 결국 이 모든 요구를 받아들여서 국서를 수정해서 보냅니다. 그런데도 청은 인조가 직접 나오기를 요구하죠.

**청이 끝까지 인조의 출성을 요구했던 이유는?**

그날 이 정도면 충분히 저자세를 취한 건데 굳이 인조가 직접 나가야 할 이유가 있었을까요? 청에서는 왜 그런 걸 요구한 거죠?

김문식 청 입장에서는 왕이 직접 항복하는 모습을 보여야 진짜 복종의 표시가 된다고 생각했던 것 같아요. 또 앞서 홍타이지 즉위식 때 나덕헌과 이확이 꼿꼿이 서서 절을 안 했잖아요. 그것도 벼르고 있었을 거고요. 이번에는 아예 조선 국왕이 직접 자신에게 허리를 숙이고 절하는 모습을 세상에 보이고자 했던 거죠.

신병주 그때까지 자신이 받은 괄시를 한번에 다 갚아 주려고 한 거죠. 문서상으로 조선이 청의 신하임을 인정했음에도 왕이 그걸 직접 행동으로 보여야 한다며 치욕적인 장면까지 요구한 겁니다.

그날 그렇다면 인조가 성 밖으로 나오지 않으려 했던 것도 같은 맥락 아닌가요? 그렇게 성을 나가면 위세를 잃고 왕 노릇하기 어려웠을 거 아녜요.

최태성 고립 37일째 되던 날 실제로 인조가 홍타이지에게 애원하는 편지를 써요. "제가 성을 나가면 폐하의 은덕으로 다시 나라를 세울 수 있다고 하더라도 신하들은 필시 저를 임금으로 떠받들려 하지 않을 것입니다. 저는 이것이 두렵습니다."

신병주 또 인조는 출성 후에 홍타이지가 자신을 청으로 압송해 갈지도 모른다고 생각했어요.

김문식 그런 우려가 많아요. 신변의 안전이 보장되지 않는다고 생각한 거죠.

신병주 예전에 비슷한 사건이 있었어요. 정강의 변[14]이라고요. 송나라를 침략한 금나라 군사가 휘종과 흠종을 납치해 갔거든요. 그런 기억을 떠올린 거죠. 자기도 잡혀갈지 모른다는 위기감, 이런 것을 차마 표현하지는 못하고 신하들이 나를 임금으로 떠받들지 않을 것이니 출성만은 면하게 해 달라고 애원한 거죠.

그날 목숨만 살려 달라는 거네요.

류근 병자호란 초기에 왕의 아우와 대신을 보내라고 했잖아요. 이때 제대로 보냈다면 어땠을까요? 그 뒤에 왕세자를 보내라고 하잖아요. 그때라도 제대로 대응했으면 어땠을까 싶어요.

신병주 황제가 직접 출병한다는 게 쉽지 않은 일이잖아요. 그런데도 홍타이지가 군이 친정까지 한 걸 생각하면 조선이 외교에서 큰 잘못을 했고, 군사적으로도 전혀 대비가 없었던 게 문제였죠. 정묘호란 이후 10년 동안 허송세월한 거죠.

그날 소설가 김훈 선생님께서 『남한산성』에서 이렇게 정리하셨어요.

"척화는 실천 불가능한 정의이고, 화친은 실천 가능한 치욕이었다." 우리가 오랑캐를 황제의 나라로 받아들일 수 없다는 명분, 그 실천 불가능한 정의에만 매달리지 않았으면 이런 치욕을 맞지 않았을 거라는 생각이 드네요.

김문식 　조선의 근본적인 문제가 뭐냐면 명이 망한다는 전제가 없었다는 거예요. 만약 명이 망하고 청이 중원을 장악할 수도 있다. 이런 국제 인식을 가졌다면 대응이 많이 유연해졌을 거예요.

신병주 　이 시기에 국제적 안목이 있는 외교 전문가와 군사 전문가가 있었다면 형세를 이렇게 어처구니없게 오판하지는 않았을 거예요.

그날 　1월 22일, 고립 38일째 결국 인조가 남한산성 밖으로 나올 수밖에 없는 사건이 생깁니다. 남한산성이 아닌 다른 장소에서 일어나는 일인데요. 다음 시간 병자호란 두 번째 이야기로 찾아뵙겠습니다.

# 8

# 병자호란 2 ─ 치욕의 삼전도

'그날'을 만나면서

1637년 1월 30일 인조는 수항단이 마련된 삼전도에서 청 태종에게 세 번 절하고 아홉 번 머리를 조아리는 삼배구고두(三拜九叩頭)의 예를 행했다. 한때는 오랑캐라고 업신여겼던 청 황제에게 엄청난 굴욕을 당한 것이다. 조선의 자존심은 여지없이 무너졌다. 후폭풍도 컸다. 군신 관계를 골자로 하는 정축화약이 맺어졌고, 두 왕자는 청에 인질로 끌려가는 운명을 맞았다. 청 황제의 공적을 칭송하는 비문을 작성하라는 요구까지 이어졌다. 끝이 보이지 않는 굴욕이었다.

1637년 1월 25일 아침, 청군은 조선군의 포위를 뚫고 산성 주변 500미터 지점까지 접근하여 총공격을 준비했다. 근접전은 공격하는 쪽에도 많은 희생을 요하기 때문에 청군은 산성 주변의 포격에 주력하였다. 청군의 포격으로 남한산성 동쪽의 망월대가 파괴되고 대장기가 꺾여 날아갔으며 문루와 성벽 여러 곳이 파손되었다. 그러나 조선군의 저항도 만만치 않았다. 조선군은 흙으로 담을 쌓아 파손된 성벽을 복구하면서 청군에 맹렬한 포격을 퍼부었다.

다음날인 1월 26일 청군은 조선에 강화도 함락 소식을 전했다. 나흘 전인 1월 22일 청군이 강화도를 함락시켰다는 것이다. 강화도는 봉림대군과 세자빈, 원손 등이 피란 갔던 곳이기에 강화도 함락은 왕가의 단절을 의미했고, 이로써 조선군의 사기는 크게 떨어졌다.

1월 27일 청군은 포위망을 좁혀 산성 바로 앞까지 군사들을 진격시켜 최후의 공격을 준비했다. 청군은 위협적인 포격을 가하면서 성벽 주변에 목인(木人) 수십 개를 두었다. 성벽을 기어오르기 쉽게 하기 위함이었다. 청군의 위협이 거세지면서 산성 내 주화파의 입지가 강화되었다. 장시간에 걸친 회의 끝에 남한산성에서는 청의 요구대로 인조가 성에서 나와 항복을 한다는 결론이 났다. 항복하는 과정에서도 굴욕은 계속되었다. 인조는 왕의 복장 대신 남색 융복을 입어야 했고, 정문인 남문 대신 서문으로 내려와야 했다. 성안의 부녀자들은 인조와 대신들이 입을 남색 융복을 마련하기 위해 밤을 새워 옷을 지었다.

조선의 항복이 목표였던 청 태종은 조선의 국서를 접수하고 조속한 시일 내에 화의를 결말지을 것을 지시하였다. 협상은 급속도로 진행되었고 열한 가지 항복 조건을 담은 정축화약이 맺어졌다. 주요 내용은 명의 고명(誥命)과 책인(冊印)을 청 황제에게 바칠 것, 명과의 국교를 단절하고, 청과 군신 관계를 맺을 것, 명의 연호를 폐지하고 청의 연호를 사용할 것, 세자와 왕자 및 대신의 자제를 심양에 인질로 보낼 것, 조선인 포로가 도망쳐 오면 즉시 심양으로 돌려보낼 것, 두 나라 신하들의 통혼을 장려하여 우의를 돈독히 할 것, 성을 새로 쌓거나 개축하지 말 것 등이었다.

인조의 항복 의식을 받아들인 청 태종은 조선 국왕의 죄를 용서한다는 칙서를 내렸다. 그리고 자신이 조선에 은혜를 베풀었음을 기념하는 비석을 세우게 하니 이것이 바로 대청황제공덕비, 즉 삼전도비였다. 청에서는 하루빨리 비문을 작성하라 독촉했으나 조선에서는 누구도 비문을 쓰겠다 나서는 이가 없었다. 결국 인조가 직접 이경석, 장유, 이희일 등을 비문 작성자로 지목했고, 최종적으로 이경석의 글이 선택되었다. 훗날 이경석은 이 글을 썼다는 이유로 두고두고 사류들의 거친 비판을 받아야 했다. 비극의 시대를 살았던 지식인의 슬픈 초상이었다.

결박은 면하게 해 주겠다.
관(棺)은 끌고 나오지 않아도 좋다.
단, 죄인은 정문(남문)으로 나올 수 없다.


하급 관리의 의복인 남색 옷을 입고,
서문을 나선 죄인은
조선의 16대 임금 인조.


인조 일행이 도착한 곳은
청 황제 홍타이지가
조선의 항복을 받기 위해 기다리던
삼전도 나루.


인조는 청 황제 앞에 무릎을 꿇고
세 번 절하고
아홉 번 머리를 조아린다.


조선과 청이 군신 관계가 되었음을 의미하는
삼배구고두례(三拜九叩頭禮)였다.

최원정   오늘은 지난 시간에 이어 병자호란에 대해 살펴보겠습니다. 화
　　　면 때문에 분위기가 굉장히 숙연해졌어요. 47일 동안은 어떻게
　　　버텼는데 결국 오랑캐라고 업신여기던 청 황제 앞에 무릎을 꿇
　　　었어요. 이때 인조의 심정이 어땠을까요?

류근     흔히 참담하다는 표현을 쓰지 않습니까. 끔찍하고 절망적이라는
　　　말인데, 말 그대로 참담했겠죠. 하늘이 무너져 내리는 심정 아니
　　　었겠습니까.

최태성   인조는 반정을 통해서 정권을 잡았기 때문에 정통성이 특히 취
　　　약했잖아요. 거기다 이렇게 항복까지 하면 권위가 땅에 떨어질
　　　게 분명하죠. 인조도 그 사실을 잘 알고 있었을 거예요.

그날     박시백 화백님 만화에도 그런 장면이 있더라고요. 인조가 항복
　　　후에 도성으로 돌아가면서 "내가 이런 꼴을 보자고 반정을 했단
　　　말인가!" 하면서 눈물을 뚝뚝 흘려요. 그때 인조 심정은 어땠을
　　　까요?

박시백   조선 시대에 반정을 하려면 자기 목숨뿐 아니라 일가의 명운을
　　　걸어야 하잖아요. 그럼에도 인조가 반정을 했을 때 그 마음이 어
　　　땠을까 생각해 보면, 자신의 모든 것을 걸 만큼 광해군에 대한
　　　미움이나 권력욕이 컸다고 볼 수도 있겠지만 동시에 '내가 임금
　　　이 된다면 더 잘 할 수 있으리라' 하는 마음이 분명 있었을 거예
　　　요. 15년이 지난 후 이 참담한 결과를 맞으면서 분명 반정할 때
　　　의 다짐을 생각했을 거예요. 시인님 말씀대로 정말 참담하지 않
　　　았을까 싶습니다.

신병주   『실록』이나 『승정원일기』 등을 보면 인조가 성문을 나설 때 성
　　　안에 있던 신하들이 전부 가슴을 치며 통곡했다고 해요. 그만큼
　　　그날은 인조뿐 아니라 신하들에게도 비참한 날이었던 거죠.

## 삼배구고두례와 고대 항복 의식의 절차

그날 　항복 절차라는 게 굉장히 복잡하던데 이게 다 법으로 정해져 있는 건가요?

허태구 　원래 중국의 고대 항복 의식에는 몇 가지 상징적인 절차가 있었습니다. 스스로 몸을 묶고 관을 끌고 나온다거나 해진 옷을 입고 나오는 것 등인데, 인조에게 적용된 것은 비교적 가벼운 등급의 것이었습니다.

류근 　그렇군요. 아까 화면에서 보니 옷도 제대로 못 입게 하고 출성할 때 나오는 문에 대해서도 간섭을 하더라고요.

허태구 　예, 그렇죠. 정축년 1월 30일에 항복 의식을 하기로 했는데, 그 전에 청나라 용골대하고 좌의정 홍서봉, 호조판서 김신국 등이 모여서 항복의 세세한 절차에 대해서 협의를 합니다. 그때 가장 쟁점이 됐던 게 인조의 복식과 출성 통로였죠. 청 측에서는 인조가 죄인이기 때문에 임금의 정식 복장인 곤룡포도 입을 수 없고 정문인 남문으로 나올 수도 없다고 주장했습니다.

신병주 　인조와 소현세자가 입을 남색 옷을 갑자기 구할 수가 없어서 성 안의 부녀자들이 밤새 바느질해서 옷을 만들었다는 기록이 있어요. 그 정도로 상황이 긴박했던 것 같아요.

최태성 　대개 병자호란 이후 행했던 항복 의식 하면 삼배구고두례[1] 정도만 떠올리잖아요. 청이 이렇게까지 집요하게 인조가 죄인임을 명시하려 했는지는 몰랐네요.

그날 　삼배구고두례라는 건 정확하게 어떻게 하는 거예요?

신병주 　세 번 무릎 꿇고 절을 하고 아홉 번 머리를 조아리는 겁니다. 한 번 절할 때마다 세 번씩 땅에 이마를 대고 머리를 조아리는 의식인데 이게 항복 의식의 핵심이죠. 사실 그 전에도 조선의 왕이 사직이나 명 황제 또는 황태자에게 삼배례를 하는 경우가 있긴

**삼전도의 굴욕을 묘사한 부조** 서울특별시 송파구 송파동 소재.

했어요. 하지만 실제 대상에게 삼배구고두례를 행한 것은 이때가 처음이자 마지막이었습니다.

그날    청 태종은 왜 그렇게 항복 의식에 집착했을까요? 끝까지 집요하게 인조의 출성을 요구하지 않습니까.

허태구    국제 질서상 병자호란의 항복이라는 것은 조선과 청의 관계가 형제 관계에서 군신 관계, 즉 임금과 신하의 관계로 전환되었음을 의미합니다. 양국 간의 힘의 변화는 훗날 청이 조선에 요구하는 정치적, 경제적, 군사적 현안의 타결 과정에서도 잘 드러나지만 평소에는 외교 의례의 시행을 통해서 확인되고 재현되죠. 대표적인 게 연호의 사용이나 사신의 위치, 국서의 형식 같은 것입니다. 이 의례 가운데 양국 관계를 가장 뚜렷하게 보여 주는 것이 삼배구고두례라고 할 수 있습니다.

그날    확실히 무릎 꿇게 해서 권위를 인정받고 싶었던 거죠.

## 피 흘리는 인조와 의식 중에 소변을 보러 간 홍타이지

그날　잠깐만요. 그날 톡이 왔습니다. "삼배구고두례 할 때 인조의 이마에서 정말 피가 났나요?" 이런 질문이 왔네요. 흔히 사극에서는 인조 머리에 피가 철철 흘렀던 것으로 묘사되잖아요. 그래서 저는 그게 역사적 사실인 줄 알았거든요. 실제로 그랬나요?

최태성　학생들은 더 드라마틱한 장면을 떠올려요. 한 번 절하고 세 번 머리를 찧는데 청 태종이 '소리가 안 들린다. 더 세게 해라'라고 말하고, 이에 인조가 쿵쿵 소리를 내면서 피까지 흘렸다고요.

신병주　사실 당시 현장을 정확하게 묘사한 기록은 없습니다. 정황상 이마를 땅에 대기는 했을 거예요. 이때 조선에서는 자리를 깔면 안 되냐고 제안했는데 청에서 거부해요.[†] 황제 앞에서 자기를 높이는 물건을 두면 안 된다는 거죠. 그런데 이때가 1637년 1월 30일 겨울입니다. 땅이 얼어붙었을 가능성이 상당히 높죠. 언 땅에 이마를 찧다 보면 상처가 날 수도 있지만 그건 누구도 확증은 못 해요.

박시백　그래도 피가 나지는 않았을 것 같아요. 삼배구고두례 하고 청 태종이 곧바로 인조를 단상 위에 올라오게 하거든요. 청 태종으로서는 인조를 일국의 왕으로 대접한 거예요. 여기서 얼굴을 마주하고 얘기도 나누고 뒤에 선물도 해요. 그런 걸 보면 분위기가 그렇게 냉랭하지는 않았던 것 같아요.

그날　나름대로 대우는 받았던 거네요.

신병주　그래도 당하는 쪽에서는 참혹한 심정이었을 거예요. 실록을 보면 치욕스러운 장면들이 많습니다.[†] 특히 『승정원일기』에 이런 기록이 나와요. 의식을 진행하는데 홍타이지가 갑자기 단 아래로 내려가서 소변을 보고 왔대요. 그래서 인조가 굉장히 당황했다고 합니다. 중요한 사람 초청해 놓고 주인이 갑자기 화장실 간다고 그러면 큰 결례잖아요.

그날　그러게요. 미리 볼일을 보고 오던가. 예의가 없네요. 희비가 교
　　　차하는 상황인데, 항복 의식이 얼마나 지속되었나요?

신병주　해질 무렵까지 인조는 자리를 지켰어요. 홍타이지에게서 가도
　　　좋다는 지시가 내려질 때까지.

최태성　대개 인조만 삼배구고두례를 한 걸로 아는데, 그게 아니더라고
　　　요. 인조뿐 아니라 왕세자와 신하들도 전부 했대요.

그날　소현세자도 같이 했어요?

최태성　그렇죠. 강화도에서 끌려 온 신료들의 처자들까지 전부 삼배구
　　　고두례를 했습니다.

그날　인조의 권위가 바닥에 떨어졌겠네요.

박시백　그렇죠. 항복 의식이 끝난 뒤에 인조가 환궁을 하는데 환궁 도중
　　　에 백성들의 원망을 많이 받았답니다. 일례로 인조가 한강을 건
　　　널 때 송파나루에 준비된 배가 두 척밖에 없었다고 해요. 이때
　　　신하들이 서로 먼저 타려고 다투다가 왕의 도포 자락을 잡아당
　　　기는 일까지 벌어졌다고 하죠. 왕의 권위에 대해서는 얘기할 수
　　　없는 단계에 이른 겁니다.

> † 여러 신하가 포석(鋪席)을 청하였는데, 답하기를 "황제 앞에서는 스스로 높을
> 수 없다" 하였다.
> ─ 나만갑, 『병자록』

> ‡ 한이 용골대를 시켜 우리나라의 여러 시신(侍臣)에게 고하기를, "이제는 두 나
> 라가 한 집안이 되었다. 활 쏘는 솜씨를 보고 싶으니 각기 재주를 다하도록 하
> 라" 하니, 종관(從官)들이 대답하기를, "이곳에 온 자들은 모두 문관이기 때문에
> 잘 쏘지 못합니다" 하였다. 용골대가 억지로 쏘게 하자 드디어 위솔 정이중으로
> 하여금 나가서 쏘도록 하였는데, 활과 화살이 본국의 제도와 같지 않았으므로,
> 다섯 번 쏘았으나 모두 맞지 않았다. 청나라 왕자 및 제장(諸將)이 떠들썩하게
> 어울려 쏘면서 놀았다.
> ─ 『인조실록』 15년(1637) 1월 30일

## 역사가 기록한 치욕의 그날

그날   납득이 잘 안 가는 게 인조는 병자호란 직전에 기고만장한 모습을 보였잖아요. 물론 무시당하기는 했지만 청나라에 한 판 붙어 보자는 식의 국서까지 보냈단 말이죠. 도대체 뭘 믿고 그렇게 강하게 나갔던 걸까요?

박시백   인조 입장에서는 요행을 바랐던 게 아닌가 싶어요. '설마 쳐들어오겠어?' 하는 생각도 있었고, 또 청이 쳐들어오지 않으면 자신의 행동이 역사에 멋있게 기록되지 않겠습니까.

그날   말 그대로 허세네요. 나라를 건 도박을 한 거예요. 역사에서는 이날을 어떻게 기록하고 있나요?

최태성   나만갑이 쓴 『병자록』이라는 기록을 보면 이런 문구가 있어요. "안개가 짙고 햇빛이 없었다." 기본적으로 해는 왕을 상징하는 것인데 햇빛이 없다는 건 굉장히 의미심장하죠.

허태구   재미있는 게 『승정원일기』에는 그날 날씨가 맑았다고 기록되어 있거든요. 그런데 같은 기사에서 인조가 남한산성 서문을 나가는 장면을 묘사할 때는 『병자록』의 기록처럼 '햇빛에 광채가 없었다'고 표현해요. 즉 지극히 주관적인 표현을 삽입한 겁니다. 결국 그 말은 왕의 굴욕을 지켜봐야 했던 신하들의 애통한 마음을 은유적으로 나타낸 수사였던 거죠.

그날   햇빛에 광채가 없었다. 메타포²네요. 이렇게 치욕적인 항복 의례를 마치고도 청 태종은 자신의 공덕을 칭송하는 공덕비를 세우라고 명하잖아요. 조선 입장에서는 참 못할 짓인데 말이죠.

신병주   일명 삼전도비³라고 하는데, 공식 명칭은 대청황제공덕비입니다. 삼전도비가 잠실 석촌호수 근처에 있잖아요. 예전에는 여기까지 한강 물길이 이어졌거든요. 여기 있던 나루가 삼전나루여서 이 비석에 삼전도비라는 이름이 붙은 거죠.

대청황제공덕비(삼전도비)

그날　비의 높이가 상당하다면서요. 보통 사람 키의 세 배 정도 된다고
　　　들었어요.

신병주　네, 높이가 약 4미터 정도 됩니다.

병자호란에 참전한 민족들의 언어로 쓰인 삼전도비 비문

## 삼전도비에 새겨진 내용은?

그날 삼전도비에는 어떤 내용이 담겨 있나요?

허태구 조선이 청과의 맹약을 어겼으나 청 태종은 그런 조선을 너그러운 은혜로 받아들였다는 내용입니다. 비 전면의 오른쪽은 만주어로 새겨져 있고, 전면의 왼쪽은 몽골어로 새겨져 있습니다. 그다음 비 뒷면은 한문으로 쓰여 있고요.

그날 왜 그런 거죠?

허태구 병자호란 당시 참전한 민족들의 문자로 비문을 새긴 것이죠. 여기서 한문은 조선과 명이 사용하는 문자고요. 전근대에 비석에 무언가를 새긴다는 것은 영원히 잊지 말라는 의미를 함축하고 있죠. 실제로 병자호란 이후 청에서 파견한 사신들은 삼전도비가 세워진 곳을 굉장히 자주 들렀어요. 그날의 기억을 회상하라는 의미도 있었던 것 같고, 또 근처의 남한산성을 들러 조선이 군비를 확충하는지 감시하려는 의도도 있었던 것 같습니다.

류근 일종의 성지순례인 셈이군요. 불쾌하기 짝이 없네요.

그날 조선에서도 누군가 비문을 썼을 텐데 누가 썼나요?

박시백 자발적으로 쓰라고 하면 아무도 쓰지 않았겠죠. 그래서 인조가 글솜씨가 뛰어나기로 유명한 문사 네 사람에게 초안을 쓰도록

시킵니다. 그런데 그중 한 사람은 몸이 아프다는 핑계로 빠지고, 또 한 사람은 아주 졸렬하고 거친 문체로 글을 씁니다.

신병주 절대로 채택되지 않게 쓴 거죠.

박시백 그렇습니다. 그래서 그 둘을 제외한 나머지 두 사람, 즉 장유와 이경석의 글이 채택되는데, 장유의 글은 인용에 문제가 있다는 이유로 청나라에서 거절을 해요. 그래서 결국 이경석의 글이 채택됩니다.

신병주 사실 장유도 처음에는 '요즘은 웬만한 건 다 잊어버리고 기억하지 못하는 병이 있습니다' 이런 핑계를 대고 고사를 합니다. 또 '제가 지금 상중(喪中)에 있는데, 비문에 상중에 있는 사람의 이름이 넣는 것은 상서롭지 못한 일이 아닙니까' 이런 얘기도 하죠. 그래서 결국 이경석이 총대를 메게 된 거죠.

최태성 지식인이 자신의 가치관과 상반되는 글을 쓴다는 건 굉장히 고통스러운 일이거든요. 참 힘들었을 것 같아요.

류근 훨씬 나중 사람인 정약용도 시로 그 아픔을 노래했다고 해요. "천운이 기구했던 병자년 겨울에는……. 다만 지금 가랑비 속의 삼전도에는 화각 속의 큰 비석이 글자마다 붉구려." 이렇게요. 아마 이후 조선의 지식인들은 삼전도비를 보면서 다시는 이런 역사가 되풀이되어서는 안 된다며 입술을 깨물지 않았을까 싶습니다.

그날 남한산성에서 청군과 계속 대항했던 인조. 아주 결정적인 계기가 있어서 남한산성을 나오게 되죠. 어떤 일이었을까요?

## 금성탕지 강화도 청군에 함락되다!

고려 시대부터 왕실의 피란처 역할을 해왔던 섬 강화도.
조선 조정은 해전에 익숙하지 못한 청군이
바다를 건너지 못할 거라 생각한다.

하지만 청군은 조선의 예상을 완전히 뒤엎는다.
조선 수군의 방어를 무너뜨리고 강화도에 상륙한 것이다.

조선군은 저항했지만
엄청난 병력 차에 무릎 꿇고 만다.

청군이 강화도에 상륙한 지 한나절,
마침내 강화산성의 문이 열린다.

오랜 세월 외적의 침입을 막아 주었던 강화도는
청군의 발 아래 처참하게 짓밟히고 만다.

**수군도 없는 청이 강화도를 함락시킨 비법은?**

그날 　믿었던 강화도가 함락되자 인조도 더 버틸 수가 없었던 거네요.

신병주 　그렇죠. 강화도가 함락되리라고는 생각하지 못했던 거죠. 강화도는 고려 시대에 몽골이 침입해 왔을 때도 굳건한 피란처 역할을 했고, 정묘호란 때도 함락되지 않았던 요새거든요. 강화도는 사면이 바다인 섬이기 때문에 기병을 주축으로 하는 청군이 쉽게 처들어올 수 없을 거라고 생각했던 거죠. 게다가 강화도에서는 경작을 했기 때문에 식량 자급이 가능했어요. 뿐만 아니라 겨울이 되면 유빙, 즉 한강에서 내려 온 얼음덩어리가 떠다니기 때문에 접근이 더 어려웠고요.

류근 　그래서 강화도를 쇠로 만든 성과 끓는 물을 부어 만든 연못이라는 뜻에서 금성탕지(金城湯池)[4]라고 했다잖아요. 천혜의 요새라는 강화도가 어떻게 이토록 쉽게 함락된 건가요?

허태구 　일단 청군이 강화도 공격을 철저하게 준비했던 것 같습니다. 전쟁 초기부터 강화도 공략을 위한 세부 계획을 모두 수립해 놓은 상태였고, 심지어는 심양에서 조선으로 원정 올 때부터 아예 조선(造船) 기술자를 데리고 와요. 조선에서 사로잡은 사람들을 활용하기도 하고요. 이렇게 기술자를 확보한 청군이 한강 일대에 버려진 선박이나 목재들을 모아서 병선을 제작한 거죠.

그날 　청에서는 이미 발상의 전환이 있었던 거네요.

허태구 　겨울이라 한강이 얼어붙으면 애써 만든 병선이 이동하기 어려워지지 않습니까. 그래서 애초에 병선 자체를 굉장히 작게 만듭니다. 그리고 그 병선을 수레에 실어 강화도 코앞까지 육로로 운반한 다음 상륙을 시도하죠.

최태성 　수로가 아닌 육로로 배를 옮길 거라고는 예상 못 했을 것 같아요. 허를 찔린 거네요. 그래도 강화도 주변 바다는 본래 물살이

**홍이포** 명나라 때 네덜란드의 대포를 모방하여 만든 중국식 대포.

빠르기로 유명한 곳이잖아요. 명량 대첩이 벌어졌던 울돌목처럼
요. 아까 청군이 배를 작게 만들었다고 하셨는데, 임진왜란 때처
럼 판옥선으로 상대방이 배를 부딪쳐 깨는 전술을 쓰면 충분히
이길 수 있을 것 같은데 아닌가요?

허태구 　일단 강화도 인근 연안에서는 판옥선을 운행하기 어려웠다고 합
니다. 관련 기록이 이미 광해군 대부터 나와요. 그리고 또 하나
의 변수가 청군이 갖고 왔던 홍이포[5]예요. 조선의 불랑기[6]보다
사정거리도 길고 위력도 셌던 홍이포를 강화도 대안에 놓고 상
륙 전에 맹렬하게 포격하거든요. 이 홍이포의 위력에 수군들이
전부 사기를 잃고 도주하게 된 거죠.

최태성 　이순신 장군이 필요한 순간이네요.

그날 　어, 잠깐만요. 또 그날 톡이 왔습니다. "그럼 청이 명의 수군을
흡수한 건가요?" 좋은 질문인데요.

류근　역사를 좀 아는 분의 질문 같은데, 저때가 1637년이니까 아직 명이 멸망한 건 아니지 않나요?

박시백　그렇습니다. 명이 그 후로 7년 정도 더 존속하다가 1644년에 북경이 점령당하면서 완전히 멸망합니다. 어쨌든 청나라에는 애초에 수군이 없었잖아요. 그래서 가도의 모문룡 때문에 애를 많이 먹었잖습니까. 그런데 이 모문룡이 영원성에 있던 명나라 장수 원숭환[7]에게 불려 가서 처단됩니다. 그 후 모문룡 휘하에 있던 공유덕, 경중명 등이 수백 척의 함대와 홍이포 등을 가지고 청에 투항을 한 거죠. 이때 홍이포 제작 방법 같은 것도 함께 넘겨줬고요. 그런 것들이 조선에 들어와 강화도를 함락시키고 남한산성을 공격하는 데 요긴하게 쓰인 거죠.

## 조선 수군의 안일한 방어 전략

류근　국제 정세가 이렇게 급박하게 돌아가고 있는데 조선은 그런 상황을 전혀 모르고 있었던 겁니까?

허태구　조선 조정에서도 어느 정도 인지는 하고 있었습니다. 그래서 나름대로 대비책을 세우는데, 만약 청군이 바다를 건너 강화도를 공격하면 이를 해상에서 저지한다는 게 강화도 방어 전략의 골자였어요. 때문에 병자호란 1년 전부터 상당한 수의 수군 병력을 강화도 인근 지역에 배치해 놓았습니다. 결빙이 잦고 배의 이동이 어려운 갑곶이나 연미정 쪽에는 상대적으로 적은 병력을 배치하고, 물이 잘 풀리고 배의 통행이 자유로웠던 광성진 쪽에 조선의 주력 함대를 배치했습니다.

류근　광성진에 주력을 두었다고 했는데, 그러면 왜 전투가 제대로 안 됐던 겁니까?

허태구　청군이 얼음이 풀리는 짧은 시간을 틈타 갑곶 아래로 상륙을 시

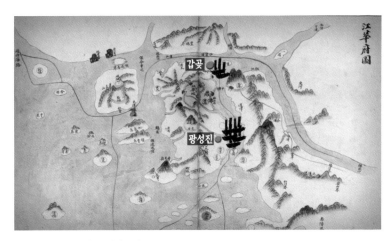

병자호란 시기 강화도 지역 조선 수군 배치

도합니다. 조선에서는 청군의 기습 전날에야 위기를 파악하고
허둥지둥 광성진의 주력 함대를 갑곶으로 이동시키죠. 그런데
마침 그 시기가 조수 간만의 차가 굉장히 적은 조금이라는 때였
어요. 이 시기에는 배가 전진하기가 굉장히 어렵습니다. 그래서
이튿날 새벽이 되도록 주력 함대가 갑곶에 도착하지 못한 거죠.

그날 　관성에 젖은 판단이 문제네요. 청은 수군에 약하고 얼음이 얼면
　　　못 올 것이다. 왜 그렇게 생각했을까요?

류근 　임진왜란 때도 그랬잖아요. 막연히 일본은 섬나라니까 수군이
　　　강하고 육군이 약할 거라고 생각했다가 호되게 당했죠.

그날 　200년 이상 평화가 이어진 뒤에 이런 안일한 대처가 있었다면
　　　그럴 수도 있겠다 싶을 텐데, 불과 9년 전에 정묘호란이 있었잖
　　　아요. 대체 왜 이런 건가요?

박시백 　정묘호란 당시에도 굉장히 굴욕적인 협상을 맺었잖아요. 거기에
　　　대한 반성이 조금이라도 있었다면 그 이후에는 그에 맞는 행보
　　　가 이어졌어야 해요. 내부적인 문제들을 해결했어야 하는데 그

러지도 않으면서 큰소리만 치고 군사적인 준비는 전혀 하지 않았던 거죠. 강화도 함락은 당시 조정의 무능을 총체적으로 보여주는 장면이라고 할 수 있죠.

류근 이런 상황에서 중요한 게 외교력 아닙니까. 고려 시대에 서희[8]가 뛰어난 외교력을 발휘해서 고려를 침략한 거란으로부터 강동 6주를 얻어냈잖아요. 이런 선례가 있음에도 불구하고 이때는 외교가 어떤 기능도 발휘하지 못하고 있었어요. 저는 그게 너무 화가 나고 안타까워요.

박시백 현실적인 판단이 전혀 발붙일 수 없는 분위기였던 거죠.

## 강화도 함락, 남한산성을 무너뜨리다

그날 봉림대군과 세자빈을 비롯한 왕족들이 강화도에 피란 가 있었잖아요. 피해가 엄청났겠어요.

신병주 그렇죠. 청군의 본진이 먼저 강화성을 공격합니다. 전세가 불리해지자 강화성을 지키던 사람들 중 일부가 자결을 하는데요. 대표적인 인물이 척화파 대신 김상헌의 형인 김상용[9]입니다. 또 사대부가의 부녀자들도 성이 함락된 뒤 청군에게 치욕을 당할 것을 염려해 굉장히 많이 자결합니다. 정말 가슴 아픈 일이죠.

최태성 당시 상황을 묘사한 기록 중에 자결과 관련된 내용이 굉장히 많습니다. 『연려실기술』에 이런 기록이 나와요. "물에 뜬 머리 수건이 마치 바람을 따라 떠다니는 연못 위 낙엽 같았다. 눈 위를 기어 다니거나 죽은 어미의 젖을 빠는 아이가 헤아릴 수 없이 많았다." 전쟁의 참혹한 모습이 여실히 드러나죠.

그날 당시 남한산성의 상황은 어땠나요?

허태구 남한산성도 상황이 좋지는 않았습니다. 비축된 식량도 떨어지고 외부에서 오던 구원군도 전부 다 격파당했고요. 청군의 홍이포 공격은 점점 맹렬해지는 상황이었죠. 상황이 이렇다 보니 농성하는 조선군의 사기가 엄청나게 떨어져서 반란의 조짐까지 보일 지경이었습니다. 조선 조정에서는 이미 소현세자를 인질로 보내는 데까지는 합의한 상태였어요. 한발 물러선 거죠. 그런데 청에서는 인조가 직접 성을 나와 항복해야만 화친이 성립될 수 있다고 하면서 강화도 함락 소식을 전했죠.

신병주 강화도에 들어간 인물 가운데 주목해야 할 사람은 세자빈과 세자빈의 아들인 원손, 그리고 봉림대군입니다. 최악의 경우 이 사람들이라도 살아서 왕통을 이어 가야 하기 때문에 비교적 안전한 강화도로 보낸 겁니다. 그런데 이들이 먼저 잡혀서 인질이 된 거예요. 그런 상황이 인조에게는 상당한 충격으로 다가온 거죠.

최태성 강화 함락이 남한산성을 무너뜨렸네요.

류근 사실 인조 입장에서는 차라리 잘 됐다 싶지 않았을까요. 남한산성도 한계에 다다른 상황이잖아요. 더 이상 버틸 수도 없고 어떻게든 나가야 하는데 명분이 없었잖아요. 정확한 타이밍에 출성할 명분이 생긴 거죠.

박시백 저도 류근 시인님 의견에 동의해요. 강화도 함락이 없었다 하더라도 인조는 2~3일 내로 출성해야 했을 거예요. 그런데도 인조가 남한산성을 지키고자 했던 건 홍타이지가 자신을 심양으로 끌고 갈까 우려했기 때문이죠. 사실 자기가 없어도 세자가 나라를 이끌 수 있잖습니까. 그럼 인조는 '모든 죄는 내가 지고 가겠다' 이러고 먼저 나왔어야 해요. 그러지 않고 버티다가 결국 불명예를 안게 된 거죠.

그날 처절했던 47일간의 전쟁, 인조의 항복으로 전쟁은 막을 내리게 됩니다.

## 불평등한 조건, 정축화약

1637년 1월 28일,
청은 조선에 열한 가지 항복 조건을 보냈다.


"조선 국왕에게 명한다.
명의 연호를 버리고 명에서 준 책인을 반납하라."


명 대신 청을 섬기라는 조건.
명과의 관계를 완전히 끊으라는 것이었다.


"조선 왕의 세자와 왕자를 인질로 삼는다."


청은 조선을 철저하게 길들이려 한다.
그리고 수많은 조선인이 청으로 끌려간다.


"포로들이 도망쳐 오면 체포하여 돌려보내라."


청 태종이 강조한 것은 바로 재조지은.


"그대는 이미 죽은 목숨인데 짐이 다시 살아나게 하였다.
그대는 마땅히 국가를 다시 일으켜 준 은혜를 생각하라."


모든 것을 다 내어 준 조선,
하지만 조선의 고통은 끝나지 않았다.

## 청이 내건 열한 가지 항복 조건

그날 　47일 동안 무엇을 위해 버텼나 싶을 정도로 전부 다 내어 줘야 하는 상황이 됐네요.

박시백 　청 황제가 조선 국왕에게 내린 초유문을 보면 맨 끝에 의미심장한 표현이 있어요. "그대는 이미 죽은 목숨인데, 짐이 다시 살아나게 하였으며, 거의 망해 가는 그대의 종사(宗社)를 온전하게 하고, 이미 잃었던 그대의 처자를 완전하게 해 주었다. 그대는 마땅히 국가를 다시 일으켜 준 은혜를 생각하라." 어디서 많이 들었던 얘기 아닙니까. 임진왜란 이후 조선의 사대부들이 명에 대한 의리를 강조하면서 했던 얘기죠. 조선이 청과의 교류를 거절한 가장 큰 명분이 바로 이 재조지은이었잖아요. 그런데 청 황제가 조선에게 '우리도 너희를 다시 살렸다. 그러니 우리에게 재조지은의 은혜를 갚고 충성을 바쳐라'라는 역공을 편 것이죠.

최태성 　재조지은의 역공. 이런 걸 보면 청이 전쟁 준비를 기가 막히게 잘했구나 싶어요. 청에서 보낸 열한 가지 항복 조건을 보면 기승전결이 있어요. '조선은 청을 섬겨라', '청이 명을 정벌할 때 원군을 파견해라', '청에서 도망해 온 조선인들을 다시 돌려보내라', '세폐를 바쳐라'. 이것들을 다 실행하려면 조선의 백성들은 다시 목숨 걸고 전쟁에 나가고, 고혈을 짜서 세금을 내야 하잖아요. 결국 민심이 흉흉해질 수밖에 없어요.

류근 　아무리 전쟁에 졌다고 해도 조약을 맺으려면 협상도 있고 조정도 있어야 되는 거 아닙니까? 인조가 청에 항복함으로써 조선을 살린 건지 자기 목숨을 살린 건지 알 수가 없네요.

신병주 　인조도 그런 분위기를 느꼈던 것 같아요. 그래서 삼전도의 굴욕 이후 20일 정도 지난 2월 19일에 교유문[10]을 내려요. 백성을 교화시키는 글이라는 뜻인데, 일종의 사과문이기도 했어요. '백성을 기르는 자리에 있으면서 내가 도를 잃은 나머지, 나 한 사람의 죄 때문에 모든 백성에게 화가 미쳤다' 이렇게 얘기하는데 이 교유문을 자세히 읽어 보면 결국 자기변명이에요. '상황이 이렇게 된 것은 근왕병이 오지 않았기 때문이다.' 혹은 '그래도 자기가 어느 정도 변통을 해서 망정이지 계속 의리만 고수했다면 조선 왕조 끊어질 뻔했다.' 특히 마지막이 정말 화나는 데요. "팔도의 사민(士民)들과 진신 대부들은 나의 어쩔 수 없었던 까닭을 양해 하도록 하라. 그리하여 이미 지나간 잘못을 가지고 나를 멀리 버리지 말고……." 이렇게 말하는데 여기서 양해라는 표현을 썼잖아요. 이게 사과인지 변명인지 도대체 알 수가 없죠.

류근　요즘 말로 유체 이탈 화법이라고 하잖아요.

박시백　병자호란 이후에도 인조 정권은 변하지 않습니다. 전쟁으로 황폐해진 국토를 재건하고 민심을 수습하는 데 전력을 다해야 하는데, 늘 임기응변으로 대충 넘어가고 왕권 유지와 강화에만 급급하죠. 이런 걸 보면 이때의 사과는 진정한 사과가 아니었던 것 같아요.

최태성　인조는 전에도 사과를 했잖아요. 그래도 일관성은 있네요. 반성은 하는데 개선은 없어요. 진정성이 없는 사과죠.

류근　그런데 교유문은 누구에게 어떻게 발표하는 건가요? 지금처럼 신문이 있는 것도 아닐 텐데 말이죠.

박시백　기본적으로 조보[11]에 실리고 각 지방에서도 방을 붙여 알리게 했습니다.

그날　백성들의 반응은 어땠나요?

박시백　그건 기록에 남아 있지 않습니다.

## "삼전도의 굴욕을 겪고도 어떻게 인조 정권이 유지될 수 있었나요?"

그날 　또 그날 톡이 왔네요. "삼전도의 굴욕을 겪고도 어떻게 인조 정 권이 유지될 수 있었나요?"

허태구 　인조 정권이 명맥을 유지하는 길은 하나밖에 없죠. 청의 요구에 순응하는 것 말예요. 하지만 척화라는 게 굉장히 강고한 담론이 었기 때문에 인조가 친청(親淸)을 하고 싶어도 할 수가 없어요. 당시 조정의 일부 신료들 사이에서는 휴가를 내거나 사직하고 인조가 불러도 조정에 올라오지 않는 것을 고상하게 여기는 풍 조까지 있었어요. 청 황제의 신하가 된 인조 정권에서 벼슬을 하 면 본인도 청 황제의 신하가 된다는 생각이었던 거죠. 이런 상황 에서 인조는 그나마 자신의 상황을 이해하고 지지했던 최명길 등의 세력을 규합해서 정국을 수습하려고 합니다. 최명길도 계 속 척화파를 정권 내부로 끌어들이려고 노력하고요.

최태성 　저는 여기서 조선 시대가 끝났어야 했다고 생각해요. 200년이면 한 왕조의 수명은 충분히 다했다고 볼 수 있지 않나요? 내부적인 모순도 많이 드러났고 전쟁에서 두 번이나 패했고요. 새로운 세 력이 나타나서 새로운 시대를 이끌어야 했는데, 역사라는 게 참 아이러니해요.

류근 　이 무렵에 인조 정권을 대체할 만한 대안 세력이 있었는지도 생 각해 봐야겠죠.

박시백 　사실 그게 가장 중요한 거죠. 이 정도 되면 새로운 세력이 등장 하거나 기존 지배층 내에서 개혁 운동이 일어나거나 해야 하는 데, 그러지 못한 게 조선의 아픔이 아니었나 싶습니다.

## 척화파가 주도했던 조선, 정축화약은 잘 지켜졌을까?

그날 　열한 가지나 되는 항복 조건을 제대로 이행하기 쉽지 않았을 텐데 어땠나요?

신병주 문제는 청이 인조를 신뢰하지 않았다는 거예요. 조선이 계속 명과 내통하고 있다고 의심했죠. 이런 부분 때문에 청은 강경한 화약 조건을 내세웠고, 또 조선이 그 조건을 어떻게 이행하는지 계속 점검했습니다. 한편 인조가 청의 요구를 따르지 않을 때 청이 내세우는 카드가 입조(入朝)예요. 심양으로 와서 청 황제를 알현하라는 거죠. 인조가 제일 두려워하는 게 심양에 끌려가는 거잖아요. 청에서 이렇게 압박하니까 인조는 항복 조건을 최대한 이행하려는 태도를 취하죠.

그날 말 안 들으면 너 불러들인다. 이렇게 계속 협박하는 거예요.

박시백 조선 나름의 소극적인 저항도 적지 않았습니다. 남한산성과 평양성을 복구해서 문제가 된 적도 있고요. 가장 큰 저항은 조선이 여전히 명과 통교했다는 거예요. 이게 큰 문제로 불거져서 김상헌을 비롯한 척화파 신하들이 심양으로 압송되기도 했습니다.

류근 이때 유명한 시가 나옵니다. '가노라 삼각산아, 다시 보자 한강수야. 고국산천을 떠나고자 하랴마는 시절이 하 수상하니 올동말동 하여라.' 이 시를 지은 사람이 바로 김상헌이에요.

신병주 청에 압송된 김상헌은 결국 심양에 있는 감옥에 투옥되죠. 그런데 그 후에도 조선에서는 척화론을 계승한 서인 세력이 정권을 잡습니다. 그러면서 병자호란의 정신적인 상징으로 김상헌과 김상용 형제를 내세워요. 김상용은 강화도가 함락될 때 폭사했었죠. 조선 후기의 대표적인 명가로 안동 김씨를 뽑잖아요. 안동 김씨가 조선 후기에 급부상한 것도 사실은 김상헌, 김상용의 행적이 높은 평가를 받았기 때문이에요.

최태성 그런 게 정말 건강한 모습인가요? 저는 조선에서 척화론이 그대로 계승됐다는 건 역사의 교훈을 망각하는 행위라고 생각해요.

척화의 상징 청음 김상헌 묘소

그 때문에 구한말 다른 오랑캐, 즉 서양에 똑같이 당하잖아요.
그게 참 안타까워요.

허태구  척화론은 명에 대한 의리를 지키자는 대명의리론과 맞닿아 있습
니다. 여기서의 의리는 어떤 상황에서도 변할 수 없는 원칙이자
도덕적 당위였거든요. 즉 척화론은 단순히 외교적 대안의 차원에
서 주장된 게 아니란 거죠. 엄밀히 말해서 당시 척화론자들에게
명이 강하냐 약하냐, 조선을 도와줄 것이냐 아니냐는 고려 대상
이 아니었어요. 이들의 척화론은 1644년에 지구상에서 완전히 사
라진 명에 대한 사대주의적 심성이 아니라 명으로 대표되는 중화

문명에 대한 조선의 자발적인 신념에서 주장된 것이라고 보는 게 이후의 역사 전개 과정을 이해하는 데 더 적합합니다.

박시백    말씀하신 대로 그 당시 선비들을 이해하는 데는 그게 합당할지 모르지만 그것이 당시 척화파들에 대한 비판을 희석시키면 안 된다고 생각해요. 광해군 대에 모든 신하가 명에 대한 사대를 주장했고 심지어 전쟁의 말발굽 아래에 놓인다 하더라도 우리는 대의를 놓을 수 없다고까지 하잖아요.[†]

류근    맞아요. 사대와 의리를 위해 나라가 망해도 된다고 주장했죠.

박시백    그러니까 광해군도 "도대체 어떻게 의리가 나라와 백성의 안위보다 더 중요한가?" 이런 얘기를 하거든요.

그날    대의명분이 아무리 중요하다지만 전쟁 직후잖아요. 또 얼마나 많은 백성이 청에 끌려갔어요. 그런 건 하나도 해결하지 않고 이런 논쟁에 빠져 있는 건 확실히 문제라고 생각해요.

허태구    척화론의 성격이 어떤가의 여부와는 무관하게 백성들이 입었던 피해는 당시 위정자들이 짊어져야 할 역사의 책임이자 그늘이죠.

[†] 조정에 가득한 모든 사람이 나라가 무너질지언정 차마 대의를 저버리지 못하겠다고 합니다.
—『광해군일기』 13년(1620) 2월 11일

## 백성들의 아픔, 피로인

병자호란 기간 동안 청군은
조선 곳곳에서 인간 사냥을 일삼는다.

전쟁 중 적에게 사로잡힌 민간인을 가리키는 말, 피로인.
병자호란 당시 청으로 끌려간 피로인은
적어도 수만 명에 이른다.

피로인들은 추위와 배고픔에 시달리며
하루 종일 걸어야 했지만 불평조차 할 수 없었다.

> "적진 가운데 조선인 피로인이 절반인데
> 그들이 무언가 호소하려 하면
> 청군이 철퇴로 때려 참혹한 정상을 차마 볼 수가 없다."
> ─나만갑, 『병자록』

혹독한 행군을 피해 도망치려다 희생된 사람도 부지기수.

> "어떤 이는 화살을 맞았는데 목숨이 끊어지지 않았고,
> 어떤 이는 전하를 쫓아 오다 적에게 잡혀 가고……"
> ─나만갑, 『병자록』

청으로 끌려간 백성들에게 전쟁은 그때부터 시작이었다.

## 인간 시장에 나온 조선의 백성들

**최태성** 전쟁이 남긴 상처를 고스란히 보여 주는 장면이네요.

**그날** 정묘호란 때도 백성들이 많이 끌려가잖아요. 청은 왜 이렇게 많은 사람들을 끌고 간 건가요?

**허태구** 임진왜란 때 일본도 마찬가지였지만 청은 조선 사람들을 돈으로 사고파는 일종의 상품으로 여겼어요. 실제로 『심양일기』를 보면 병자호란 이후 심양으로 끌려간 소현세자가 인간 시장에 나온 조선인들의 아우성을 듣고 괴로워하는 장면이 나옵니다. 피로인을 산 사람에게 돈을 주고 그들을 다시 데리고 올 수 있는데, 이걸 속환[12]이라고 합니다. 그런데 시간이 갈수록 속환가가 폭등해서 큰 사회문제가 됐어요. 사실 피로인 가운데는 사대부 자제들도 적지 않았거든요. 지체 높은 고관들이 자기 자식 빼오려고 몸값을 올려 주면서 값이 천정부지로 치솟게 된 거죠.

**박시백** 사실 속환가를 높인 주범이 당시 좌의정이었던 이성구라는 양반이에요. 이 사람이 자기 아들 데려오려고 1500냥이나 쓰는 바람에 전쟁 직후 은 열 냥 정도였던 속환가가 폭등하게 된 겁니다.[†]

**신병주** 사회 지도층으로서 모범을 보여야 할 사람이 속환가를 올려버린 거예요. 그러다 보니 가난한 백성들은 속환가를 감당할 수 없게 됐고요.

**그날** 속환가가 올랐다는 건 힘없고 돈 없는 백성들은 조선으로 돌아오기가 더 힘들어졌다는 얘기잖아요.

**류근** 그러면 국가가 나서야죠. 지켜 주지 못했으면 돈이라도 내서 백성들을 데리고 와야지 이걸 개인에게 맡긴다는 게 말이 됩니까?

**박시백** 조선은 협상 과정에서 제 목소리를 낼 수 없었기 때문에 도망쳐 온 조선인을 돌려보내라는 요구를 거부할 수는 없었을 거예요. 다만 이미 잡혀간 포로에 대해서는 나라에서 나서서 속환가를

일정 부분 지불하거나 최소한 속환가에 대한 상한선 규정 같은
거라도 마련했어야 하는데 그런 조치를 전혀 못 했죠.

신병주 　임진왜란 때는 사명대사가 일본과 협상해서 포로들을 데리고 왔
거든요.‡ 그런데 이때는 그 책임을 개인에게 모두 맡겨버린 거예
요. 심지어는 조선인이 피로인을 싼값에 사와서 비싸게 속환하
는 경우까지 있었어요.

그날 　조선인이 같은 조선인을 말이죠?

신병주 　네, 이른바 브로커 역할을 한 거죠. 그래서 피로인 문제가 심각
한 사회문제로 대두됩니다.

최태성 　나쁜 정부의 그늘에서 추악한 인간들이 등장한 거예요. 전쟁이
인간의 밑바닥을 보여 주는 거죠.

> † 좌의정 이성구는 아들을 속환할 때 1500금이나 주어 이때부터 속가(贖價)가
> 매우 비싸져서 가난한 백성이 속하고 돌아올 희망이 아주 없어졌다.
> ─ 『인조실록』 15년(1637) 7월 7일

> ‡ 유정이 일본에서 돌아오면서 우리나라 남녀 3000여 명을 쇄환(刷還)하였다.
> ─ 『선조수정실록』 38년(1605) 4월 1일

### 조선 시대 문학 작품에 드러난 병자호란의 참상

그날 　문학 작품을 통해 병자호란 속 백성들의 이야기를 들려주실 분
을 모셨습니다. 한양대학교 기초융합교육원의 서신혜 교수님 연
결해 보겠습니다. 안녕하세요, 교수님?

서신혜 　안녕하세요.

그날 　전쟁을 다룬 문학 작품을 통해서 사회상을 연구하고 계시잖아
요. 어떤 작품을 소개해 주실 수 있을까요?

서신혜 　병자호란을 다룬 작품은 굉장히 많습니다. 『임경업전』과 『박씨
부인전』이 대표적이고요. 여성 피로인의 모습을 그린 『유록전』,

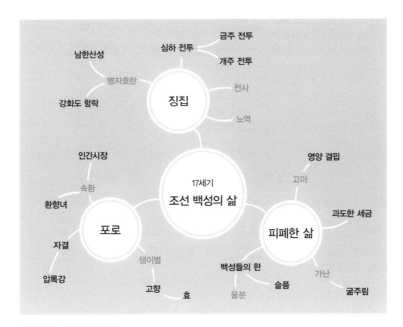

키워드로 푸는 17세기 백성의 삶

당시 백성들의 삶을 사실적으로 그린 『김영철전』이라는 작품도 있습니다.

류근  문학이라는 게 본래 시대상을 반영하기 마련인데 당시 백성들은 어떤 생각을 하고 있었을지 궁금합니다.

서신혜  키워드로 한 번 정리해 보겠습니다. 첫 번째 키워드는 포로입니다. 최명길이 남긴 기록에 의하면 청에 끌려간 조선인이 약 50만 명 정도 됐다고 합니다. 병자호란 직후 조선의 인구가 850만 정도였다고 하거든요. 당시 얼마나 많은 사람이 포로로 끌려가서 아픔을 겪었을지 짐작하고도 남죠. 그럼 두 번째 키워드는 무엇일까요?

최태성  군인? 전쟁?

서신혜  징집입니다. 17세기 초에 살았던 남성은 평생을 전쟁과 함께 살

심양
심하(1619)
건주
금주(1641)
개주(1640)
자모산성
평양
한양
등주

평생을 전장에서 보낸 조선인 김영철의 일생

았다고 볼 수 있습니다. 예를 들어 1600년에 태어난 사람은 10대
에 심하 전투에 징집을 당합니다. 그리고 20대와 30대에 각각 조
선에서 두 번의 호란을 겪죠. 그리고 40대에는 청이 명의 잔당을
제압하기 위해 벌인 개주 전투 등에 참전하게 됩니다. 비슷한 예
가 『김영철전』에 나오는데요. 주인공 김영철은 19세의 나이로
심하 전투에 참여했다가 포로가 됩니다. 이후 건주에서 6년간 살
다가 명나라 포로와 함께 탈출해서 등주로 오죠. 그리고 우여곡
절 끝에 평양으로 돌아오는데 몇 년 지나지 않아 병자호란을 맞
습니다. 이 전쟁을 겪은 후 돌아가는 청군에 끌려가서 강제로 가
도 전투에 투입되고, 몇 년 후 개주 전투와 금주 전투에 참여했
다가 늙어 죽을 때까지 자모산성을 지키는 수비군으로 살게 됩
니다.

그날　평생 전장에서 살면 삶이 얼마나 피폐해질까요?

최태성  근데 김영철이라는 이름 들어보셨어요?

류근  아니요. 사실 고전소설 제목이라고 해서 깜짝 놀랐어요. 김영철 이라니 꼭 요즘 이름 같잖아요.

최태성  그렇죠. 놀랍게도 고등학교 1학년 국어 모의고사 시험에 홍세태 의 『김영철전』이 지문으로 나왔어요. 학생들도 이 낯선 인물을 접한 경험이 있더라고요.

서신혜  마지막 세 번째 키워드는 피폐한 삶입니다. 전장에서 살아 돌아 오더라도 이들을 기다리는 것은 황금빛 삶이 아니었습니다. 김 영철도 십여 년간 이국에서 헤매다 돌아와 아무것도 남지 않은 집을 보고 길바닥에서 통곡하거든요.

류근  키워드 세 개뿐 아니라 거기에 붙은 연관어들이 하나같이 다 참 혹해요. 뭐라고 할 말이 없습니다.

그날  네, 문학을 통해서 역사를 보고 또 당시 백성들의 모습도 엿본 귀중한 시간이었습니다.


## 환향녀, 고향으로 돌아온 여인들

그날  조선 시대에 이렇게 백성들의 삶을 생생하게 조명하는, 사실주 의에 입각한 문학 작품이 있었다는 게 놀랍네요.

신병주  병자호란과 관련된 작품 가운데 가장 널리 알려진 소설은 『박씨 부인전』이죠. 소설에서는 박씨 부인이 청나라 군대를 통쾌하게 격파하거든요. 소설 속 가상 세계에서나마 승리를 맛보고자 하 는 백성들의 열망이 반영된 거죠.

최태성  재밌는 건 전형적인 영웅소설인 『박씨부인전』의 주인공이 여성 이라는 거죠. 왜 여성일까 생각해 보면 병자호란 때 피로인들이 많이 끌려갔잖아요. 그중 상당수가 고생 끝에 힘들게 돌아왔단 말이죠. 그런데 고향으로 돌아온 피로인 여성들은 정절을 잃었다는 이유로 냉대를 받습니다. 그에 대한 억울한 감정이 『박씨부인전』을 통해서 표출된 게 아닐까 싶어요.

신병주 사실 이 전쟁 때문에 여성들이 남성들보다 더 큰 피해를 입었어요. 실제로 청에 끌려간 여성들 중 상당수는 만주족과 한족 장수들 사이에서 쟁탈의 대상이 되기도 했고요. 운 좋게 청나라 장수의 첩으로 끌려갔다 하더라도 만주족 본처의 시기로 큰 고통을 겪었습니다. 심지어 끓는 물을 뒤집어쓴 경우도 있었대요. 이게 사회문제로 불거지니까 홍타이지가 앞으로 이런 짓하는 만주족 여성들은 남편이 죽을 때 순사[13]시키겠다는 엄포까지 놓을 정도였어요.

류근 병자호란 때 청나라에 잡혀갔다가 돌아온 여성들을 환향녀라고 불렀고 그게 화냥년이라는 욕의 기원이 됐다고 알고 있는데 사실입니까?

신병주 공식 기록인 『실록』이나 『승정원일기』, 야사를 모아 놓은 『연려실기술』 등 당대 기록에는 병자호란 때 청나라에 끌려갔다가 돌아온 여성을 환향녀라고 했다는 내용이 없어요. 따라서 환향녀는 후대에 만들어진 표현이 아닐까 싶습니다.

박시백 전쟁에서 속수무책으로 당한 것은 남자들의 책임이잖아요. 청나라에 머리를 조아리고 삼배구고두례를 했던 것 자체가 절의를 잃은 것이나 다름없는데, 자기들 때문에 타국에 끌려가 정절을 잃은 여성들을 배척했다는 건 정말 부끄러운 이야기죠.

그날 전쟁은 남자들이 일으켜 놓고 돌아온 여인들을 받아 주지 않는다는 게 말이 돼요?

허태구 그와 관련해서 이런 일도 있었습니다. 1638년에 조정에 두 개의 상소가 올라옵니다. 하나는 당대 정치 실세였던 신풍부원군 장유가 아들과 며느리의 이혼을 허락해 달라는 청원을 넣은 거고요. 다른 하나는 승정원 승지였던 한이겸이 올린 것인데, 이 경우는 반대예요. 이 사람은 자신의 사위가 딸을 버리고 새장가를 들고자 한다고 억울함을 호소합니다.†

그날    하나는 시아버지 입장이고, 다른 하나는 친정아버지 입장에서 올린 상소군요.

허태구  네, 인조가 이걸 해결하지 못하고 난처해하니까 당시 좌의정이었던 최명길[14]이 나서게 되는데, 최명길의 논리는 두 가지였어요. 하나는 전쟁은 남자들의 책임인데 인정상 못할 짓이라는 논리고, 다른 하나는 청에 끌려갔다고 정절을 잃었다고 단언할 수는 없다는 거였죠.‡

박시백  이때 인조는 장유의 아들 이혼은 허락해 주지만 나머지 이혼에 대해서는 끝까지 반대합니다. 하지만 현실에서는 남자들이 아내를 버리고 재혼하는 일이 다반사였죠.

그날    박시백 화백님 만화를 보면 여성들이 남자들을 향해 주먹질을 하고 울분을 토로하잖아요. 전 그걸 보면서 좀 통쾌했어요. 어찌 보면 여성들이 전쟁의 가장 큰 피해자니까요.

신병주  이런 참담한 비극은 꼭 막아야 한다고 다짐하게 하죠.

---

† 신풍부원군 장유가 예조에 단자를 올리기를 "외아들 장선징이 있는데 강도(江都)의 변에 그의 처가 잡혀 갔다가 속환되어 와 지금은 친정 부모집에 가 있다. 그대로 배필로 삼아 함께 선조의 제사를 받들 수 없으니, 이혼하고 새로 장가들도록 허락해 달라"고 하였다. 전 승지 한이겸은 자기 딸이 사로잡혀 갔다가 속환되었는데 사위가 다시 장가를 들려고 한다는 이유로 그의 노복으로 하여금 격쟁하여 원통함을 호소하게 하였다. 형조에서 예관으로 하여금 처치하게 하기를 청하였다.
— 『인조실록』 16년(1638) 3월 11일

‡ 좌의정 최명길이 헌의하기를, "(중략) 신이 전에 심양에 갔을 때 출신(出身) 사족으로서 속환하기 위해 따라간 사람들이 매우 많았는데, 남편과 아내가 서로 만나자 부둥켜안고 통곡하기를 마치 저승에 있는 사람을 만난듯이 하여, 길 가

다 보는 사람들이 눈물을 흘리지 않는 사람이 없었습니다. 부모나 남편으로 돈이 부족해 속환하지 못하는 사람들은 장차 차례로 가서 속환할 것입니다. 만약 이혼해도 된다는 명이 있게 되면 반드시 속환을 원하는 사람이 없게 될 것입니다. 이것은 허다한 부녀자들을 영원히 이역의 귀신이 되게 하는 것입니다. 한 사람은 소원을 이루고 백 집에서 원망을 품는다면 어찌 화기를 상하게 하기에 충분치 않겠습니까. 신이 반복해서 생각해 보고 물정으로 참작해 보아도 끝내 이혼하는 것이 옳은 줄을 모르겠습니다. 그리고 한이겸의 딸에 관한 일은 별도로 의논할 필요가 없습니다. 신이 심양으로 갈 때에 들은 이야기인데, 청나라 병사들이 돌아갈 때 자색이 자못 아름다운 한 처녀가 있어 청나라 사람들이 온갖 방법으로 달래고 협박하였지만 끝내 들어주지 않다가 사하보(沙河堡)에 이르러 굶어 죽었는데, 청나라 사람들도 감탄하여 묻어 주고 떠났다고 하였습니다. 또 신이 심양의 관사에 있을 때, 한 처녀를 값을 정하고 속하려고 하였는데, 청나라 사람이 뒤에 약속을 위배하고 값을 더 요구하자 그 처녀가 돌아갈 수 없음을 알고 칼로 자신의 목을 찔러 죽고 말았습니다. 이에 끝내는 그녀의 시체를 사가지고 돌아왔습니다. 가령 이 두 처녀가 다행히 기한 전에 속환되었더라면 반드시 자결하지는 않았을 것입니다. 비록 정결한 지조가 있더라도 누가 다시 알아주겠습니까. 이로써 미루어 본다면 전쟁의 급박한 상황 속에서 몸을 더럽혔다는 누명을 뒤집어 쓰고서도 밝히지 못하는 사람이 얼마나 많겠습니까. 사로잡혀 간 부녀들을 모두 몸을 더럽혔다고 논할 수 없는 것이 이와 같습니다. 한이겸이 상언하여 진달한 것도 또한 어찌 특별히 원통한 정상이 있어서 그런 것이 아니겠습니까" 하니, 아뢴 대로 하라고 답하였다. 그러나 이 뒤로는 사대부집 자제는 모두 다시 장가를 들고, 다시 합하는 자가 없었다.

── 『인조실록』 16년(1638) 3월 11일

## 1 광해, 왕이 되지 못한 남자

1 폐주(廢主): 임금의 자리에서 폐위된 사람 또는 임금을 몰아내는 행위.

2 혼군(昏君): 사리에 어둡고 어리석은 임금.

3 분조(分朝): 조정을 나눈다는 뜻으로 임진왜란 때 선조가 본조정(本朝廷)과 별도로 임시로 설치한 조정을 말한다. 선조가 의주 방면으로 피란하면서 세자 광해군을 따로 함경도로 피란시킬 때, 선조가 있던 의주의 행재소와 구분하여 세자가 있던 곳을 이르던 말이기도 하다.

4 비변사(備邊司): 조선 시대에 군국의 사무를 맡아보던 관아. 중종 때 삼포 왜란의 대책으로 설치한 뒤, 전시에만 두었다가 명종 10년(1555)에 상설 기관이 되었으며, 임진왜란 이후에는 의정부를 대신하여 정치의 중추 기관이 되었다.

5 사대교린(事大交隣): 조선 전기에 조공 관계로 맺어진 중국 중심의 동아시아 국제 질서 속에서 확립된 기본 외교 정책. 사대교린은 큰 나라를 받들어 섬기고 이웃 나라와는 화평하게 지낸다는 뜻이다. 조선은 명에 대해서는 사대를 여진족과 일본에 대해서는 교린을 원칙으로 했다.

6 화승총(火繩銃): 불이 붙은 화승을 점화구에 갖다 대어 총알을 발사하는 총. 화승식 총은 개인용 화기에서 최초로 사용된 화기 작동 방식으로, 서양의 아쿼버스, 일본의 종자도총 등이 이 방식을 사용했다. 이후 부싯돌을 사용하는 수발총으로 대체되었다.

7 절강병법(浙江兵法): 명 말기의 장수 척계광이 왜구의 단병(短兵) 전술에 대응하기 위하여 개발한 병법. 소대가 모두 방패를 착용하도록 편성하였으며, 기병을 쓰지 않는 대신

새로운 무기인 낭선과 조총의 탄환을 막을 수 있는 솜옷을 개발하였다. 조총을 비롯하여 다양한 화기를 쓴다는 것이 특징이다. 『기효신서(紀效新書)』에 그 내용이 소개되어 있다.

8 강홍립(1560~1627): 조선 광해군 때의 무신. 자는 군신(君信)이고 호는 내촌(耐村)이다. 광해군 11년(1619)에 씨얼후 전투에 5도도원수로 출정하였다가 후금의 포로가 되어 9년간 그곳에 머물렀다. 그 뒤 정묘호란 때 후금의 사신으로 강화도에 와서 화의를 주선한 후 국내에 머물렀으나, 역신으로 몰려 단식하다 죽었다.

9 하세국: 조선 중기의 역관. 여진어에 능통하여 북방 오랑캐와의 통교와 정황 탐문, 길 안내 등을 맡았다. 1619년 명과 후금의 전쟁이 일어나자 명의 요청으로 참전한 강홍립, 김경서 등의 대열에 향도(嚮導)로 참여하였다.

10 핫라인: 미국의 백악관과 러시아의 크렘린 사이에 개설한 직통 전화. 사고나 오해로 인한 우발적인 전쟁을 방지하기 위하여 1963년 8월에 개통하였다.

11 『책중일록(柵中日錄)』: 조선 중기의 문신 이민환이 1619년 씨얼후 전투에 참여하여 강홍립과 함께 후금의 포로가 된 후 종군하면서 겪은 행군 경로, 전투, 포로수용소 생활을 일기체로 기록한 책.

12 방납(防納): 조선 시대에, 하급 관리나 상인들이 공물을 백성을 대신하여 나라에 바치고 백성에게서 높은 대가를 받아 내던 일. 뒤에 폐단이 많아 광해군 때부터 대동법을 실시하였다.

13 이원익(1547~1634): 조선 중기의 명신. 자는 공려(公勵)이고 호는 오리(梧里)이다. 1569년 문과에 급제하여 우의정과 영의정을 지냈다. 임진왜란 때 대동강 서쪽을 잘 방어하여 호

성공신(屬聖功臣)이 되었으며 대동법에 앞장 섰다. 저서에 『오리집』, 『오리일기』가 있다.

14  이이첨(1560~1623): 조선 광해군 때의 문신. 자는 득여(得輿)이고 호는 관송(觀松), 쌍리 (雙里)이다. 선조의 후사 문제로 대북과 소북 이 대립하자 대북의 영수로서 광해군의 옹립 을 주장하다가 유배되었으나, 광해군이 즉위 한 뒤 예조판서에 올랐다. 1623년 인조반정 이 일어나자 실각했다.

15  『상촌집(象村集)』: 조선 중기 문신인 신흠의 시문집. 인조 14년(1636)에 신익성이 간행하 였으며, 63권 20책의 인쇄본이다.

16  존호(尊號): 왕이나 왕비의 덕을 기리기 위하 여 올리던 칭호.

## 2  허준, 동의보감을 완성하다

1  도쿠가와 요시무네: 일본 에도막부의 제8대 쇼군. 기슈 번의 당주로, 와카야마 현의 신판 다이묘였다. 1716년에 세상을 떠난 도쿠가와 이에쓰구에게 아들이 없어 요시무네가 쇼군 직을 잇게 되었다. 그를 시작으로 쇼군직은 이에야스의 방계 후손들이 계속 이어받았다.

2  『구희범오장도(歐希範五臟圖)』: 1045년 송나 라 때 화공 구희범이 광서(廣西)에서 사형당 한 반역자 50여 명의 시신을 해부해서 그린 의서.

3  전유형(1566~1624): 조선 중기의 문신. 자는 숙가(叔嘉)이고 호는 학송(鶴松)이다. 임진왜 란 때 조헌과 함께 의병을 일으켜 전공을 세 웠다. 후에 이괄의 난 때 반란군에 내응했다 는 누명을 쓰고 처형되었다. 의술에 능하여 『오장도(五臟圖)』를 그렸다.

4  유이태(1652~1715): 조선 후기 숙종 때 어의를

지낸 의원. 『마진경험방』을 토대로 예방·치료 에 대한 의학전문서인 『마진편』을 펴냈고, 이 외에도 『실험단방』과 『인서문견록』 등의 저서 를 남겼다. 의술이 신기에 가깝다 하여 중국의 명의인 편작에 비유되기도 하였다.

5  『언해창진방(諺解瘡疹方)』: 1518년(중종 13) 에 문신 김안국이 창진에 관한 의서를 우리 말로 번역한 책. 《창진집(瘡疹集)》이라고도 한다.

6  『촌가구급방(村家救急方)』: 1538년(중종 33) 에 문신 김정국이 민간에서 쉽게 구할 수 있 고 구급 치료에 쓸 수 있는 약재와 효과성이 있는 처방들을 종합하여 편찬한 책.

7  『미암일기(眉巖日記)』: 미암 유희춘이 1568년 (선조 1)부터 10년에 걸쳐 쓴 일기. 조선 시대에 개인이 쓴 일기 가운데 가장 방대한 것으로, 자신의 일상생활과 당시 국정의 대요(大要), 인 물의 진퇴에 이르기까지 공사의 사실이 날짜 순으로 기록되어 있어 사료로서 가치가 크다.

8  『진신화상첩(眞身畵像帖)』: 조선 후기 고위 관리들의 초상화를 모은 화첩. 주로 영조, 정 조 연간에 판서 이상의 고위직을 역임한 인 물들의 관복 차림을 그렸으며, 1790년대에 생존하지 않았던 인물은 기존의 초상화를 베 껴서 그렸다. 총 22명의 관리가 그려져 있다.

9  조식(1501~1572): 조선 중기의 학자. 자는 건 중(楗仲)이고 호는 남명(南冥)이다. 여러 차례 벼슬이 내려졌으나 성리학 연구와 후진 양성 에만 전념하였다. 단계적이고 실천적인 학문 방법을 주장했으며, 저서에 『남명집』, 『남명 학기』, 『파한잡기(破閑雜記)』 등이 있다.

10  정작(1533~1603): 조선 중기의 학자. 자는 군경(君敬)이고 호는 고옥(古玉)이다. 평생 벼 슬에 뜻을 두지 않고 학문에만 정진하였다. 시와 글씨에 뛰어났으며, 의학에도 조예가 깊

어 형인 정렴과 함께 『동의보감』 편찬에 참여하였다.

11 이지함(1517~1578): 조선 선조 때의 학자. 자는 형중(馨仲), 형백(馨伯)이고 호는 토정(土亭), 수산(水山)이다. 포천과 아산의 현감을 지냈다. 서경덕의 문인으로, 의약, 복서, 천문, 지리, 음양에 능통하였다. 진보적이고 개방적인 사상을 가졌던 학자로 『토정비결』의 저자로 알려져 있다.

## 3  허균, 능지처참 당한 날

1 수창외교(酬唱外交): 명나라 사신들과 시를 주고받으며 뜻을 나눈 조선의 외교 방법. 학식이 뛰어나고 시를 잘 짓는 문사들이 담당했다.

2 유교칠신(遺敎七臣): 선조가 승하할 때 유명(遺命)을 내린, 신임하던 일곱 명의 신하. 유영경, 한응인, 박동량, 서성, 신흠, 허성, 한준겸 등을 이르며, 유명의 내용은 자기가 죽은 뒤에 어린 영창대군을 잘 보살피라는 것이었다.

3 곤여만국전도: 1602년 천주교 전도를 위해 중국에 온 이탈리아 신부 마테오 리치가 제작한 서양식 세계지도. 이탈리아에서 가져온 세계지도를 대본으로 하여 중국의 지도를 중앙에 두고 지명을 한문으로 번역하여 만든 것이다. 1603년(선조 36)에 조선에 전래되었으며 현재 로마 교황청과 일본 교토 대학 등에 각각 1부씩 소장되어 있다.

4 남당: 1610년 마테오 리치가 세운 북경 최초의 천주교 성당.

5 이탁오(1527~1602): 명나라 양명학자로 유교적 역사관을 비판하며 진리의 상대성을 주장해 당대 이단으로 금기시되던 인물. 조선에는 탁오라는 이름으로 알려졌으나 본래 이름은 이지(李贄)이다. 대표적인 저서로 『분서(焚書)』와 『장서(藏書)』가 있다.

6 『조관기행(漕官紀行)』: 1601년(선조 34) 7월 8일부터 1602년(선조 35) 1월 5일까지 허균이 조관 임무를 수행하면서 겪은 일들을 기록한 일기.

7 이계량(1573~1610): 조선 중기 전북 부안에서 활동하던 기생. 호는 매창(梅窓)이다. 허난설헌, 황진이와 함께 조선의 3대 여류 시인으로 꼽힌다.

8 서얼금고법(庶孼禁錮法): 조선 시대에, 첩의 자식 및 그 자손을 차별하던 규정. 1415년 태종이 양반의 자손이라도 첩의 소생은 관직에 나아갈 수 없도록 제한함으로써 만들어졌다. 이에 따라 서얼은 특정 품계 이상 올라가지 못하고, 재가한 여자의 자식은 사적(仕籍)에 이름을 올릴 수 없었으며 신분, 출세, 재산 상속 따위에 심한 제약을 받았다.

9 「유재론(遺才論)」: 조선 중기에 활약한 문신 허균의 문집에 실린 작품으로, 모순된 제도에 의한 인간 차별의 문제점을 비판하고 차별 없는 인재 등용의 중요성을 강조한 글이다.

10 청교도혁명: 1649년에 영국에서 청교도가 중심이 되어 일어난 시민 혁명. 크롬웰이 인솔한 의회파가 왕당파를 물리치고 공화정치를 시행하면서 혁명이 절정에 이르렀으나, 1660년 크롬웰이 죽자 왕정으로 되돌아갔다.

11 삼복계: 사형은 초심, 재심, 삼심으로 반복하여 심리를 한 뒤 결정해야 한다는 조선 시대 형사 절차상의 제도.

## 4  인조, 반정을 일으킨 그날

1 반정(反正): 옳지 못한 임금을 폐위하고 새

임금을 세워 나라를 바로잡는 일을 말한다. 중국 『춘추공양전』에서 유래했다.

2 금반언의 원칙: 신의 성실의 원칙에서 파생된 원칙으로 자신의 선행 행위와 모순되는 후행 행위는 허용되지 않는다는 원칙.

3 정청(庭請): 대신들이 의정 활동을 중단하고 궁정에 나와 자신들의 의견을 강력히 요구하는 것.

4 레임덕: 절름발이 오리라는 뜻으로, 임기 종료를 앞둔 대통령 등의 지도자 또는 그 시기의 지도력 공백 상태를 이르는 말.

5 착호군(捉虎軍): 조선 시대에 호랑이를 잡기 위해 구성된 특수 부대. 관군 중에서도 무예 실력이 출중하고 용맹한 사람들로 구성되었다.

6 사문난적(斯文亂賊): 고려 및 조선 시대에 성리학 이념에 반대하는 사람을 비판하는 용어로, 여기서 사문은 유학을 가리킨다. 윤선도, 윤휴, 허목, 윤증, 박세당 등이 사문난적으로 몰려 곤욕을 당했다.

7 북학파(北學派): 조선 영·정조 때에, 북학을 주장한 실학의 한 갈래. 청나라의 앞선 문물 제도 및 생활양식을 받아들일 것을 주장한 학파로, 특히 상공업의 진흥과 기술의 혁신에 관심을 쏟았다. 대표적인 북학파 학자로 이덕무, 박지원, 홍대용, 박제가 등이 있다.

## 5 이괄, 반란의 칼을 들다

1 선전관(宣傳官): 조선 시대에 선전관청에 속한 무관 벼슬. 1457년(세조 3) 어가 앞에서 훈도(訓導)하는 임무를 맡던 무관을 선전관이라고 하면서 처음으로 생겼다. 왕의 시위, 전령 등의 출납과 사졸(士卒)의 진퇴를 호령하는 일 등을 맡았으며, 품계는 정3품부터 종9품까지 있었다.

2 유몽인(1559~1623): 조선 중기의 문장가. 자는 응문(應文)이고, 호는 어우당(於于堂), 간재(艮齋), 묵호자(默好子) 등을 쓴다. 설화 문학의 대가로 글씨에도 뛰어났다. 인조반정으로 벼슬을 내놓고 전전하다가 역모로 몰려 사형 당하였다. 저서로는 『어우야담』, 『어우집』 따위가 있다.

3 모화관(慕華館): 조선 시대 명나라와 청나라의 사신을 영접하던 곳. 1407년(태종 7) 송도의 영빈관을 모방하여 서대문 밖에 모화루(慕華樓)를 세웠다가 1429년(세종 11) 규모를 확장하여 개수하고 모화관이라 개칭하였다.

4 신경진(1575~1643): 조선 인조 대의 무신. 본관은 평산(平山)이고 자는 군수(君受)이며 시호는 충익(忠翼)이다. 임진왜란 때의 무장 신립의 아들이다. 인조반정 때 김류, 이괄, 이귀 등과 함께 군사를 동원, 능양군을 왕으로 추대하여 거사를 성공시켰다. 인조 즉위 후 공조참의 벼슬을 받았다.

5 장만(1566~1629): 임진왜란부터 정묘호란에 이르기까지 큰 공을 세운 문신이자 장군. 자는 호고(好古), 호는 낙서(洛西), 본관은 인동(仁同)이다. 인조반정으로 팔도도원수가 되었고, 이후 이괄의 난을 평정하였다. 1627년 병조판서로 있을 때 정묘호란이 일어났으나 적을 막지 못한 죄로 부여로 유배되었다. 죽은 후에 영의정에 추증되었다.

6 정충신(1576~1636): 이괄의 난, 정묘호란 때 활약한 조선 중기의 문신. 자는 가행(可行), 호는 만운(晩雲)이다. 천문, 지리, 복서, 의술 등에 정통하였으며 매우 청렴하였다. 저서에 『만운집』, 『백사북천일록(白沙北遷日錄)』, 『금남집(錦南集)』이 있고, 시조 작품 3수가 전한다.

## 6 정묘호란 — 후금, 압록강을 건너다

1 홍타이지(1592~1643): 청나라의 제2대 황제. 태조 누르하치의 여덟째 아들로, 내몽골을 평정하여 대원전국의 옥새를 얻고 국호를 대청이라 고쳤다. 군신의 구분을 정하고 6부를 설치하는 등 조직을 정비하고 나라의 기틀을 세우는 데 공적이 컸다.

2 남이흥(1576~1627): 조선 중기의 무신. 자는 사호(士豪)이고 호는 성은(城隱)이다. 이괄의 난을 평정한 공으로 연안부사가 되었다. 정묘호란 때 평안병사로서 안주성 전투를 지휘했으나 전투에서 패하자 자결하였다.

3 정봉수(1572~1645): 조선 중기의 무신. 자는 상수(祥叟)이다. 임진왜란 때 선전관으로 왕을 호종하였고, 정묘호란 때는 의병장이 되어 4000여 명의 의병을 모집, 후금의 기병부대를 섬멸하고 포로로 잡혀 있던 백성 수천 명을 구출하였다.

4 팔기(八旗): 중국 청나라에서 17세기 초부터 설치한 군사 행정 제도. 군대를 여덟 종류의 기(황, 백, 홍, 남색과 각 색에 선을 두른 것과 안 두른 것)로 나눈 데서 유래한 명칭이며, 이 제도 아래 있던 사람들을 기인(旗人)이라 하였다. 처음에는 만주족만으로 조직했다가 태종 때에 몽골족과 한족까지 받아들여 24기로 확대했다.

5 위충현(1568~1627): 명나라 말기의 환관으로 희종의 총애를 받아 비밀경찰인 동창(東廠)의 수장이 되었고, 동림파(東林派) 관료를 탄압하며 정치를 농단하여 명나라의 멸망을 촉진하였다.

6 속량(贖良): 몸값을 받고 노비의 신분을 풀어 주어 양민이 되게 하던 일. 여기서는 대가를 지불하고 조선인 포로를 해방시키는 것을 의미한다.

7 피로인: 왜란과 호란 때 끌려간 민간인을 지칭하는 말. 군인으로 전쟁에 참여했다가 사로잡힌 포로(捕虜)와 구분해서 사용한다.

## 7 병자호란 1 — 인조, 남한산성에 고립되다

1 김경징(1589~1637): 조선 중기의 문신. 김류의 아들로 자는 선응(善應)이다. 인조반정에 참여하여 공을 세우고 도승지, 한성부 판윤을 지냈다. 병자호란 때 강화도가 함락되자 검찰사로서 수비에 소홀했다는 대간의 탄핵을 받아 처형되었다.

2 군신유의(君臣有義): 오륜(五倫)의 하나로 임금과 신하 사이의 도리는 의리에 있음을 이른 유교 원리이다.

3 베이러(貝勒): 청나라 때 만주인 종실과 몽골의 외번(外藩)들에게 봉해진 작위 가운데 하나를 이르는 용어. 청나라에서는 만주인 종실과 몽고의 외번들을 여섯 등급으로 나누어 친왕(親王), 군왕(郡王), 패륵, 패자(貝子), 진국공(鎭國公), 보국공(輔國公)의 작위를 주었다. 이 가운데 패륵은 만주어로 부장(部長)이라는 뜻이다.

4 추숭(追崇): 왕위에 오르지 못하고 죽은 이에게 임금의 칭호를 주던 일. 추존(追尊)이라고도 한다.

5 유백증(1587~1646): 조선 중기의 문신. 자는 자선(子先)이고 호는 취헌(翠軒)이다. 인조반정에 공을 세워 정사공신 3등에 책록되고 가평군에 봉해졌다. 병자호란을 겪은 후 10여 조의 국가 자강책을 상소하였다.

6 행궁(行宮): 임금이 궁궐 밖으로 행차할 때 임시로 머물던 별궁. 이궁(離宮) 또는 행재소(行在所)라고 부르기도 한다.

7 무망루(無忘樓): 조선 1751년(영조 27) 광주 유수 이거진이 중축한 수어장대 2층의 내편 문루로 병자호란 때 인조가 겪은 시련과 아들 효종이 복수에 실패한 비통함을 잊지 말자는 뜻에서 붙인 이름이다.

8 좌묘우사(左廟右社): 고대 도성의 주요시설을 배치하는 원칙의 하나. 궁궐을 중심으로 곡신과 토신에게 제사를 올리는 사직단은 궁궐의 우측인 서쪽에 두고, 왕실의 사당에 해당하는 종묘는 궁궐의 좌측인 동쪽에 배치하는 것을 가리킨다.

9 도총섭(都摠攝): 조선 중기 이후의 승려 가운데 최고 직위. 남한산성의 개운사와 북한산성의 중흥사(重興寺)에 있었다.

10 박난영(1575~1636): 조선 중기의 무신. 사신으로 여러 차례 후금에 왕래하며 회유에 힘썼다. 병자호란 때 청나라와 휴전 교섭을 벌이다가 청나라 장수에게 피살되었다.

11 근왕병(勤王兵): 임금이나 왕실을 위하여 충성을 다하는 군인.

12 나만갑(1592~1642): 조선 시대의 문신. 자는 몽뢰(夢賚)이고 호는 구포(鷗浦)이다. 병자호란 때 공조참의 겸 병조참지이자 군량을 담당하는 관향사를 맡아 남한산성에 군량을 공급하였다. 저서로 『병자록(丙子錄)』을 남겼다.

13 암문(暗門): 성에서 구석지고 드나들기 편리한 곳에 적이 알 수 없게 만든 작은 문.

14 정강의 변: 1126년 송나라가 여진족의 금나라에 패하고 황제 휘종과 흠종이 금나라에 납치당한 사건. 이 결과 북송은 멸망하고, 흠종의 아우 고종이 임안에서 즉위하여 남송(南宋)이 이루어졌다.

## 8 병자호란 2 — 치욕의 삼전도

1 삼배구고두례(三拜九叩頭禮): 세 번 절하고 아홉 번 머리를 조아린다는 뜻으로 황제를 알현할 때 행했던 의식.

2 메타포: 표현하고자 하는 대상을 다른 대상에 빗대어 표현하는 비유법의 하나로 은유 또는 암유라고도 한다.

3 삼전도비: 병자호란 이후 청 태종이 조선 인조의 항복을 받고 자신의 공덕을 기리기 위해 세운 비. 정식 명칭은 대청황제공덕비(大淸皇帝功德碑)이다.

4 금성탕지(金城湯池): 쇠로 만든 성과 끓는 물을 채운 못이라는 뜻으로 매우 견고한 요새를 이르는 말이다. 『한서』 「괴통전(蒯通傳)」에 나오는 표현이다.

5 홍이포(紅夷砲): 명이 네덜란드 화포를 모방해 만든 무기. 중국에서 네덜란드인을 홍모이(紅毛夷, 붉은 머리를 한 오랑캐)라고 부른 것에서 유래한 명칭이다. 불랑기보다 화력이 월등히 좋다.

6 불랑기(佛狼機/佛郎機): 중국 명나라 때 포르투갈 사람이 전해 들여온 서양식 청동기 화포. 우리나라에는 임진왜란 때 명군에 의해 도입되었다.

7 원숭환(1584~1630): 명 말기의 장군으로 후금의 침략에 맞서 요동 방어에 공을 세웠지만 모반의 누명을 쓰고 처형되었다.

8 서희(942~998): 고려시대의 문신. 자는 염윤(廉允)이다. 성종 12년(993) 거란이 침입했을 때 적장 소손녕과 담판하여 강동 6주를 회복했고, 이듬해 여진을 몰아내었다.

9   김상용(1561~1637): 조선 중기의 문신. 대표
    적 척화신인 김상헌의 형이다. 인조반정 후
    에 대사헌, 형조판서, 우의정을 지냈다. 병자
    호란 때 왕족을 호종하고 강화로 피난했다가
    이듬해 강화산성이 함락되자 폭약을 터뜨려
    자살하였다. 「오륜가(五倫歌)」 5편, 「훈계자손
    가(訓戒子孫歌)」 9편 등의 작품을 남겼다.

10  교유문(教諭文)」: 임금이 대신 및 백성들에게
    내리는 글로 가르치고 타이르는 문서라는 뜻
    이다.

11  조보(朝報): 승정원에서 매일 전날 있었던 일
    을 기록해 반포한 관보로, 조칙, 장주(章奏),
    조정의 결정 사항, 관리 임면, 지방관의 장계
    를 비롯하여 사회의 돌발 사건까지 실었다.

12  속환(贖還): 피로인들의 몸값을 내고 데려오
    는 것.

13  순사(殉死): 죽은 사람을 따라 죽게 하는 것.
    흔히 신하가 죽은 임금을 따라 죽거나 아내
    가 죽은 남편을 따라 죽는 것을 이른다.

14  최명길(1586~1647): 조선 중기의 문신이며
    병자호란 당시 재상으로서 정국을 수습했던
    인물. 자는 자겸(子謙)이고 호는 지천(遲川),
    창랑(滄浪)이다. 병자호란 때에 화의을 주장
    하고 청나라에 항복하는 문서를 썼다. 성리
    학과 문장에 뛰어나고 글씨에도 일가를 이루
    었다. 저서에 「지천집」, 「경서기의(經書記疑)」
    따위가 있다.

**계승범** 서강대학교 사학과 교수. 서강대학교 사학과를 졸업하고 7년간 대원외국어고등학교에서 역사 교사로 근무했다. 1990년에 공부를 다시 시작해 서강대학교에서 석사 학위를, 워싱턴 대학교에서 박사 학위를 받았다. 저서로 『중종의 시대: 조선의 유교화와 사림운동』, 『정지된 시간: 조선의 대보단과 근대의 문턱』, 『우리가 아는 선비는 없다』, 『조선시대 해외 파병과 한중 관계』 등이 있다.

**김문식** 단국대학교 사학과 교수. 서울대학교 국사학과 및 같은 학교 대학원을 졸업하고, 서울대학교 규장각에서 학예연구사로 근무했다. 조선 시대의 경학 사상, 왕실 교육, 국가 전례, 대외 인식에 대해 연구해 왔다. 저서로 『조선 후기 경학 사상 연구』, 『정조의 경학과 주자학』, 『조선의 왕세자 교육』, 『정조의 제왕학』, 『조선 후기 지식인의 대외 인식』, 『조선 왕실 기록문화의 꽃, 의궤』, 『왕실의 천지 제사』 등이 있다.

**김병륜** 한국국방안보포럼 선임연구위원. 경북대학교 공법학과를 졸업하고 국방일보 취재기자, 국방부 국방홍보원 전문경력관, 군사편찬연구소 객원연구원을 역임하면서 역사학과 군사학의 접점을 모색하는 데 관심을 기울이고 있다. 주요 논문으로 「조선시대 화약무기 운용술」, 「조선 수군의 진형과 함재무기운용」, 「조선시대 고문서로 본 거북선의 내부구조」 등이 있고, 저서로 『군사전문인을 위한 인터넷』, 『그때 그날, 끝나지 않은 6·25 전쟁 이야기』 등이 있다.

**박금수** 사단법인 전통무예십팔기보존회 사무국장 및 서울대학교 체육교육과 강사. 서울대학교 전기공학부 및 같은 학교 대학원 체육교육과를 졸업했다. 「조선 후기 무예와 진법의 훈련에 관한 연구」로 박사 학위를 받았으며, 주요 논문에 「조선 후기 공식무예의 명칭 십팔기에 관한 연구」 등이 있고, 저서로 『조선의 武와 전쟁』이 있다.

**박시백** 시사만화가. 1964년 제주도에서 태어났다. 1984년 고려대학교 경제학과에 들어갔으나 졸업 후 어릴 적부터 꿈꾸던 만화가가 되기로 결심했다. 1996년 한겨레신문의 시사만화가로 데뷔했으며, '한겨레 그림판'을 통해 따뜻하면서도 날카로운 시사 풍자를 보여 줬다. 이듬해부터 연재한 '박시백의 그림 세상'은 평범한 사람들의 소소한 일상을 그려내 많은 독자의 공감과 지지를 얻었다. 2000년 『조선왕조실록』의 매력에 빠져들면서 이를 만화로 만드는 구상을 하고, 2003년 『박시백의 조선왕조실록』 첫 권을 출간하여 2013년에 전체 20권으로 완간했다. 13년간의 대장정을 마감한 그해 부천만화대상을 수상했다.

**방기철** 선문대학교 역사문화콘텐츠학과 교수. 건국대학교 사학과를 졸업했다. 주요 논문에 「조선 초기 교린국 사신의 위차」, 「율곡 이이의 대일 인식」, 「1607년 조·일간 국교 재개 시 피로인의 역할」, 「임진왜란 후 조·일간 국교 재개 과정 연구」 등이 있고, 저서로 『조일 전쟁과 조선인의 일본 인식』, 『한국 역사 속의 전쟁』 등이 있다.

**서신혜** 한양대학교 창의융합교육원 조교수. 한양대학교 국어국문학과 및 같은 학교 대학원을 졸업했다. 주요 논문에 「일지매 콘텐츠 생산 경향사와 그 방향성」, 「『유록전』의 여성 피로인 서술의 논리」 등이 있고, 저서로 『조선인의 유토피아』, 『나라가 버린 사람들』, 『한국 전통의 돈의 문학사 나눔의 문화사』 등이 있다.

**송지청** 대구한의대학교 한의과대학 교수. 고려대학교 동양사학과 및 원광대학교 한의학과를 졸업하고, 원광대학교 대학원에서 한의학 박사 학위를 받았다. 현재 대한한의학원전학회 총무이사로 재직 중이다.

**신동원** 카이스트 인문사회과학과 교수 및 카이스트 한국과학문명사연구소 소장. 서울대학교 농업대학을 졸업하고 같은 학교에서 한국과학사 연구로 박사 학위를 취득했다. 저서로 『조선 사람의 생로병사』, 『조선 사람 허준』, 『호열자, 조선을 습격하다』, 『호환 마마 천연두』, 『우리 과학의 수수께끼』 1·2, 『한 권으로 읽는 동의보감』(공저), 『의학 오디세이』(공저), 『조선 의약 생활사』 등이 있다.

**윤성은** 영화 평론가. 전 EBS 「시네마천국」 MC. 2011년 제31회 한국영화평론가협회상 신인 평론상을 수상하면서 영화 비평계에 입문했고, 2015년에 《공연과 비평》 PAF 비평상을 받았다. 현재는 《서울신문》, 《부산일보》 등에 영화 리뷰를 기고하면서 alleh tv 등에서 방송 활동을 하고 있다.

**이근호** 명지대학교 인문과학연구소 연구교수. 국민대학교 국사학과 및 같은 학교 대학원 국사학과를 졸업했다. 주요 논문에 「영조 대 탕평파의 형성과 벌열화」, 「조현명의 현실 인식과 국정 운영론」, 「영조 대 무신란 이후 경상감사의 수습책」, 「영조 대 균역법 시행과 공·사 논의」 등이 있고, 저서로 『왜 조선에는 붕당정치가 이루어졌을까』, 『승정원일기, 소통의 정치를 논하다』(공저), 『한국 역사상 관료제 운영 시스템에 관한 연구』(공저) 등이 있다.

**이선애** 고려대학교 민족문화연구원 만주학센터 연구교수. 고려대학교 역사교육과 및 같은 학교 대학원 사학과를 졸업했다. 「청 초기 외번 형성 과정과 이번원」을 주제로 박사 학위를 받았으며, 청대 만몽 관계와 외번 통치에 대한 문제를 연구하고 있다. 고려대학교 민족문화연구원 문화학교에서 만주어를 강의했고, 『초급만주어』를 공동 집필했다.

**임윤선** 현직 변호사. 어쩌다 변호사의 길에 들어서 굵직한 기업 관련 소송과 M&A 및 행정 소송 등을 맡고 있다. 또 어쩌다 방송인

의 길에도 들어서 공중파 및 종편의 시사 교양 프로그램에서 MC 또는 패널로 활동하는 중이다. 이렇듯 상반된 두 길을 걸으며 좌뇌와 우뇌의 조화를 꿈꾼다. 그리고 또 꿈꾼다. 삶의 마지막 날 이름 석 자 앞에 '문화인'이라는 별칭이 붙기를.

**정명섭** 샐러리맨과 바리스타를 거쳐 글을 쓰는 작가가 되었다. 역사에 관심이 많아서 『암살로 읽는 한국사』, 『조선백성실록』, 『조선직업실록』, 『조선전쟁 생중계』, 『고려전쟁 생중계』, 『스승을 죽인 제자』, 『조선의 엔터테이너』, 『조선의 명탐정들』 등 대중이 쉽게 읽을 수 있는 책들을 펴냈다. 역사 속에서 섬광처럼 사라져 간 인물과 은밀한 뒷이야기에 관심이 많다.

**정철상** 부산외대 취업전담교수 및 인재개발연구소 대표. 대학, 기업, 기관 등을 대상으로 활발한 강연 활동을 펼치고 있으며, 다양한 방송 활동과 매체 기고 활동을 병행 중이다. 1000만 네티즌이 방문한 '커리어노트(www.careernote.co.kr)' 블로그의 운영자이기도 하다. 저서로 『심리학이 청춘에게 묻다』, 『가슴 뛰는 비전』, 『청춘의 진로 나침반』 등이 있다.

**최광희** 영화 평론가. 고려대학교 역사교육과를 졸업했다. YTN에서 6년간 기자 생활을 했으며, 이후 필름2.0의 취재팀장과 온라인 편집장을 거쳐 현재는 서울예술대학교에서 외래 교수로 활동하고 있다. 저서로 『무비스토커: 달짝지근함과는 거리가 먼 영화 같은 인생이여』가 있다.

**허태구** 서울대학교 규장각 한국학연구원 학예연구사. 서울대학교 국사학과 학부 및 대학원을 졸업했다. 주요 논문에 「병자호란 강화 협상의 추이와 조선의 대응」, 「병자호란 강화도 함락의 원인과 책임자 처벌」, 「인조 대 대후금(청) 방어책의 추이와 한계」, 「최명길의 주화론과 대명의리」 등이 있고, 저서로 『조선의 국가의례, 오례』(공저)가 있다.

역사저널

# 그날

**5권**

**광해군에서 인조까지**

| | |
|---|---|
| 1판 1쇄 펴냄 | 2016년 2월 25일 |
| 1판 5쇄 펴냄 | 2020년 12월 18일 |
| 지은이 | KBS 역사저널 그날 제작팀 |
| 발행인 | 박근섭, 박상준 |
| 펴낸곳 | (주)민음사 |
| 출판등록 | 1966. 5. 19. (제16-490호) |
| 주소 | 서울특별시 강남구 도산대로1길 62 |
| | 강남출판문화센터 5층 (우편번호 06027) |
| 대표전화 | 02-515-2000 ｜ 팩시밀리 02-515-2007 |
| 홈페이지 | www.minumsa.com |

ⓒ (주)민음사, 2016. Printed in Seoul, Korea

ISBN 978-89-374-1705-4 (04910)

978-89-374-1700-9 (세트)